“十四五”高等职业教育公共课程系列教材

应用经济数学

（第三版）

徐　珍　陈　溥　程　晨◎主　编
罗柳容　秦立春　周　钰　彭一芯◎副主编

中国铁道出版社有限公司
CHINA RAILWAY PUBLISHING HOUSE CO., LTD.

内 容 简 介

本书根据高等职业院校经管类专业的教学要求编写，结合学生特点对传统高等数学的知识点进行筛选、整合，适当简化数学理论推导，注重实例分析和方法应用，专业实用性强，且难度适中。同时，本书将课程思政引入教材中，与教学内容紧密相扣，贯彻“立德树人”的教育理念。

本书包括两个模块：一元函数微积分模块包括认识函数与极限、认识导数及其应用、认识积分及其应用三个项目；运筹学模块包括认识线性规划、认识运输问题与指派问题、掌握图与网络方法三个项目。

本书适合作为高等职业院校经济、运营、管理、物流、会计等专业“高等数学”课程的教材。

图书在版编目（CIP）数据

应用经济数学/徐珍，陈溥，程晨主编 .—3 版 .—北京：中国铁道出版社有限公司，2024. 8

“十四五”高等职业教育公共课程系列教材

ISBN 978-7-113-31257-2

Ⅰ. ①应…　Ⅱ. ①徐…　②陈…　③程…　Ⅲ. ①经济数学-高等职业教育-教材　Ⅳ. ①F224. 0

中国国家版本馆 CIP 数据核字（2024）第 099884 号

书　　名：**应用经济数学**
作　　者：徐　珍　陈　溥　程　晨

策　　划：王春霞　　　　　　　　**编辑部电话**：（010）63551006
责任编辑：王春霞　徐盼欣
封面设计：刘　颖
责任校对：安海燕
责任印制：樊启鹏

出版发行：中国铁道出版社有限公司（100054，北京市西城区右安门西街 8 号）
网　　址：https://www. tdpress. com/51eds/
印　　刷：三河市国英印务有限公司
版　　次：2014 年 9 月第 1 版　2024 年 8 月第 3 版　2024 年 8 月第 1 次印刷
开　　本：850 mm×1 168 mm 1/16　**印张**：13　**字数**：291 千
书　　号：ISBN 978-7-113-31257-2
定　　价：39. 80 元

前言

由罗柳容、秦立春主编并于2019年6月出版的《应用经济数学（修订版）》，经过四年多的教学实践，适用性良好，其中对教学内容的改革受到了师生的肯定，但仍有一些问题需要改进：

（1）部分例题不够典型、部分习题类型较单一，无参考答案；

（2）强化学生自学思维的力度不够；

（3）教材内容仅包含数学知识，课程思政等育人内容较欠缺；

（4）教材中配套的数字化资源较欠缺。

针对以上问题，各位编者通过搜集任课老师教学过程的教学反馈、学生学习过程的学法疑问，以及专业课教师对数学知识的具体要求，对教材进行了改版，主要进行了以下处理：

针对问题（1），本书与柳州银行校企“双元”合作开发，由企业提供金融案例，例题针对性强，与知识点联系紧密；习题题型包含判断题、选择题、填空题、计算题和应用题等，题型丰富，增加参考答案，考虑学生专升本考试需求。

针对问题（2），引入“翻转课堂”理念，设置“提出任务”“课前导学”环节，以任务为导向，引导学生预习本任务知识点概览和课前练习，增强学生的主观能动性，培养学生的自学习惯和自学能力，提高学生独立思考问题的能力。

针对问题（3），将思政教育以“数言数语”“拓展阅读”形式引入教材中，与教学内容紧密相扣，简短精练，润物无声，力求让传统的教学内容具有思想和文化的底蕴，使学生的人生观、世界观和价值观得以引导和升华。充分发挥课堂教学在育人中的主渠道作用，着力将教书育人落实于课堂教学的主渠道之中，发挥数学课程的育人功能。

针对问题（4），本书以二维码形式提供重、难知识点讲解视频，直观、形象，可供学生在课前预习、课后复习时扫码观看，融合线上、线下两种教学形式，实现纸质教材与数字资源的一体化设计。

本书认真贯彻党的二十大精神，强调了科技创新、人才培养和国家发展的核心驱动力。在当今时代，高等数学作为基础学科的地位愈发重要。希望学生通过本书的学习，能够深入理解数学的基本概念和方法，为我国的科技创新和社会发展做出贡献。

本书由高职院校具有丰富教学经验的一线教师与金融行业工作者共同编写而成，由柳州铁道职业技术学院徐珍、陈溥、程晨任主编，罗柳容、秦立春、周钰、彭一芯任副主编。其中项目一~项目三由徐珍、程晨、秦立春、彭一芯共同编写，项目四~项目六由陈溥、周钰、罗柳容共同编写，程晨、周钰编写习题答案，陈溥负责每章的MATLAB程序编写；全书框架、统稿、定稿由徐珍承担；参与编写的人员还有覃姜色、吴昊、覃雄燕。

由于编者水平有限，书中疏漏和不妥之处在所难免，敬请各位读者批评指正。

编　者

2024年4月

目 录

第一模块 一元函数微积分

第二模块 运 筹 学

第一模块

一元函数微积分

项目一　认识函数与极限

项目二　认识导数及其应用

项目三　认识积分及其应用

项目一　认识函数与极限

在现实世界中，各种不同的变量往往不是孤立的，而是相互联系、相互制约的，一个量变化时，另一个量随着变化．函数是研究各个量之间确定性依赖关系的数学模型，它一定程度上反映了自然现象、科技领域、经济领域中的变化规律．

项目引入

（1）A 超市计划进货一批香菇，若以 30 元/kg 的价格向外批发，则最多只能售出 40 kg；当价格每降低 1.2 元/kg 时，则可多售出 10 kg. 请建立需求量（即销售量）Q 与价格 p 之间的函数关系．

（2）“一尺之棰，日取其半，万世不竭．”出自战国时代哲学家庄周所著《庄子・天下篇》，请将其用数列表示出来，并观察该数列的变化趋势．

（3）小李带着椅子去看露天电影，由于地不平，因此他第一次将椅子放在地上时只有三只椅脚着地，请问在起伏不平的地面上，他能将椅子放稳吗？

以上三个问题需要用经济函数知识、极限知识和函数的连续性，下面通过本项目的学习来解决上述问题．

项目目标

（1）理解函数的概念，了解初等函数和常用的经济函数，掌握复合函数的合成、分解方法．

（2）了解极限的概念，掌握极限的运算方法，了解函数的连续性．

（3）了解微积分的研究对象，初步体会用变量描述世界的哲学世界观；体会极限思想，养成严谨认真、爱思考的习惯.

任务一　了解初等函数

学习目标

（1）掌握函数的概念及表示法，看懂函数的图和表.

（2）熟练掌握基本初等函数的图像、性质.

（3）掌握初等函数的定义，会正确写出复合函数的复合过程．

知识准备

一、函数的概念

引例　某种商品的销售价格为20元/个，则销售收入 R 与销售量 Q 之间存在对应关系：

$$R=20Q$$

当销售量 Q 每取一个值，销售收入 R 就会按这个对应关系有一个确定的数值与销售量 Q 对应，这种关系就称为函数．

定义1　设 x 和 y 是某一变化过程中的两个变量，如果 x 在非空实数集 D 中每取一个值，按照某种对应法则 f，y 都有唯一确定的值与 x 对应，则称变量 y 是变量 x 的**函数**．记作 $y=f(x),x\in D$，其中 x 称为**自变量**，y 称为**因变量**，x 的取值范围 D 称为函数 $y=f(x)$ 的**定义域**，数集 $f(D)=\{y\mid y=f(x),x\in D\}$ 称为函数 $y=f(x)$ 的**值域**．当 $x=x_0$ 时，与 x_0 相对应的 y 值称为**函数值**，记作 $y|_{x=x_0}$ 或 $f(x_0)$．

二、基本初等函数

常量函数、幂函数、指数函数、对数函数、三角函数和反三角函数统称**基本初等函数**.

1. 常量函数

$$y=c\quad(c\text{为常数})$$

常量函数的图像如图1.1.1所示.

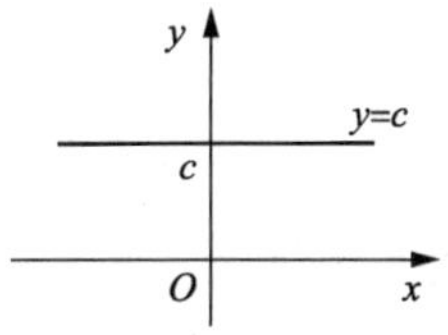

图　1.1.1

定义域：$x\in(-\infty,+\infty)$ 值域：$\{c\}$

2. 幂函数

$$y=x^{\alpha}\quad(\alpha\text{为实常数})$$

幂函数的图像如图1.1.2所示.

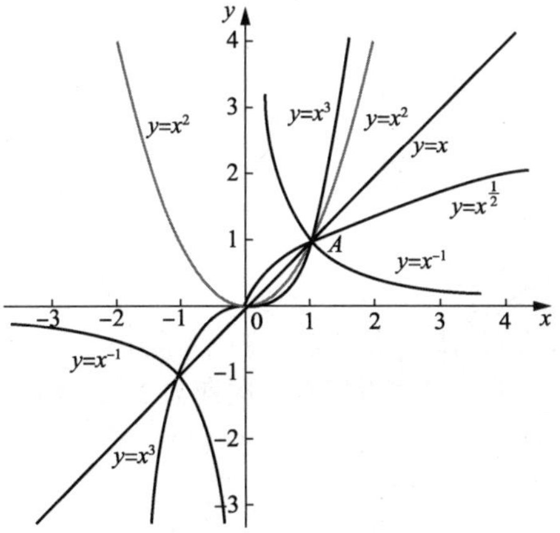

图　1.1.2

定义域与值域随 α 的不同而不同 当 $\alpha>0$ 时，在 $[0,+\infty)$ 内单调增加； 当 $\alpha<0$ 时，在 $(0,+\infty)$ 内单调减少

3. 指数函数

$$y=a^x \quad (a>0 \text{ 且 } a\neq 1, a \text{ 为常数})$$

指数函数的图像如图 1.1.3 所示.

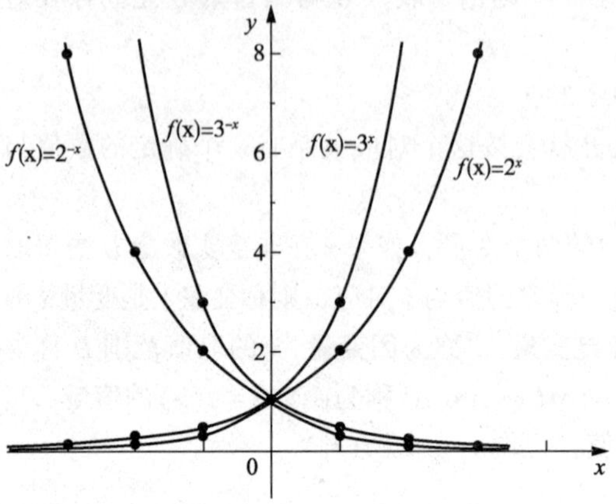

定义域：$x\in(-\infty,+\infty)$
值　域：$y\in(0,+\infty)$
当 $a>1$ 时，$y=a^x$ 单调增加；
当 $0<a<1$ 时，$y=a^x$ 单调减少

图　1.1.3

4. 对数函数

$$y=\log_a x \quad (a>0 \text{ 且 } a\neq 1,\ a \text{ 为常数})$$

对数函数的图像如图 1.1.4 所示.

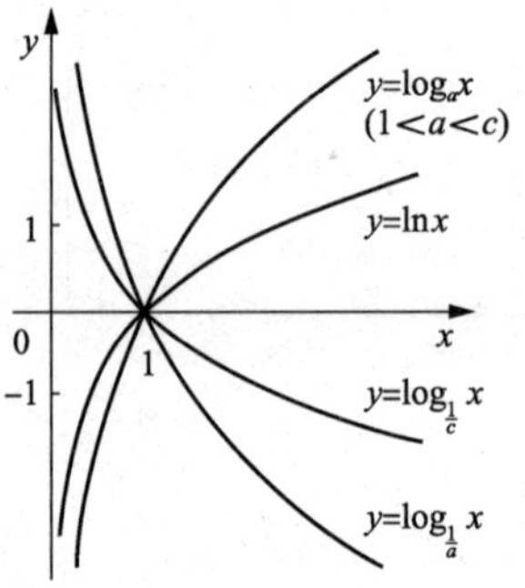

定义域：$x\in(0,+\infty)$
值　域：$y\in(-\infty,+\infty)$
当 $a>1$ 时，$y=\log_a x$ 单调增加；
当 $0<a<1$ 时，$y=\log_a x$ 单调减少

图　1.1.4

5. 三角函数

（1）正弦函数 $y=\sin x$

正弦函数的图像如图 1.1.5 所示.

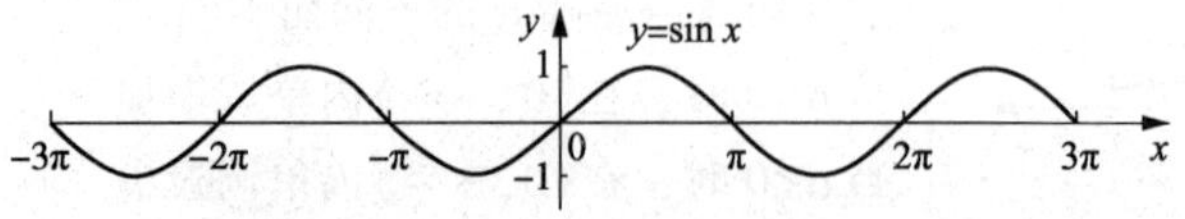

定义域：$x\in(-\infty,+\infty)$
值　域：$y\in[-1,1]$
奇函数，周期为 2π，有界

图　1.1.5

（2）余弦函数 $y=\cos x$

余弦函数的图像如图 1.1.6 所示.

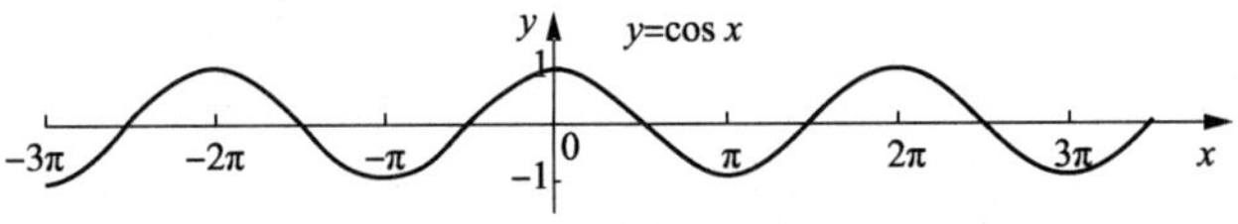

图　1.1.6

定义域：$x\in(-\infty,+\infty)$
值　域：$y\in[-1,1]$
偶函数，周期为 2π，有界

(3) 正切函数 $y=\tan x$

正切函数的图像如图 1.1.7 所示.

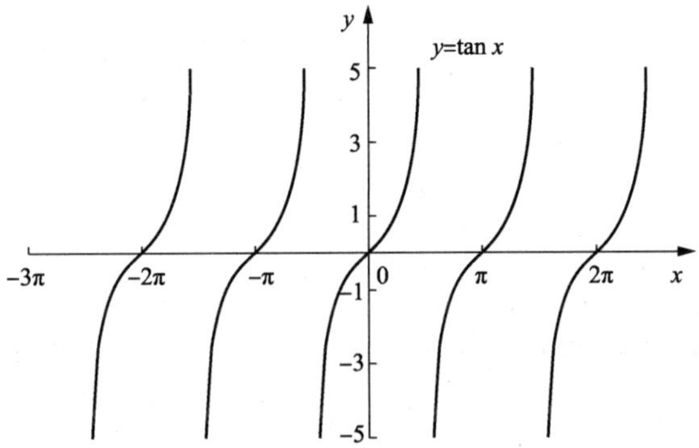

图　1.1.7

(4) 余切函数 $y=\cot x$

余切函数的图像如图 1.1.8 所示.

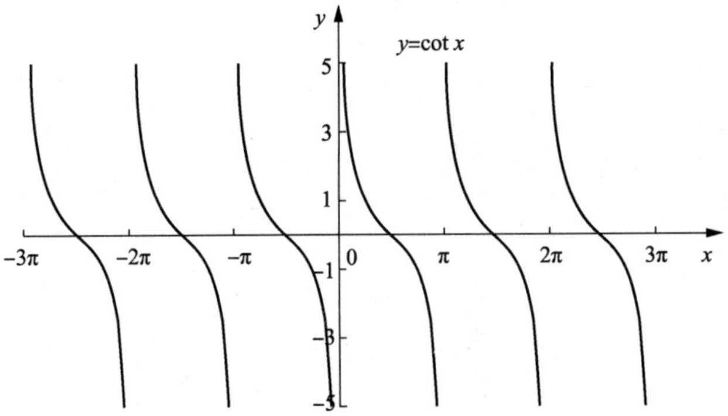

图　1.1.8

定义域：$x\neq k\pi(k\in\mathbf{Z})$
值　域：$y\in(-\infty,+\infty)$
奇函数，周期为 π

(5) 正割函数 $y=\sec x$

正割函数的图像如图 1.1.9 所示.

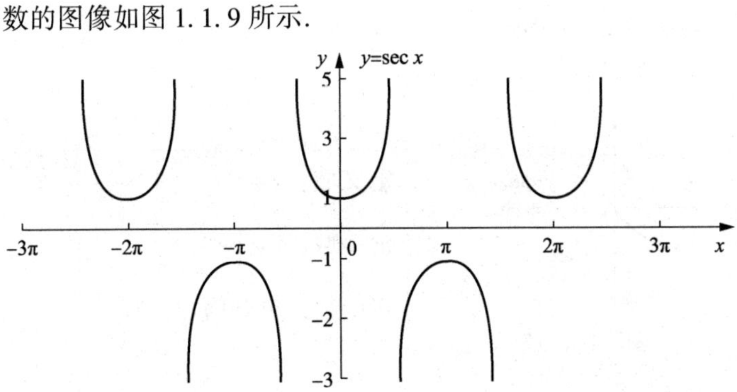

图　1.1.9

(6) 余割函数 $y=\csc x$

余割函数的图像如图 1.1.10 所示.

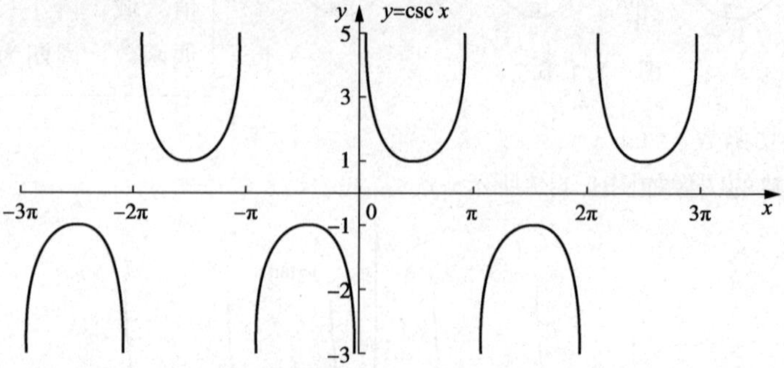

图　1.1.10

6. 反三角函数

(1) 反正弦函数 $y=\arcsin x$

反正弦函数的图像如图 1.1.11 所示.

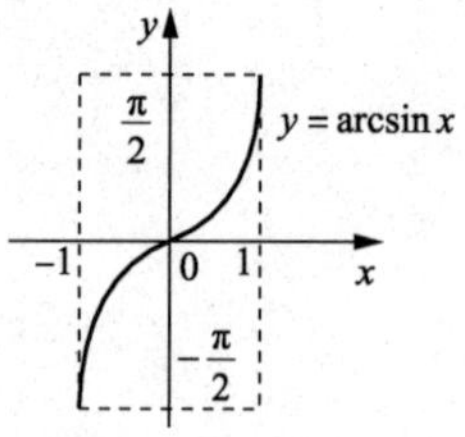

图　1.1.11

定义域：$x\in[-1,1]$

值　域：$y\in\left[-\dfrac{\pi}{2},\dfrac{\pi}{2}\right]$

奇函数，单调增加，有界

(2) 反余弦函数 $y=\arccos x$

反余弦函数的图像如图 1.1.12 所示.

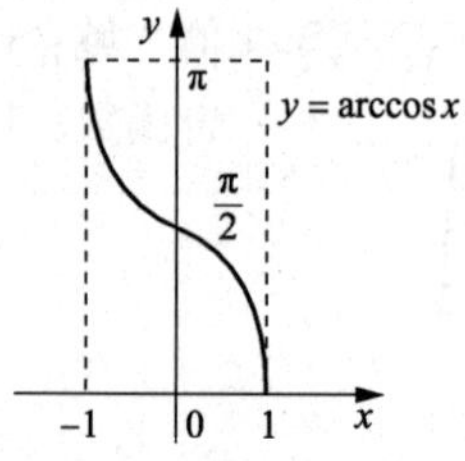

图　1.1.12

定义域：$x\in[-1,1]$

值　域：$y\in[0,\pi]$

单调减少，有界

(3) 反正切函数 $y=\arctan x$

反正切函数的图像如图 1.1.13 所示.

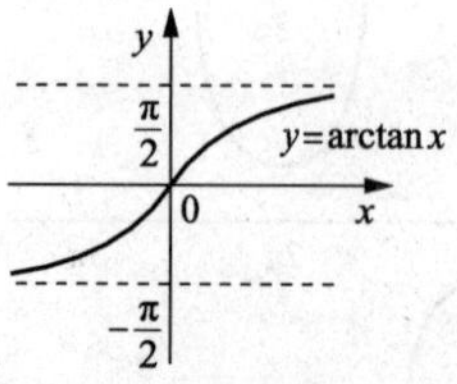

图　1.1.13

定义域：$x\in(-\infty,+\infty)$

值　域：$y\in\left(-\dfrac{\pi}{2},\dfrac{\pi}{2}\right)$

奇函数，单调增加，有界

（4）反余切函数 $y=\operatorname{arccot} x$

反余切函数的图像如图 1.1.14 所示.

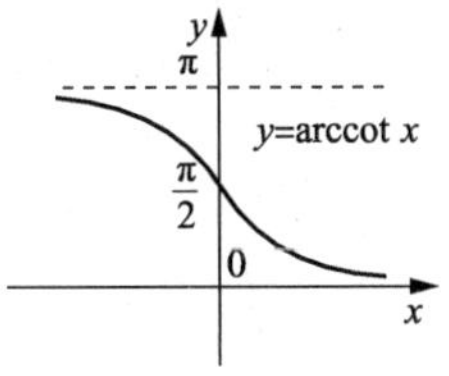

图 1.1.14

定义域：$x\in(-\infty,+\infty)$
值 域：$y\in(0,\pi)$
单调减少，有界

数言数语

函数变量间的关系是一种不断变化的数量关系，学习也是知识不断积累变化的过程，付出了时间和精力都会有收获，态度决定一切，不能急于求成．数学源于生活，要学会把抽象的问题具体化，用数学思维去分析、解决问题．

三、复合函数

定义 2 设 y 是 u 的函数 $y=f(u)$，u 是 x 的函数 $u=\varphi(x)$，如果函数 $u=\varphi(x)$ 的值域或其部分包含于 $y=f(u)$ 的定义域中，则 y 通过中间变量 u 构成 x 的函数，称为**复合函数**，记作 $y=f(\varphi(x))$，其中 x 是**自变量**，u 是**中间变量**.

复合函数可以由两个函数复合而成，也可以由有限多个函数复合而成．例如，函数 $y=\ln(x^2+2^x)$ 由函数 $y=\ln u$ 和 $u=x^2+2^x$ 复合而成；函数 $y=\arctan \mathrm{e}^{2x-1}$ 由函数 $y=\arctan u$，$u=\mathrm{e}^v$ 和 $v=2x-1$ 复合而成.

注意： 不是任意两个函数都可以复合成一个复合函数．例如，$y=\arccos u$ 和 $u=x^2+2$ 就不能复合成复合函数，因为 $u=x^2+2$ 的值域 $[2,+\infty)$ 与 $y=\arccos u$ 的定义域 $D=[-1,1]$，不符合复合函数的定义.

为了研究函数的需要，有时需要将一个复合函数进行分解，通常要求分解出来的函数：应当是基本初等函数；或者是基本初等函数的四则运算（称为简单函数），其分解方法是“由外到里，逐层分解”.

四、初等函数

定义 3 由基本初等函数经过有限次的四则运算和有限次的复合步骤所构成的，并能用一个式子表示的函数，称为**初等函数**.

例如，函数 $f(x)=3^{2x}$，$y=\sqrt{1-x^2}$，$y=\sin^2 x$，$y=x+\sin 2x$ 都是初等函数. 又如，分段函数 $y=\begin{cases}x, & x\geqslant 0\\ -x, & x<0\end{cases}$ 可以用一个解析式 $y=|x|=\sqrt{x^2}$ 表示，且可以由 $y=\sqrt{u}$ 和 $u=x^2$ 复合而成，因此它是一个初等函数. 而符号函数.

$$\operatorname{sgn}(x)=\begin{cases}1, & x>0\\ 0, & x=0\\ -1, & x<0\end{cases}$$

不能用一个解析式表示，所以不是初等函数．本书中研究的函数主要为初等函数．

任务实施

任务1 观察以下函数：

①$y=3$；②$y=x^2$；③$y=\frac{1}{x}$；④$y=2^x$；⑤$y=\ln x$；⑥$y=\sin x$；⑦$y=\cos 2x$；⑧$y=\arcsin x$；⑨$y=2x^3$；⑩$y=\begin{cases}4x, & x\geqslant 0\\ 1, & x<0\end{cases}$.

请回答：

（1）基本初等函数有________________；

（2）不属于初等函数的函数有________________.

[分析] 常量函数、幂函数、指数函数、对数函数、三角函数和反三角函数统称基本初等函数；基本初等函数、简单函数和复合函数称为初等函数．

①$y=3$为常量函数；②$y=x^2$和③$y=\frac{1}{x}$为幂函数；④$y=2^x$为指数函数；⑤$y=\ln x$为对数函数；⑥$y=\sin x$为三角函数；⑦$y=\cos 2x$为复合函数；⑧$y=\arcsin x$为反三角函数；⑨$y=2x^3$为简单函数；⑩$y=\begin{cases}4x, & x\geqslant 0\\ 1, & x<0\end{cases}$为分段函数．

解 （1）基本初等函数有<u>①②③④⑤⑥⑧</u>；

（2）不属于初等函数的函数有<u>⑩</u>.

任务2 指出下列复合函数的复合过程.

（1）$y=(x+1)^5$；　　（2）$y=\sin 2x$；

（3）$y=\sqrt{3^{\arcsin x}}$；　　（4）$y=\ln(\tan e^{3x})$.

[分析] 分解方法：由外到里，逐层分解．

解 （1）$y=(x+1)^5$是由$y=u^5$，$u=x+1$复合而成.

（2）$y=\sin 2x$是由$y=\sin u$，$u=2x$复合而成．

（3）$y=\sqrt{3^{\arcsin x}}$是由$y=\sqrt{u}$，$u=3^v$，$v=\arcsin x$复合而成.

（4）$y=\ln$（$\tan e^{3x}$）是由$y=\ln u$，$u=\tan v$，$v=e^w$，$v=3x$复合而成．

任务训练

1. 判断题.

（1）函数$y=\arcsin x$的定义域是$x\in\left[-\frac{\pi}{2},\frac{\pi}{2}\right]$.　　（　　）

（2）任何两个函数都能复合成一个复合函数．　　（　　）

（3）函数$y=\arcsin x$，$y=\arccos x$，$y=\arctan x$和$y=\operatorname{arccot} x$都是有界函数.　　（　　）

（4）函数$y=\arcsin(x^2+3)$可由函数$y=\arcsin u$与$u=x^2+3$复合而成．　　（　　）

（5）函数$y=\frac{1}{x-1}$既不是奇函数也不是偶函数．　　（　　）

(6) 复合函数分解的每一层函数必为基本初等函数或简单函数．　　(　　)

2. 填空题.

(1) 函数 $y=\arctan x$ 的定义域是 $x\in$ ________.

(2) 函数 $y=\ln(1+x)$ 的定义域是 $x\in$ ________.

(3) 函数 $y=e^x+1$ 的值域是 $y\in$ ________.

(写出下列函数的复合过程)

(4) 函数 $y=\tan 2x$ 由________与________复合而成.

(5) 函数 $y=\cot x^3$ 由________与________复合而成.

(6) 函数 $y=\sec^2 x$ 由________与________复合而成.

(7) 函数 $y=e^{-x}$ 由________与________复合而成.

(8) 函数 $y=\arcsin(\ln x)$ 由________与________复合而成.

(9) 函数 $y=\sqrt{\cos 3x}$ 由________、________与________复合而成.

3. 选择题.

(1) 由 $y=\sqrt{u}$，$u=1+v^2$，$v=\cos x$ 复合而成的复合函数是 (　　).

A. $y=\sqrt{1+\cos x}$　　B. $y=\sqrt{1+\cos^2 x}$

C. $y=1+\cos^2 x$　　D. $y=1+\sqrt{\cos x}$

(2) 由 $y=u^2$，$u=1+\sin v$，$v=x^2$ 复合而成的复合函数是 (　　).

A. $y=(1+\sin x^2)^2$　　B. $y=1+\sin x^3$

C. $y=(1+\cos^2 x)^2$　　D. $y=1+\sin^3 x$

4. 指出复合函数 $y=e^{\arcsin(3x+2)}$ 的复合过程.

5. 指出函数 $y=|\sin x|$ 在区间 $[0,2\pi]$ 上的单调增加区间.

6. 已知函数 $f(x)=\begin{cases}2^x, & x>0\\ 1, & x=0.\\ x+1, & x<0\end{cases}$

(1) 求 $f(x)$ 的定义域；

(2) 作出 $f(x)$ 的图像；

(3) 求 $f(-1)$，$f(0)$ 和 $f(1)$.

任务二　了解常用经济函数

在对经济问题的研究过程中，一个经济变量往往受到多种因素的影响，当用数学方法来研究经济变量间的数量关系时，通常是找出其中的主要因素，而将一些次要因素或忽略或假定为常量．这样可以使问题简化为只含一个自变量的函数关系．

学习目标

(1) 掌握单利与复利的计算公式.

(2) 了解常用的经济函数.

(3) 掌握成本函数、收入函数、利润函数之间的关系.

(4) 能建立经济函数的函数解析式.

知识准备

一、单利与复利

利息是借款者向贷款者支付的报酬，它是根据本金的数额按一定比例计算出来的. 利息分为存款利息、贷款利息、债券利息等几种主要形式. 利息的计算方式有如下两种：

1. 单利（利不生利）**计算公式**

初始本金为 P，银行年利率为 r，第 n 年末的利息为 I，则：

单利的利息为 $I=Prn$，

单利的终值（本利和）为 $F=P+I=P+Prn=P(1+rn)$.

2. 复利（利滚利）**计算公式**

初始本金为 P，银行年利率为 r，第 n 年末的本利和为 F，则：

第一年末本利和为 $F_1=P+rP=P(1+r)$，

第二年末本利和为 $F_2=P(1+r)+rP(1+r)=P(1+r)^2$，

……

第 n 年末的本利和为 $F=P(1+r)^n$，

复利的终值（本利和）为 $F=P(1+r)^n$.

二、常用的经济函数

1. 需求函数

一种商品的市场需求量是指在一定的条件下，消费者愿意购买并且有支付能力的商品量. 消费者对某种商品的需求是由多种因素决定的，如消费者的收入、消费习惯、商品价格等. 这里假设不考虑其他因素，简单地认为需求量只与价格有关，这样需求量就随之确定，需求量与价格之间的关系就可以简化成为一种函数关系.

设 p 为商品的价格，Q 表示需求量，那么称 $Q=Q(p)$ 为**需求函数**.

一般地，某种商品的需求量 Q 随该商品价格 p 的增加而减少，显然，Q 是 p 的单调减少函数.

需求函数 $Q=f(p)$ 的反函数为 $p=f^{-1}(Q)$，即价格是需求量的函数.

常用的需求函数有以下几种：

(1) 线性需求函数：$Q=a-bp$，其中 $a\geqslant 0$，$b>0$ 均为常数.

(2) 二次需求函数：$Q=a-bp-cp^2$，其中 $a\geqslant 0, b\geqslant 0, c>0$ 均为常数.

(3) 指数需求函数：$Q=ac^{-bp}$，其中 $a>0, b>0$ 均为常数.

2. 供给函数

在市场经济规律的作用下，商品的供给量也由多种因素决定，假设忽略除价格以外对供给量影响的因素，只考虑供给量与价格的关系，那么，某种商品的市场供应量将取决于该商品价格的高低.

设 p 为商品的价格，S 表示供给量，那么称 $S=S(p)$ 为**供给函数**.

一般地，某种商品的供给量 S 随该商品价格 p 的增加而增加，显然，S 是 p 的单调增加函数.

与需求函数相类似，根据具体情况，供给函数也会有不同的形式，这里不进行列举.

3. 市场均衡

市场上的需求量与供应量随价格而变化，如果产品价格高，市场的需求量大，生产厂家就会增加生产，使供应量增加，反之价格下降将使供应量减少. 若把需求函数和供应函数的曲线画在同一坐标系中（见图 1.2.1），它们将相交于一点 (p_0,Q_0). 相交的点就是供给、需求平衡的价格，它们所对应的需求量与供应量称为市场平衡量. 当市场价格 $p>p_0$ 时，供应量将增加而需求量会减少，商品“供大于求”，导致商品价格下降；当市场价格 $p<p_0$ 时，供应量减少而需求量增加，商品“供不应求”，导致商品价格上升.

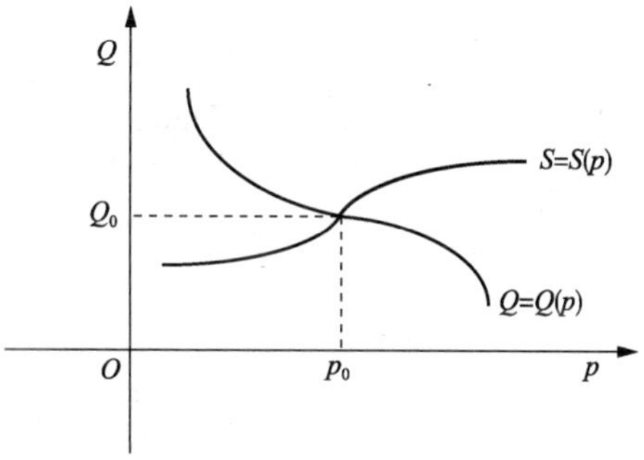

图　1.2.1

4. 成本函数

从事生产和经营，就需要投入，也就是成本，如需要有场地（厂房）、机器设备、劳动力、原材料、能源等. 在成本投入中大体可分为两大部分：其中一部分为短时间内不发生变化或随产品数量增加变化很小或变化不明显的，如厂房、设备等，称为**固定成本**，常用 C_0 表示；另一部分是随产品数量的变化而随之变化的部分，如原材料、能源等，称为**可变成本**，常用 C_v 表示，它是产品数量 Q 的函数，即

$$C_v=C_v(Q)$$

在生产 Q 件某种产品时，商品的固定成本 C_0 与可变成本 C_v 之和，称为**总成本**，记作

$$C(Q)=C_0+C_v(Q)$$

生产 Q 件某种产品时，单位产品的成本，称为**平均成本**，记作

$$\overline{C}(Q)=\frac{C(Q)}{Q}$$

5. 收入函数

某种商品销售后就会有销售收入 $R(Q)$，它是价格 p 乘以销售量 Q，即收入函数为

$$R(Q)=p(Q)\cdot Q$$

相应的平均收入函数为

$$\overline{R}(Q)=\frac{R(Q)}{Q}$$

6. 利润函数

利润函数是人们最关注的函数，利润 = 收入 − 成本，而成本函数是产量 Q 的函

数，收入函数也是产量 Q 的函数，那么利润函数也是产量 Q 的函数，即利润函数为

$$L(Q)=R(Q)-C(Q)$$

相应的平均利润函数为

$$\overline{L}(Q)=\frac{L(Q)}{Q}$$

下面简单地分三种情况分析利润与盈亏：(1) $L(Q)>0$ 盈利；(2) $L(Q)<0$ 亏损；(3) $L(Q)=0$ 盈亏平衡．满足 $L(Q)=0$ 的点 Q_0 称为盈亏平衡点（又称保本点）.

在假设成本函数和收入函数都是线性函数的情况下进行以下分析：

成本函数 $C(Q)=C_0+C_1(Q)$ 与收入函数 $R(Q)=p(Q)\cdot Q$ 两条直线的交点表示收入与成本相等，Q_0 就是盈亏平衡点，如图 1.2.2 所示.

如果两条直线出现了图 1.2.3 所示情况，此时两条直线没有交点，则没有盈亏平衡点．为了得到盈亏平衡点，可以采取两种方法：一种是提高价格 Q，如图 1.2.4 所示；另一种是降低可变成本 $C_1(Q)$，如图 1.2.5 所示，这两种方法都可以重新找到盈亏平衡点.

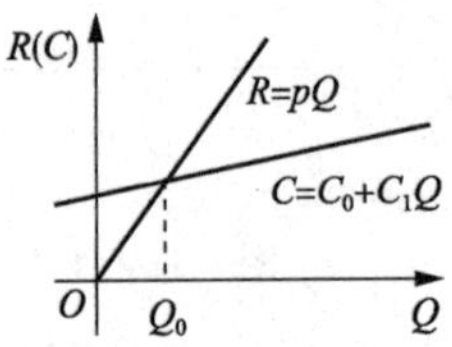

图 1.2.2

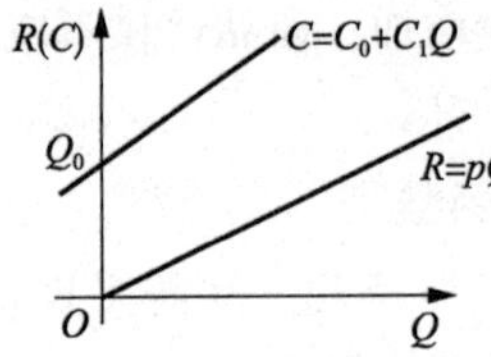

图 1.2.3

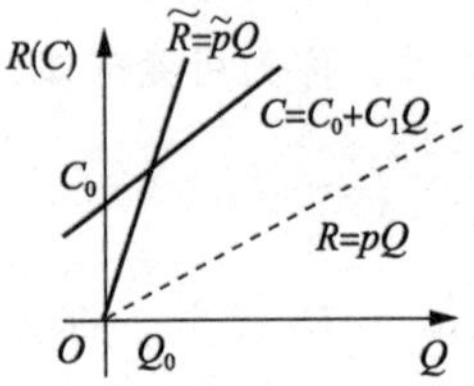

图 1.2.4

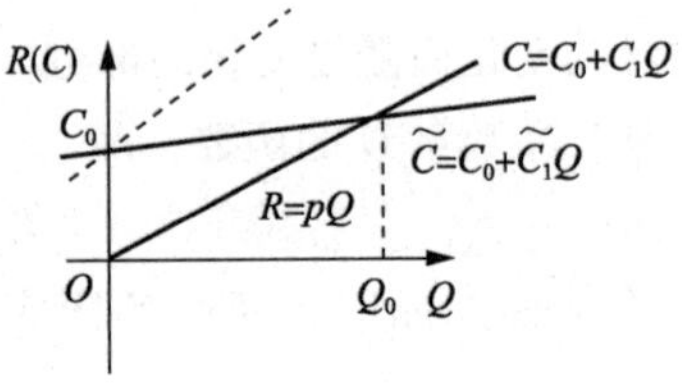

图 1.2.5

从几何上看，增大直线 $R(Q)$ 的斜率或减少直线 $C(Q)$ 的斜率都可以使两条直线重新相交，从以上分析可以看出数学工具在经济分析中的应用.

任务实施

任务 1 设有初始本金 1 000 元，银行年储蓄利率为 4%，试求：

(1) 按单利计算，3 年末的本利和是多少？

(2) 按复利计算，3 年末的本利和是多少？

[分析] (1) 单利（利不生利）计算公式：单利的利息为 $I=Prn$，单利的终值（本利和）为 $F=P+I=P+Prn=P(1+rn)$.

(2) 复利（利滚利）计算公式：第 n 年末的本利和为 $F=P(1+r)^n$，复利的终值（本利和）为 $F=P(1+r)^n$.

解 (1) 本金 $P=1\ 000$ 元，年利率 $r=0.04$，存期为 $n=3$ 年，由单利计算公

式得

$$F_3=P(1+rn)=1\ 000\times(1+0.04\times3)\text{ 元}=1\ 120\text{ 元}$$

（2）由复利计算公式得

$$F_3=P(1+r)^n=1\ 000\times(1+0.04)^3\text{元}=1\ 124.86\text{ 元}$$

任务2　有人打算在5年后得到本利和21 000元，银行存款利率为8%，单利计息，则他现在应存入银行的资金是多少？

［分析］　由终值计算现值（本金）的过程称为折现. 由题意知 $n=5$，$r=8\%$，$F=21\ 000$ 元，要求 P 的值，只需将 $F=P(1+rn)$ 变形为 $P=F/(1+rn)$ 计算即可.

解　$P=F/(1+rn)=\dfrac{21\ 000}{1+8\%\times5}\text{元}=15\ 000\text{ 元}$

任务3　已知某种商品的总成本函数为 $C(Q)=400+\dfrac{Q^2}{10}$（元），求当生产200件该商品时的总成本和平均成本.

解　根据题意，当 $Q=200$ 时，总成本为

$$C(200)=\left(400+\frac{200^2}{10}\right)\text{元}=4\ 400\text{ 元}$$

平均成本为

$$\overline{C}(200)=\frac{4\ 400}{200}\text{元}=22\text{ 元}$$

任务4　某种商品的成本函数与收入函数分别为 $C(Q)=100+8Q$，$R(Q)=10Q$（单位：万元），求：

（1）该商品的盈亏点；

（2）该商品的利润函数；

（3）销量为80时的总利润和平均利润；

（4）销量为40时是盈利还是亏损？

［分析］　（1）成本与收入相等时，Q 为盈亏平衡点；（2）利润函数为 $L(Q)=R(Q)-C(Q)$；（3）平均利润函数为 $\overline{L}(Q)=\dfrac{L(Q)}{Q}$；（4）当 $L(Q)>0$ 时为盈利，当 $L(Q)<0$ 时为亏损，当 $L(Q)=0$ 时为盈亏平衡.

解　（1）当 $R(Q)=C(Q)$ 时，$10Q=100+8Q$，解得 $Q=50$，故该商品的盈亏平衡点是 $Q=50$.

（2）该商品的利润函数为 $L(Q)=R(Q)-C(Q)=10Q-(100+8Q)=2Q-100$.

（3）当 $Q=80$ 时，总利润为 $L(80)=(2\times80-100)$ 万元 $=60$ 万元

平均利润为 $\overline{L}(80)=\dfrac{L(80)}{80}=\dfrac{60}{80}$ 万元 $=7.5$ 万元

（4）当 $Q=40$ 时，总利润为 $L(40)=(2\times40-100)$ 万元 $=-20$ 万元，故销量为40时为亏损.

任务训练

1. 王江有本金20 000元，银行年储蓄利率为8%，试求：

（1）按单利计算，3年末的本利和是多少？

（2）按复利计算，3 年末的本利和是多少？

2. 王江打算在 5 年后获本利和 20 000 元，假设投资报酬率为 10%，则他现在应投入资金总额多少？

3. 某商店组进一批黑木耳，若以 30 元/kg 的价格向外批发，则最多只能售出 40 kg；当价格每降低 1.2 元/kg 时，则可多售出 10 kg. 试建立需求量（即销售量）Q 与价格 p 之间的函数关系.

4. 某商品售价为 500 元/个时，每月可销售 2 000 个，售价降为 450 元/个时，每月可增销 400 个，试求该商品的线性需求函数.

5. 已知某种商品的成本函数与收入函数分别为 $C(Q)=480+4Q$，$R(Q)=20Q$（单位：元），求：

（1）该商品的盈亏点；

（2）该商品的利润函数；

（3）销量为 100 时的总利润和平均利润；

（4）销量为 80 时是盈利还是亏损？

任务三　认识函数的极限

微积分研究问题所采用的基本方法是极限法，极限概念是微积分最重要的概念之一. 微分学和积分学的一些基本概念都是通过极限定义的，一些基本性质和法则也是通过极限法则推出.

学习目标

（1）理解数列极限的概念.

（2）理解函数极限的概念，理解双侧极限与单侧极限的关系.

（3）理解极限的思想.

知识准备

数言数语

在中国古代、古希腊、古巴比伦和古埃及的早期数学文献中都有极限的思想方法. 古希腊的阿基米德（公元前 287—前 212 年）用边数越来越多的正多边形的面积去逼近圆的面积. 我国古代著名数学家刘徽（出生于公元 3 世纪 20 年代后期）采用逼近原理去求圆的面积，简称“割圆术”，他的圆周率的精确计算早于欧洲一千多年，这源于刘徽坚忍不拔、勇于探索的钻研精神. 我们要多了解祖先智慧，传承祖先文化和古代科学家的科学精神，为实现中华民族伟大复兴的中国梦而奋斗.

“割圆术”的具体作法：（1）作圆的内接正六边形；（2）作圆的内接正十二边形、圆的内接正二十四边形、圆的内接正四十八边形、……. 即作圆的内接正 $6\cdot 2^{n-1}$ 边形（$n=1,2,3,\cdots$，其中 n 为正整数）；其对应面积记为 A_n，这就得到一个无穷数列 $A_1,A_2,\cdots,A_n,\cdots$. “割圆术”的极限思想是：$n$ 越大，圆的内接正 n 边形与圆的差别就越小，从而以 A_n 作为圆面积的近似值也就越精确．

“割圆术”得出的圆周率值只是近似值，如何才能得到精确值呢？本节的函数极限知识提供了这类问题的求解方法．

一、数列的极限

按照一定顺序排列起来的无数多个数

$$x_1, x_2, x_3, \cdots, x_n, \cdots,$$

称为**无穷数列**，简称**数列**，记为 $\{x_n\}$ 或 $\{f(n)\}$，$n=1,2,\cdots$；数列中的每一个数称为数列的**项**；$x_n=f(n)$ 称为数列的**通项**或**一般项**．

定义 1　对于数列 $\{f(n)\}$，当项数 n 无限增大时，如果数列的项 $f(n)$ 无限趋近于某个确定的常数 A，则称常数 A 为数列 $\{f(n)\}$ 当 n 无限增大时的**极限**，记作 $\lim\limits_{n\to\infty} f(n)=A$（或当 $n\to\infty$ 时，$f(n)\to A$）．

如果数列 $\{f(n)\}$ 有极限 A，也可以称该数列是**收敛**的；如果数列 $\{f(n)\}$ 没有极限，则称该数列是**发散**的．

数列可看作自变量为正整数 n 的函数 $x_n=f(n)$，所以数列的极限也是函数极限的一种．下面介绍函数极限的其他类型，主要介绍 $x\to\infty$ 时函数 $f(x)$ 的变化情形及 $x\to x_0$ 时函数 $f(x)$ 的变化情形．

二、函数的极限

1. 当 $x\to\infty$（包括 $x\to+\infty$ 和 $x\to-\infty$）时函数 $f(x)$ 的极限

实例 1　将一杯 100 ℃的热水放在一间室温恒定为 20 ℃的房间里，水温 T 将随时间 t 的推移越来越接近室温 20 ℃．

实例 2　在某自然保护区中生长的一群野生动物，其群体数量会逐渐增长，但随着时间 t 的推移，由于保护区内各种资源的限制，这一动物群体数量不可能无限增长，它应达到某一饱和状态，即时间 $t\to\infty$ 时达到的数量．

上述两个实例的共同特征：自变量无限增大时，相应的函数值无限趋近一个固定的常数．

定义 2　当自变量 x 的绝对值 $|x|$ 无限增大时，如果函数 $f(x)$ 无限趋近于某个确定的常数 A，则称 A 为函数 $f(x)$ 当 $x\to\infty$ 时的**极限**，记作

$$\lim_{x\to\infty} f(x)=A \quad (\text{或当 } x\to\infty \text{ 时}, f(x)\to A).$$

$x\to\infty$ 表示自变量 x 的绝对值 $|x|$ 无限增大，它包含自变量 x 无限增大（记作“$x\to+\infty$”）和自变量 x 无限减小（记作“$x\to-\infty$”）两种情况．

有时需要知道当 $x\to+\infty$ 或 $x\to-\infty$ 时函数 $f(x)$ 的变化趋势.

定义 3　当自变量 $x\to+\infty$ 时，如果函数 $f(x)$ 无限趋近于某个确定的常数 A，则称 A 为函数 $f(x)$ 当 $x\to+\infty$ 时的**极限**，记作

$$\lim_{x\to+\infty} f(x)=A \quad (\text{或当 } x\to+\infty \text{ 时}, f(x)\to A).$$

定义 4　当自变量 $x\to-\infty$ 时，如果函数 $f(x)$ 无限趋近于某个确定的常数 A，则称 A 为函数 $f(x)$ 当 $x\to-\infty$ 时的**极限**，记作

$$\lim_{x\to-\infty} f(x)=A \quad (\text{或当 } x\to-\infty \text{ 时}, f(x)\to A).$$

根据定义 2~定义 4，容易得到以下定理：

定理 1 $\lim\limits_{x\to\infty} f(x)=A$ 的充要条件是 $\lim\limits_{x\to+\infty} f(x)=\lim\limits_{x\to-\infty} f(x)=A$.

2. 当 $x\to x_0$ 时函数 $f(x)$ 的极限

实例 3 当一个人夜晚在有路灯的街上行走时，随着这个人沿直线行走越来越接近路灯，他的影子的长度会越来越短，即自变量（人与路灯的距离）无限趋近于 0 时（$x\to0$），相应的函数值（影子长度）无限趋近一个固定的常数 $0(y\to0)$. 下面给出这种情形下的函数极限概念.

定义 5 设函数 $y=f(x)$ 在点 x_0 的邻域内有定义，当自变量 $x\to x_0$ 时，如果函数 $f(x)$ 无限趋近于某个确定的常数 A，则称 A 为函数 $f(x)$ 当 $x\to x_0$ 时的**极限**，记作

$$\lim_{x\to x_0} f(x)=A \quad (\text{或当 } x\to x_0 \text{ 时}, f(x)\to A).$$

“$x\to x_0$”表示自变量 x 无限趋近于 x_0（不考虑 x 在 x_0 点的情况），它包含两种趋近方式：

（1）x 从 x_0 的右侧无限趋近于 x_0，记作 $x\to x_0^+$，此时有 $x>x_0$；

（2）x 从 x_0 的左侧无限趋近于 x_0，记作 $x\to x_0^-$，此时有 $x<x_0$.

定义 6 当 $x\to x_0^+$ 时，如果函数 $f(x)$ 无限趋近于某个确定的常数 A，则称 A 为函数 $f(x)$ 当 $x\to x_0$ 时的**右极限**，记作

$$\lim_{x\to x_0^+} f(x)=A \quad \text{或} \quad f(x_0+0)=A.$$

定义 7 当 $x\to x_0^-$ 时，如果函数 $f(x)$ 无限趋近于某个确定的常数 A，则称 A 为函数 $f(x)$ 当 $x\to x_0$ 时的**左极限**，记作

$$\lim_{x\to x_0^-} f(x)=A \quad \text{或} \quad f(x_0-0)=A.$$

左极限、右极限统称**单侧极限**.

根据定义 5~定义 7，容易得到极限与单侧极限的关系：

定理 2 $\lim\limits_{x\to x_0} f(x)=A$ 的充要条件是 $\lim\limits_{x\to x_0^+} f(x)=\lim\limits_{x\to x_0^-} f(x)=A$.

根据定义 5，容易得到下面的结论：

$$\lim_{x\to x_0} x=x_0;\quad \lim_{x\to x_0} c=c\ (c\ \text{为常数}).$$

从以上极限定义可以看出，它们具有相同的定义格式：都是在自变量 x 的某个变化趋势下，函数 $f(x)$ 无限地趋于某个固定常数 A，所不同的是自变量 x 的变化趋势不同.

思考：（1）$\lim\limits_{x\to x_0} f(x)$ 是否存在与 $f(x_0)$ 是否存在有关系吗？

（2）如何分析分段函数在分界点是否有极限？

任务实施

任务 1 观察下列数列 $\{x_n\}, n=1,2,\cdots$，当 n 无限增大时的变化趋势：

（1）$\dfrac{1}{2},\dfrac{2}{3},\dfrac{3}{4},\dfrac{4}{5},\cdots,\dfrac{n}{n+1},\cdots$；

（2）$1,2,3,\cdots,n,\cdots$；

（3）$1,\frac{1}{2},\frac{1}{3},\cdots,\frac{1}{n},\cdots$；

（4）$0,1,0,1,\cdots,\frac{1+(-1)^n}{2},\cdots$.

［分析］（1）随着数列的项数 n 无限增大时，数列$\left\{\frac{n}{n+1}\right\}$的项越来越趋近常数 1，见表 1.3.1. 其图像如图 1.3.1 所示.

表　1.3.1

n	1	2	3	4	5	6	7	8	9	10
$n/(n+1)$	0.500	0.667	0.75	0.8	0.833	0.857	0.875	0.889	0.9	0.909
n	11	12	13	14	15	16	17	18	…	200
$n/(n+1)$	0.917	0.923	0.929	0.933	0.938	0.941	0.944	0.947	…	0.995

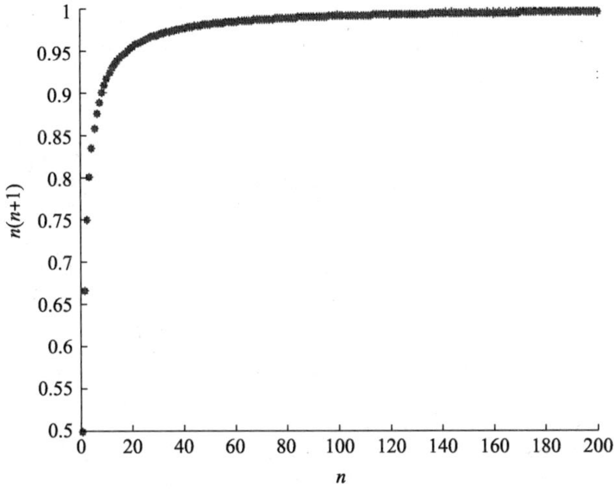

图　1.3.1

（2）如图 1.3.2 所示，随着数列的项数 n 无限增大，数列 $\{n\}$ 的项也无限增大，所以数列 $\{n\}$ 并不趋近于一个常数.

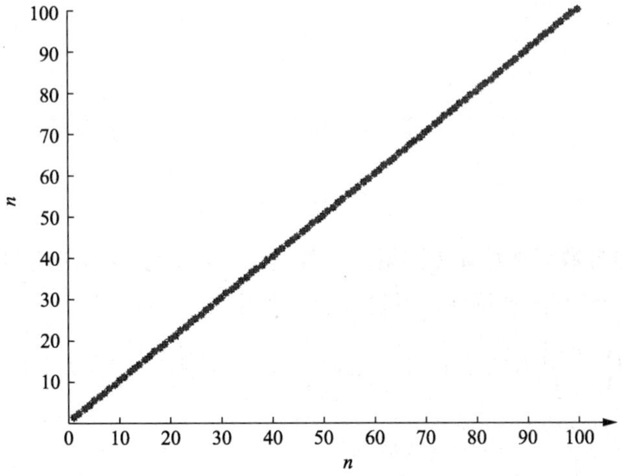

图　1.3.2

（3）如图 1.3.3 所示，随着数列的项数 n 无限增大，数列$\left\{\frac{1}{n}\right\}$的项越来越趋近常数 0.

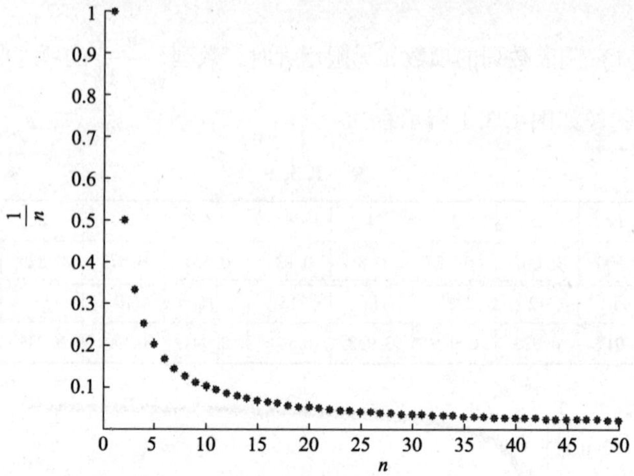

图　1.3.3

（4）如图 1.3.4 所示，随着数列的项数 n 无限增大，数列$\left\{\frac{1+(-1)^n}{2}\right\}$的项在 0 与 1 两数之间摆动，所以当 n 无限增大时，数列$\left\{\frac{1+(-1)^n}{2}\right\}$的项并不趋近于一个常数 .

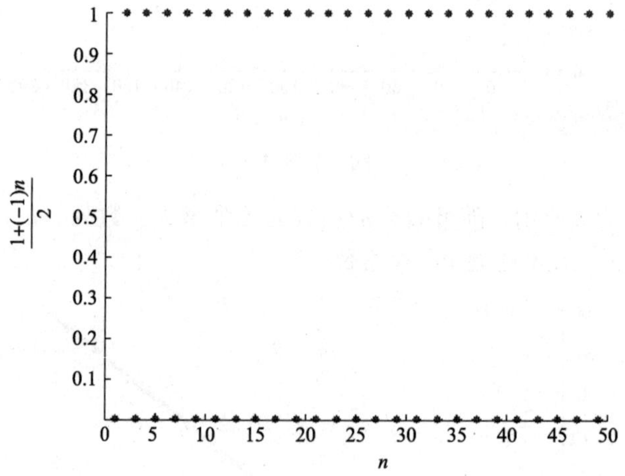

图　1.3.4

解　因为随着数列项数 n 无限增大，数列（1）、（3）无限趋近于一个常数，而数列（2）、（4）没有这个特性，不趋近于一个常数 .

所以，数列$\left\{\frac{n}{n+1}\right\}$收敛于 1，记为$\lim\limits_{n\to\infty}\frac{n}{n+1}=1$；数列$\left\{\frac{1}{n}\right\}$收敛于 0，记为$\lim\limits_{n\to\infty}\frac{1}{n}=0$；而数列$\{n\}$和$\left\{\frac{1+(-1)^n}{2}\right\}$均是发散数列 .

任务2　求下列极限：

（1）$\lim\limits_{x\to\infty}\frac{1}{x}$；　　　　（2）$\lim\limits_{x\to\infty}\arctan x$.

［**分析**］　通过$\lim\limits_{x\to\infty}f(x)=A\Leftrightarrow\lim\limits_{x\to+\infty}f(x)=\lim\limits_{x\to-\infty}f(x)=A$ 判断.

解　（1）如图1.3.5所示，当 $x\to+\infty$ 和 $x\to-\infty$ 时，均有 $y=\frac{1}{x}\to0$，因此当 $x\to\infty$ 时，$y=\frac{1}{x}\to0$，即$\lim\limits_{x\to\infty}\frac{1}{x}=0$.

（2）从图1.3.6可以看出，当 $x\to+\infty$ 时，曲线 $y=\arctan x$ 无限趋于$\frac{\pi}{2}$，即 $\lim\limits_{x\to+\infty}\arctan x=\frac{\pi}{2}$，而当$x\to-\infty$时，曲线$y=\arctan x$ 无限趋于$-\frac{\pi}{2}$，即 $\lim\limits_{x\to-\infty}\arctan x=-\frac{\pi}{2}$.

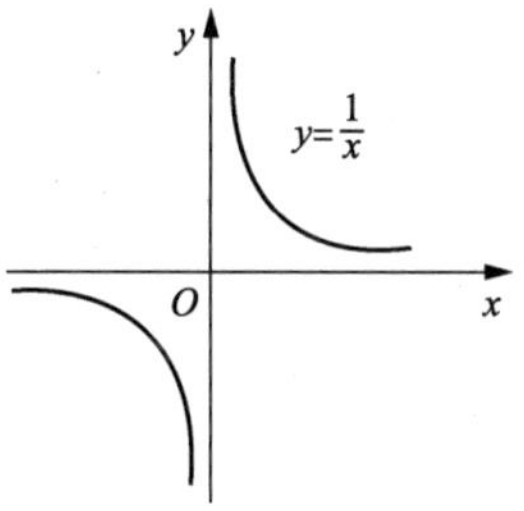

图　1.3.5

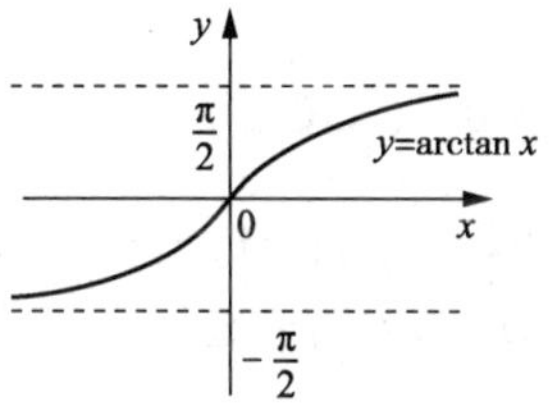

图　1.3.6

由于 $\lim\limits_{x\to+\infty}\arctan x\neq\lim\limits_{x\to-\infty}\arctan x$，所以，由定理1知，极限$\lim\limits_{x\to\infty}\arctan x$ 不存在.

任务3　求下列极限：

（1）$\lim\limits_{x\to1}(x+1)$；　　　　（2）$\lim\limits_{x\to1}\frac{x^2-1}{x-1}$.

［**分析**］　通过$\lim\limits_{x\to x_0}f(x)=A\Leftrightarrow\lim\limits_{x\to x_0^+}f(x)=\lim\limits_{x\to x_0^-}f(x)=A$ 判断.

解　（1）如图1.3.7所示，当 x 无限趋近于1时，函数$f(x)=x+1$ 无限趋近于2，所以有$\lim\limits_{x\to1}(x+1)=2$.

（2）从图1.3.8可以看出，函数$f(x)=\frac{x^2-1}{x-1}$虽然在$x_0=1$没有定义，但x无论从1的右侧还是左侧无限趋近于1，对应的函数$f(x)=\frac{x^2-1}{x-1}$的值都无限趋近于2，所以 $\lim\limits_{x\to1}\frac{x^2-1}{x-1}=2$.

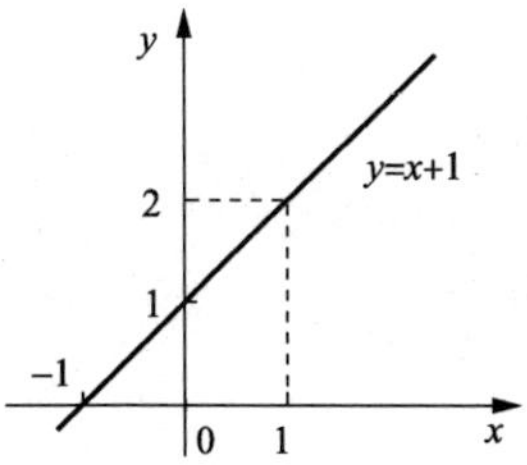

图　1.3.7

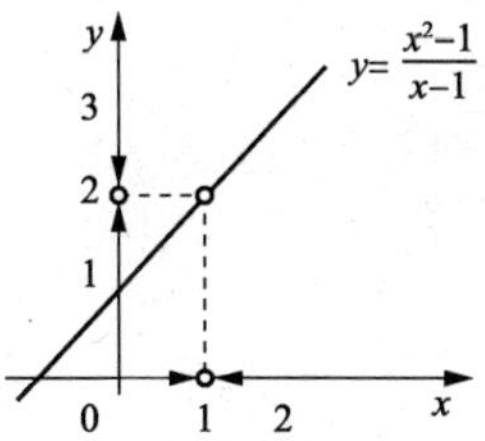

图　1.3.8

[结论] $\lim\limits_{x\to x_0}f(x)$是否存在与$f(x_0)$是否存在无关.

任务4 已知$f(x)=\begin{cases}e^x, & x<0\\ 2, & x=0\\ \cos x, & x>0\end{cases}$，试判断$\lim\limits_{x\to 0}f(x)$是否存在.

[分析] 通过$\lim\limits_{x\to x_0}f(x)=A\Leftrightarrow\lim\limits_{x\to x_0^+}f(x)=\lim\limits_{x\to x_0^-}f(x)=A$判断.

解 因为$\lim\limits_{x\to 0^-}f(x)=\lim\limits_{x\to 0^-}e^x=1$，$\lim\limits_{x\to 0^+}f(x)=\lim\limits_{x\to 0^+}\cos x=1$，

所以$\lim\limits_{x\to 0^-}f(x)=\lim\limits_{x\to 0^+}f(x)$，

由定理2知$\lim\limits_{x\to 0}f(x)=1$.

任务训练

1. 判断题.

(1) 当$x\to\infty$时，$y=\cos x$的极限不存在.（　　）

(2) $\lim\limits_{n\to\infty}\dfrac{1}{n^\alpha}=0\quad(\alpha>0)$.（　　）

(3) $\lim\limits_{n\to\infty}q^n=0\quad(|q|\geqslant 1)$.（　　）

(4) $\lim\limits_{n\to\infty}C=C\quad$（$C$为常数）.（　　）

(5) 因为$\lim\limits_{x\to+\infty}\dfrac{1}{x}=0$，$\lim\limits_{x\to-\infty}\dfrac{1}{x}=0$，所以$\lim\limits_{x\to\infty}\dfrac{1}{x}=0$.（　　）

(6) 因为$\lim\limits_{x\to+\infty}\arctan x=\dfrac{\pi}{2}$，$\lim\limits_{x\to-\infty}\arctan x=-\dfrac{\pi}{2}$所以$\lim\limits_{x\to\infty}\arctan x=\pm\dfrac{\pi}{2}$.（　　）

2. 填空题.

(1) 设函数$f(x)=\begin{cases}x+1, & x\leqslant 0\\ 1, & x>0\end{cases}$，则$\lim\limits_{x\to 0^-}f(x)=$________，$\lim\limits_{x\to 0^+}f(x)=$________，$\lim\limits_{x\to 0}f(x)=$________.

(2) 已知函数$f(x)=\begin{cases}3^x, & x\leqslant 0\\ a, & x>0\end{cases}$，若$\lim\limits_{x\to 0}f(x)$存在，则$a=$________.

(3) 函数$f(x)$在$x=x_0$点的极限存在，则$\lim\limits_{x\to x_0^-}f(x)$存在，$\lim\limits_{x\to x_0^+}f(x)$也存在，并且二者必定________.

(4) 当$f(x_0)$不存在时，但$\lim\limits_{x\to x_0^-}f(x)=\lim\limits_{x\to x_0^+}f(x)=A$，则$\lim\limits_{x\to x_0}f(x)=$________.

3. 下列极限存在的是（　　）.

A. $\lim\limits_{x\to 1}\dfrac{2x}{x-1}$　　B. $\lim\limits_{x\to\infty}\cos x$

C. $\lim\limits_{n\to\infty}(-1)^n$　　D. $\lim\limits_{x\to 1}\dfrac{x^2-1}{x-1}$

4. 讨论函数$f(x)=\begin{cases}x+1, & x<0\\ 0, & x=0\\ x-1, & x>0\end{cases}$当$x\to 0$时的极限.

5. 画出函数$f(x)=\dfrac{x^2-9}{x-3}$的图像，并讨论当$x\to3$时$f(x)$的极限．

任务四　无穷小量与无穷大量

学习目标

（1）理解无穷大和无穷小的概念．

（2）掌握无穷小的性质，无穷小与无穷大的关系．

（3）利用无穷小的性质、无穷小与无穷大的关系计算简单极限问题．

知识准备

一、无穷小量

1. 无穷小的定义

定义 1　如果函数在自变量x的某种变化趋势（如$x\to x_0$或$x\to\infty$等）下极限为 0，那么就称函数$f(x)$为当x这种趋势下的**无穷小量**，记为$\lim\limits_{x\to x_0}f(x)=0$或$\lim\limits_{x\to\infty}f(x)=0$.

例如，$\lim\limits_{x\to\infty}\dfrac{1}{x}=0$，所以$\dfrac{1}{x}$是当$x\to\infty$时的无穷小量．而因为$\lim\limits_{x\to3}\dfrac{1}{x}=\dfrac{1}{3}\neq0$，所以当$x\to1$时$\dfrac{1}{x}$不是无穷小量．

类似地，$\lim\limits_{x\to1}\dfrac{x-1}{x}=0$，所以$y=\dfrac{x-1}{x}$是当$x\to1$时的无穷小．

注　（1）在表述无穷小量时必须指明自变量x的变化过程．

（2）绝对值很小的非零常数不是无穷小．因为非零常数在任何极限条件下的极限值都等于它本身（非零）．

（3）常数中有且仅有 0 是无穷小，因为常数 0 在任何极限条件下的极限值均为 0.

2. 无穷小的性质

在自变量的同一个变化过程中：

性质 1　有限个无穷小代数和仍是无穷小．

性质 2　有限个无穷小的乘积仍是无穷小．

性质 3　无穷小与有界函数的乘积仍是无穷小．

二、无穷大

定义 2　如果在自变量的某一变化过程（如$x\to x_0$或$x\to\infty$等）中，函数$f(x)$的绝对值无限增大，那么称函数$f(x)$为该变化过程中的**无穷大**，记为$\lim\limits_{x\to x_0}f(x)=\infty$或$\lim\limits_{x\to\infty}f(x)=\infty$.

注　（1）定义所指的自变量变化过程还可以是$x\to x_0^-$，$x\to x_0^+$，$x\to+\infty$，$x\to-\infty$的情形．

(2) 定义所指的函数 $f(x)$ 的绝对值无限增大，涵盖 $y\to\infty$，$y\to+\infty$ 和 $y\to-\infty$.

(3) $\lim f(x)=\infty$ 属于极限不存在，而不是极限存在，因为 ∞ 不是常数.

(4) 不要把绝对值很大的常数误认为无穷大，因为常数在任何极限条件下的极限值都等于它本身.

(5) 在表述一个无穷大量时必须指明自变量 x 的变化过程.

例如，当 $x\to1$ 时，$\left|\dfrac{1}{x-1}\right|$ 无限增大，所以 $\dfrac{1}{x-1}$ 是当 $x\to1$ 时的无穷大，记为 $\lim\limits_{x\to1}\dfrac{1}{x-1}=\infty$. 又当 $x\to+\infty$ 时，e^x 无限增大，所以 e^x 是 $x\to+\infty$ 时的无穷大，记为 $\lim\limits_{x\to+\infty}e^x=+\infty$.

三、无穷小与无穷大的关系

定理 在自变量的同一变化过程下，若 $f(x)$ 是无穷大，则它的倒数 $\dfrac{1}{f(x)}$ 是无穷小；反之，若在自变量的同一变化过程下 $f(x)$ 是无穷小且 $f(x)\neq0$，则 $\dfrac{1}{f(x)}$ 为无穷大.

任务实施

任务 1 求 $\lim\limits_{x\to\infty}\dfrac{\sin x}{x}$.

[分析] 根据"无穷小的性质 3：无穷小与有界函数的乘积仍是无穷小"求解.

解 因为 $\lim\limits_{x\to\infty}\dfrac{1}{x}=0$，且 $|\sin x|\leqslant1$，所以 $\dfrac{1}{x}$ 是当 $x\to\infty$ 时的无穷小量，$y=\sin x$ 是有界函数，即 $\dfrac{\sin x}{x}$ 也是当 $x\to\infty$ 时的无穷小量，故 $\lim\limits_{x\to\infty}\dfrac{\sin x}{x}=0$.

任务 2 求 $\lim\limits_{x\to1}(x-1)\arctan x$.

[分析] 根据"无穷小的性质 3：无穷小与有界函数的乘积仍是无穷小"求解.

解 因为 $\lim\limits_{x\to1}(x-1)=0$，且 $|\arctan x|<\dfrac{\pi}{2}$，所以 $x-1$ 是当 $x\to1$ 时的无穷小量，$y=\arctan x$ 是有界函数，即 $(x-1)\arctan x$ 也是当 $x\to\infty$ 时的无穷小量，故 $\lim\limits_{x\to1}(x-1)\arctan x=0$.

任务 3 求 $\lim\limits_{x\to-1}\dfrac{x^2-3}{x+1}$.

[分析] 通过"无穷小与无穷大的关系：若 $f(x)$ 是无穷小且 $f(x)\neq0$，则 $\dfrac{1}{f(x)}$ 为无穷大"求解.

解 因为 $\lim\limits_{x\to-1}\dfrac{x+1}{x^2-3}=\dfrac{0}{1}=0$，故 $\lim\limits_{x\to-1}\dfrac{x^2+3}{x+1}=\infty$.

任务训练

1. 判断题.

（1）$\lim\limits_{x\to\infty}\frac{\sin x}{2x}=\frac{1}{2}$.　（　）

（2）$\lim\limits_{x\to\infty}(x+2)=\infty$，所以$(x+2)$是当$x\to\infty$时的无穷大.　（　）

（3）无穷小的倒数是无穷大.　（　）

（4）因为$\frac{1}{100^{1\,000}}$是很小的数，所以它是无穷小量.　（　）

（5）当$x\to+\infty$时，$f(x)=3^x$是无穷大.　（　）

2. 写出下列极限.

（1）$\lim\limits_{x\to 0}x\sin\frac{1}{x}=$________.

（2）$\lim\limits_{x\to\infty}\frac{\cos x}{x}=$________.

（3）$\lim\limits_{x\to\infty}\frac{1}{x}\sin x=$________.

（4）函数$y=\ln x$当$x\to$________时是无穷小，当$x\to+\infty$时$y=\ln x$是无穷________.

（5）$\lim\limits_{x\to 1}(x-1)\arccos x=$________.

3. 下列函数在给定变化过程中为无穷小量的是（　　）.

A. $3^x-1(x\to 0)$　B. $\frac{\sin x}{x}(x\to 0)$　C. $\frac{1}{(x-2)^2}(x\to 2)$　D. $2^{-x}(x\to 1)$

4. 求$\lim\limits_{x\to\infty}\frac{3x^4-x^2+2}{4x^3+x^2-1}$.

5. 求$\lim\limits_{x\to-\infty}\mathrm{e}^x\arctan x$.

任务五　掌握极限的运算

学习目标

（1）掌握极限的运算法则，两个重要极限公式.

（2）会求函数的极限.

知识准备

极限四则运算法则

一、极限的运算法则

定理　设$\lim\limits_{x\to x_0}f(x)=A$，$\lim\limits_{x\to x_0}g(x)=B$，则

（1）$\lim\limits_{x\to x_0}[f(x)\pm g(x)]=\lim\limits_{x\to x_0}f(x)\pm\lim\limits_{x\to x_0}g(x)=A\pm B$；

（2）$\lim\limits_{x\to x_0}[f(x)\cdot g(x)]=\lim\limits_{x\to x_0}[f(x)]\cdot\lim\limits_{x\to x_0}[g(x)]=A\cdot B$；

（3）$\lim\limits_{x\to x_0}\dfrac{f(x)}{g(x)}=\dfrac{\lim\limits_{x\to x_0}f(x)}{\lim\limits_{x\to x_0}g(x)}=\dfrac{A}{B}\quad(B\neq 0)$.

推论 1 $\lim\limits_{x\to x_0}kf(x)=k\cdot\lim\limits_{x\to x_0}f(x)=kA$ （k 为常数）.

推论 2 $\lim\limits_{x\to x_0}[f(x)]^n=[\lim\limits_{x\to x_0}f(x)]^n=A^n$.

注 上述运算法则对于其他极限条件（如 $x\to\infty$ 等）同样成立.

二、两个重要极限

1. $\lim\limits_{x\to 0}\dfrac{\sin x}{x}=1$ 或 $\lim\limits_{x\to 0}\dfrac{x}{\sin x}=1$

可观察表 1.5.1 和图 1.5.1，发现结论.

表 1.5.1

x	$\pm\frac{\pi}{4}$	$\pm\frac{\pi}{8}$	$\pm\frac{\pi}{16}$	$\pm\frac{\pi}{32}$	$\pm\frac{\pi}{64}$	$\pm\frac{\pi}{128}$	$\pm\frac{\pi}{256}$	$\cdots\to 0$
$\frac{\sin x}{x}$	0.900 32	0.974 50	0.993 59	0.998 39	0.999 90	0.999 97	0.999 99	$\cdots\to 1$

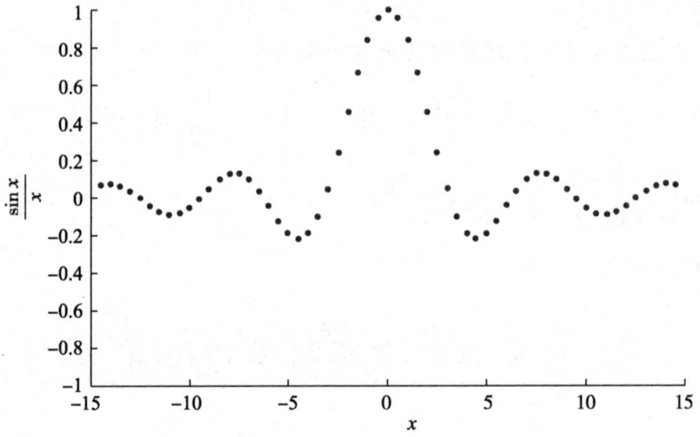

图 1.5.1

2. $\lim\limits_{x\to\infty}\left(1+\dfrac{1}{x}\right)^x=\mathrm{e}$ 或 $\lim\limits_{x\to 0}(1+x)^{\frac{1}{x}}=\mathrm{e}$.

可观察表 1.5.2、表 1.5.3 和图 1.5.2，发现结论.

表 1.5.2

x	1	2	5	10	100	1 000	10 000	100 000	$\cdots\to+\infty$
$\left(1+\frac{1}{x}\right)^x$	2	2.25	2.49	2.59	2.705	2.717	2.718	2.718 27	$\cdots\to\mathrm{e}$

表　1.5.3

x	-10	-100	$-1\,000$	$-10\,000$	$-100\,000$	$\cdots\to-\infty$
$\left(1+\frac{1}{x}\right)^x$	2.88	2.732	2.720	2.718 3	2.718 28	$\cdots\to e$

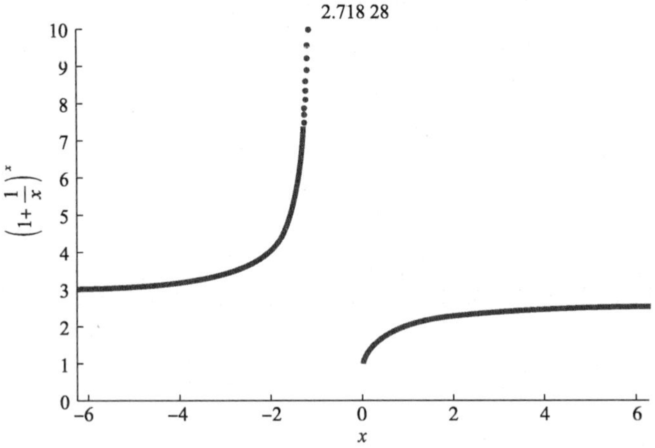

图　1.5.2

任务实施

任务 1　求$\lim\limits_{x\to1}(2x-3)$.

解　$\lim\limits_{x\to1}(2x-3)=\lim\limits_{x\to1}2x-\lim\limits_{x\to1}3=2-3=-1$.

任务 2　求$\lim\limits_{x\to1}\dfrac{x^2-2x+3}{x^2+1}$.

解　因为 $\lim\limits_{x\to1}(x^2+1)\neq0$,

所以
$$\lim_{x\to1}\frac{x^2-2x+3}{x^2+1}=\frac{\lim\limits_{x\to1}(x^2-2x+3)}{\lim\limits_{x\to1}(x^2+1)}=1.$$

[解题方法总结]

在求商的极限时首先要考察分母的极限是否为零，若极限值存在且不为零，则可以直接代入商的极限运算法则求解.

任务 3　求$\lim\limits_{x\to2}\dfrac{x^2-4}{x^2-x-2}$.

[分析]　因为$\lim\limits_{x\to2}(x^2-x-2)=0$，所以不能直接套用商的极限法则，应先约去分母中极限为零的因子（$x-2$），然后再求极限.

极限任务3

解　$\lim\limits_{x\to2}\dfrac{x^2-4}{x^2-x-2}=\lim\limits_{x\to2}\dfrac{(x+2)(x-2)}{(x+1)(x-2)}=\lim\limits_{x\to2}\dfrac{x+2}{x+1}=\dfrac{4}{3}$.

[解题方法总结]

在给定的极限条件下，当分子、分母都以零为极限，通常先约去分子分母中的零因子，再求极限.

任务 4 求$\lim\limits_{x\to4}\dfrac{\sqrt{x+5}-3}{x-4}$.

极限任务4

解
$$\lim_{x\to4}\frac{\sqrt{x+5}-3}{x-4}=\lim_{x\to4}\frac{(\sqrt{x+5}-3)(\sqrt{x+5}+3)}{(x-4)(\sqrt{x+5}+3)}$$
$$=\lim_{x\to4}\frac{x-4}{(x-4)(\sqrt{x+5}+3)}$$
$$=\lim_{x\to4}\frac{1}{\sqrt{x+5}+3}$$
$$=\frac{1}{6}.$$

[解题方法总结]

在给定的极限条件下，极限为$\dfrac{0}{0}$型未定式极限，分式中又含有无理式，通常先进行有理化消除零因子，之后再求解 .

任务 5 求$\lim\limits_{x\to\infty}\dfrac{2x^3-3x+5}{3x^3+x^2-3}$.

[分析] 由于当 $x\to\infty$时，分子、分母都是无穷大，称为$\dfrac{\infty}{\infty}$型未定式极限，所以要先变形再求极限，分子分母同除以最高次项 x^3.

解
$$\lim_{x\to\infty}\frac{2x^3-3x+5}{3x^3+x^2-3}=\lim_{x\to\infty}\frac{2-\dfrac{3}{x^2}+\dfrac{5}{x^3}}{3+\dfrac{1}{x}-\dfrac{3}{x^3}}=\frac{\lim\limits_{x\to\infty}\left(2-\dfrac{3}{x^2}+\dfrac{5}{x^3}\right)}{\lim\limits_{x\to\infty}\left(3+\dfrac{1}{x}-\dfrac{3}{x^3}\right)}=\frac{2}{3}.$$

任务 6 求$\lim\limits_{x\to\infty}\dfrac{2x+5}{3x^2-2x-1}$.

[分析] 由于当 $x\to\infty$时，此极限为$\dfrac{\infty}{\infty}$型未定式极限，所以要分子分母同除以最高次项 x^2.

解
$$\lim_{x\to\infty}\frac{2x+5}{3x^2-2x-1}==\lim_{x\to\infty}\frac{\dfrac{2}{x}+\dfrac{5}{x^2}}{3-\dfrac{2}{x}-\dfrac{1}{x^2}}=\frac{0}{3}=0.$$

[解题方法总结]

在给定的极限条件下，当分子分母趋近于无穷时，通常先分子分母同除以最高次项，之后再求解 . 通常可得以下结论：

当 $a_n\neq0$，$b_m\neq0$ 时，
$$\lim_{x\to\infty}\frac{a_0+a_1x+\cdots+a_nx^n}{b_0+b_1x+\cdots+b_mx^m}=\begin{cases}\dfrac{a_n}{b_m}, & n=m\\ 0, & n<m\end{cases}.$$

任务 7 求$\lim\limits_{x\to0}\dfrac{\sin 5x}{x}$.

解 $\lim\limits_{x\to 0}\frac{\sin 5x}{x}=\lim\limits_{x\to 0}\frac{5\sin 5x}{5x}\xlongequal{令 5x=t}5\lim\limits_{t\to 0}\frac{\sin t}{t}=5.$

任务 8 求$\lim\limits_{x\to 0}\frac{x}{\tan x}$.

解 $\lim\limits_{x\to 0}\frac{x}{\tan x}=\lim\limits_{x\to 0}\frac{x}{\frac{\sin x}{\cos x}}=\lim\limits_{x\to 0}\frac{x}{\sin x}\cdot\lim\limits_{x\to 0}\cos x=1\times 1=1.$

任务 9 求$\lim\limits_{x\to 0}\frac{\sin 3x}{\sin 2x}$.

解 $\lim\limits_{x\to 0}\frac{\sin 3x}{\sin 2x}=\lim\limits_{x\to 0}\frac{3\sin 3x/3x}{2\sin 2x/2x}=\frac{3}{2}\cdot\frac{\lim\limits_{x\to 0}\frac{\sin 3x}{3x}}{\lim\limits_{x\to 0}\frac{\sin 2x}{2x}}=\frac{3}{2}.$

任务 10 求$\lim\limits_{x\to 0}\frac{1-\cos 2x}{x^2}$.

解 $\lim\limits_{x\to 0}\frac{1-\cos 2x}{x^2}=\lim\limits_{x\to 0}\frac{2\sin^2 x}{x^2}=2\lim\limits_{x\to 0}\left(\frac{\sin x}{x}\right)^2=2.$

[解题方法总结]

当极限中含有 $\sin x$，考虑通过恒等变形，凑第一个重要极限公式$\lim\limits_{x\to 0}\frac{\sin x}{x}=1$ 或 $\lim\limits_{x\to 0}\frac{x}{\sin x}=1$ 求解．

任务 11 求$\lim\limits_{x\to\infty}\left(1+\frac{1}{x}\right)^{x+2}$.

解 $\lim\limits_{x\to\infty}\left(1+\frac{1}{x}\right)^{x+2}=\lim\limits_{x\to\infty}\left[\left(1+\frac{1}{x}\right)^{x}\cdot\left(1+\frac{1}{x}\right)^{2}\right]=\lim\limits_{x\to\infty}\left(1+\frac{1}{x}\right)^{x}\cdot\lim\limits_{x\to\infty}\left(1+\frac{1}{x}\right)^{2}$

$=\mathrm{e}\cdot 1=\mathrm{e}.$

任务 12 求$\lim\limits_{x\to\infty}\left(1-\frac{1}{x}\right)^{x}$.

解 $\lim\limits_{x\to\infty}\left(1-\frac{1}{x}\right)^{x}=\lim\limits_{x\to\infty}\left(1+\frac{1}{-x}\right)^{x}=\lim\limits_{x\to\infty}\left[\left(1+\frac{1}{-x}\right)^{-x}\right]^{-1}=\mathrm{e}^{-1}=\frac{1}{\mathrm{e}}.$

[解题方法总结]

当极限中含有$\left(1+\frac{1}{x}\right)^{x}$时，考虑通过恒等变形，凑第二个重要极限公式 $\lim\limits_{x\to\infty}\left(1+\frac{1}{x}\right)^{x}=\mathrm{e}$ 或 $\lim\limits_{x\to 0}(1+x)^{\frac{1}{x}}=\mathrm{e}$ 求解．

任务训练

1. 判断题.

(1) $\lim\limits_{x\to 2}\frac{x^2-4}{x-2}=0.$ (　　)

（2）$\lim\limits_{x\to\infty}\dfrac{2x^2-x+5}{3x^3+2x+1}=\dfrac{2}{3}$.（　）

（3）因为当 $x\to1$ 时，分母 $(x^2-1)\to0$，所以 $\lim\limits_{x\to1}\dfrac{x-1}{x^2-1}$ 不存在 .（　）

2. 填空题.

（1）$\lim\limits_{x\to0}(2x+1)=$________.（2）$\lim\limits_{x\to3}\left(\dfrac{1}{3}x+1\right)=$________.

（3）$\lim\limits_{x\to1}\dfrac{x^2-2x+5}{x^2+7}=$________.（4）$\lim\limits_{x\to\infty}\dfrac{3x^2-2x-1}{2x^3-x^2+5}=$________.

（5）$\lim\limits_{x\to\infty}\dfrac{3x^3-4x^2+2}{7x^3+5x^2-3}=$________.

3. 极限 $\lim\limits_{n\to\infty}\left(\dfrac{n-3}{2n-1}\right)^2=$（　）.

A. 0　　B. $\dfrac{1}{4}$　　C. $\dfrac{1}{2}$　　D. ∞

4. 求下列函数的极限：

（1）$\lim\limits_{x\to1}\dfrac{x^2+2x-3}{x^2-1}$；（2）$\lim\limits_{x\to-1}\dfrac{x+1}{x^2-1}$；

（3）$\lim\limits_{x\to2}\dfrac{x-2}{x^2-5x+6}$；（4）$\lim\limits_{x\to5}\dfrac{x-5}{x^2-25}$；

（5）$\lim\limits_{x\to0}\dfrac{\sqrt{4+x}-2}{x}$；（6）$\lim\limits_{x\to3}\dfrac{3-\sqrt{x+6}}{x-3}$.

5. 求下列函数的极限：

（1）$\lim\limits_{x\to0}\dfrac{\sin 4x}{x}$；（2）$\lim\limits_{x\to0}\dfrac{\tan 3x}{x}$；

（3）$\lim\limits_{x\to0}\dfrac{1-\cos 4x}{x^2}$；（4）$\lim\limits_{x\to0}\dfrac{\sin 5x}{\sin x}$；

（5）$\lim\limits_{x\to\infty}\left(1+\dfrac{1}{2x}\right)^x$；（6）$\lim\limits_{x\to0}(1-3x)^{\frac{1}{x}}$；

（7）$\lim\limits_{x\to\infty}\left(1+\dfrac{1}{x-1}\right)^x$；（8）$\lim\limits_{x\to\pi}(1-2\tan x)^{\cot x}$.

任务六　认识函数的连续性

自然界中有许多现象如气温的变化、河水的流动、动植物的生长等都是连续变化的，这种现象在函数关系上的反映就是函数的连续性．本任务先引进增量的定义，然后描述连续性，并给出函数连续性的定义．

学习目标

（1）理解连续的定义，能利用初等函数的连续性求极限.

（2）掌握增量的定义．

知识准备

一、自变量的增量与函数的增量

定义 1　变量 x 从初值 x_0 变为终值 x_1，终值与初值的差 x_1-x_0 称为变量 x 的**增量**，记为 Δx，即 $\Delta x=x_1-x_0$.

定义 2　函数 $f(x)$ 在点 x_0 的邻域内有定义，当自变量从 x_0 变为 $x_1=x_0+\Delta x$ 时，函数相应从初值 $f(x_0)$ 变为终值 $f(x_0+\Delta x)$，则函数 y 的相应**增量**为

$$\Delta y=f(x_1)-f(x_0)=f(x_0+\Delta x)-f(x_0).$$

二、连续函数的概念

观察图 1.6.1 和图 1.6.2，可以看到，在图 1.6.1 中函数图像在 x_0 点处是“连着的”，“没有断开”，而且当自变量在 x_0 点处的增量 $\Delta x\to 0$ 时，相应的函数增量 $\Delta y\to 0$；在图 1.6.2 中函数图像在 x_0 点处是“断开的”，“没有连着”，而且当 $\Delta x\to 0$ 时 Δy 不趋近于 0，把这两类现象抽象出来，就是函数的连续与间断 .

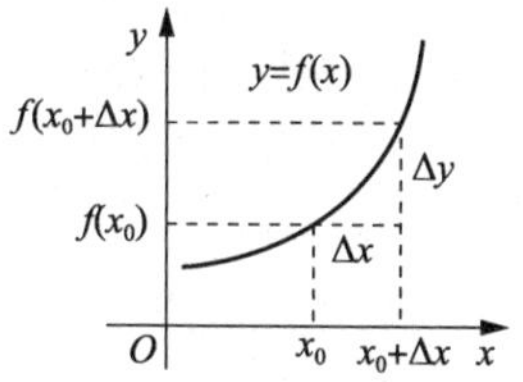

图　1.6.1

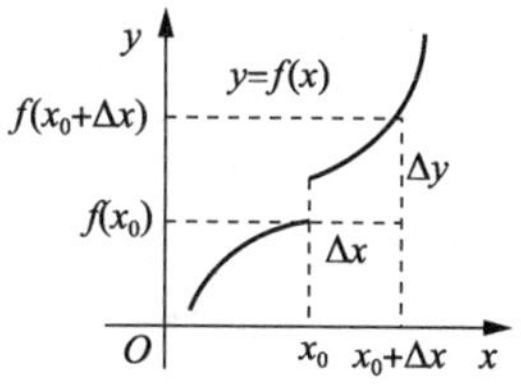

图　1.6.2

1. 函数 $f(x)$ 在 x_0 点的连续性

定义 3　设函数 $f(x)$ 在 x_0 的邻域内有定义，如果当自变量 x 在 x_0 点处的增量 $\Delta x\to 0$ 时，函数 $f(x)$ 相应的增量 $\Delta y\to 0$，其中 $\Delta y=f(x_0+\Delta x)-f(x_0)$，即 $\lim\limits_{\Delta x\to 0}\Delta y=0$，或 $\lim\limits_{\Delta x\to 0}[f(x_0+\Delta x)-f(x_0)]=0$，那么就称函数 $f(x)$ 在 x_0 点**连续**，否则就称函数 $f(x)$ 在 x_0 点**不连续**或**间断** .

函数 $f(x)$ 在 x_0 点连续又可以表述如下：

定义 4　设函数 $f(x)$ 在 x_0 邻域内有定义，如果当 $x\to x_0$ 时函数 $f(x)$ 的极限存在而且等于它在 x_0 点的函数值，即 $\lim\limits_{x\to x_0}f(x)=f(x_0)$，那么就称函数 $f(x)$ 在 x_0 点**连续** .

2. 函数 $f(x)$ 在 x_0 点连续的充要条件

根据定义 2 可得，函数 $f(x)$ 在 x_0 点连续必须同时满足三个条件：

（1）函数 $f(x)$ 在 x_0 处的函数值存在；

（2）函数 $f(x)$ 在 x_0 处的极限值存在；

（3）函数 $f(x)$ 在 x_0 处的函数值与极限值相等 .

反之，以上三个条件只要有一个不满足，那么函数 $f(x)$ 在 x_0 点一定不连续 .

定义 5　如果函数 $f(x)$ 在区间 (a,b) 内的每一点都连续，那么就称函数 $f(x)$ 在区间 (a,b) **连续** .

三、初等函数的连续性

可以推出一切初等函数在其定义区间内是连续的．这个重要的结论为求极限值提供了一种简单易行的方法，即如果 $f(x)$ 为初等函数，而且 x_0 是函数 $f(x)$ 定义域内的点，则

$$\lim_{x\to x_0} f(x)=f(x_0).$$

这样求极限值的问题就转化为求函数值的问题了．

任务实施

任务 1 已知函数 $y=x^2$，求函数在指定点 $x=2$ 处的增量和在任意点 x 处的增量．

［分析］ 利用函数增量的定义 $\Delta y=f(x_1)-f(x_0)=f(x_0+\Delta x)-f(x_0)$ 求解．

解 函数在指定点 $x=2$ 处的增量为

$$\Delta y=f(x_0+\Delta x)-f(x_0)=(2+\Delta x)^2-2^2=4\Delta x+(\Delta x)^2,$$

函数在 x 处的增量为

$$\Delta y=f(x+\Delta x)-f(x)=(x+\Delta x)^2-x^2=2x\Delta x+(\Delta x)^2.$$

任务 2 设 $f(x)=\begin{cases}\dfrac{\sin x}{x}, & x<0\\ x+1, & x\geqslant 0\end{cases}$，讨论 $f(x)$ 在 $x=0$ 处的连续性．

［分析］ 通过函数 $f(x)$ 在 x_0 点连续的三个充要条件判断．

解 （1）判断 $x=0$ 处的函数值是否存在．

$$f(0)=0+1=1.$$

（2）判断 $x=0$ 处的极限值是否存在．

因为 $\lim\limits_{x\to 0^-} f(x)=\lim\limits_{x\to 0^-}\dfrac{\sin x}{x}=1$，$\lim\limits_{x\to 0^+} f(x)=\lim\limits_{x\to 0^+}(x+1)=1$，

所以 $\lim\limits_{x\to 0} f(x)=\lim\limits_{x\to 0^-} f(x)=\lim\limits_{x\to 0^+} f(x)=1$.

（3）判断 $x=0$ 处的极限值是否等于 $x=0$ 处的函数值 $f(0)$．

因为 $\lim\limits_{x\to 0} f(x)=f(0)=1$，所以函数 $f(x)$ 在 $x=0$ 处连续．

任务 3 求 $\lim\limits_{x\to 1}\cos\left(\pi x-\dfrac{\pi}{2}\right)$.

［分析］ 因为函数 $y=\cos\left(\pi x-\dfrac{\pi}{2}\right)$ 为初等函数，且 $x=1$ 是函数定义域内的点，所以函数在 $x=1$ 处的极限值与函数值相等．

解 $\lim\limits_{x\to 1}\cos\left(\pi x-\dfrac{\pi}{2}\right)=\cos\left(\pi-\dfrac{\pi}{2}\right)=\cos\dfrac{\pi}{2}=0.$

任务训练

1. 判断题．

（1）一切初等函数在其定义区间内都是连续的．（ ）

（2）连续的复合函数求极限时可以将极限符号与函数符号互换．（ ）

(3) 求连续函数在 $x=x_0$ 点的极限值就是求函数在 $x=x_0$ 点的函数值．（　　）

(4) 函数 $f(x)=\dfrac{x^2+2x-3}{x^2-1}$ 的间断点只有 $x=1$．（　　）

(5) $f(x)=x^3+x-1$ 的连续区间是 $(-\infty,+\infty)$．（　　）

2. 填空题．

(1) 函数 $f(x)=\dfrac{1}{x^2-9}$ 的连续区间是________．

(2) 设函数 $f(x)=\begin{cases}x+1, & x\leqslant 1\\ 2, & x>1\end{cases}$，则 $f(1)=$________，$\lim\limits_{x\to 1^-}f(x)=$________，$\lim\limits_{x\to 1^+}f(x)=$________，$\lim\limits_{x\to 1}f(x)=$________，故函数在 $x=1$ 点处必________．

(3) 已知函数 $f(x)=\begin{cases}3+e^x, & x\leqslant 0\\ k, & x>0\end{cases}$ 在 $x=0$ 点连续，则 $k=$________．

(4) $f(x)=\dfrac{1}{x-2}$ 的间断点是 $x=$________．

(5) 若 $\lim\limits_{x\to x_0^-}f(x)=\lim\limits_{x\to x_0^+}f(x)=A$，且 $f(x)$ 在 $x=x_0$ 点连续，则 $f(x_0)=$________．

3. 函数 $f(x)=\dfrac{x+3}{x^3-4x}$ 有（　　）个间断点．

A. 1　　B. 2　　C. 3　　D. 4

4. 求函数 $f(x)=\dfrac{2x+1}{x^2+2x}$ 的间断点和连续区间．

5. 设 $f(x)=\begin{cases}x^2, & x<1\\ x+1, & x\geqslant 1\end{cases}$，讨论 $f(x)$ 在 $x=1$ 处的连续性．

6. 设 $f(x)=\begin{cases}\dfrac{\sin 3x}{x}, & x<0\\ x+3, & x\geqslant 0\end{cases}$，讨论 $f(x)$ 在 $x=0$ 处的连续性．

7. 已知 $f(x)=\begin{cases}(1+x)^{\frac{1}{x}}, & x<0\\ m, & x\geqslant 0\end{cases}$ 在 $x=0$ 处连续，求 m 的值．

拓展阅读

刘徽与《九章算术》

刘徽是我国魏晋时期的伟大数学家，是中国“古典数学理论”的奠基人，是我国首位以“逻辑推理”方式来论证数学命题的数学家，他撰写的《九章算术注》一书，在世界数学史上占有突出的地位，是中华民族的宝贵遗产，为人类文明的发展做出了不可磨灭的贡献．

《九章算术》是东汉初期（公元1世纪左右）流传下来的数学专著，书中总结了我国古代劳动人民和数学家在长期的生产生活实践中所运用的数学知识，在解联立方程、分数四则运算、正负数运算、几何图形的体积面积计算等方面都属于世界先进之列．但它对所列问题的解法或结论缺乏必要的解释和说明，对所依据的理论也没有做系统的探讨，刘徽看到了这一点，于是他不畏艰难，决定为《九章算术》做注释，这是一项非常烦琐的工作．他在注解《九章算术》时，精辟地阐述了各种解题方法的道理，提出了简要的说明，论证了解法的正确性，并指出了一些近似解法的精确程度和个别解法的错误，为中国古典数学奠定了理论基础．他还提出了许多具有创造性的理论，对我国古代数学体系的形成和发展起了很重要的作用．

刘徽在注解《九章算术》的过程中创立了“割圆术”，为计算圆周率建立了严密的理论，提供了计算圆周率的科学方法，比古希腊数学家阿基米德计算的圆周率更加精确．他还认为圆内接正多边形的边数越多，就越同圆周近似．这就是现代数学中的“极限”概念，因此中国成为世界上产生“极限”概念最早的国家之一．除此之外，他创造了比直除法更简便的“线性方程组解法”和解“不定方程问题”，与现代解法基本一致；他还建立了等差级数“前 n 项求和公式”，他的推理非常严谨，虽然没有写出自成体系的著作，但他所运用的数学知识，实际上已经形成了一个独具特色的理论体系．

正是因为有刘徽这样坚忍不拔、勇于探索的数学家，我国古代的数学所取得的成就是无比辉煌与伟大的，所以在今天的数学学习中，我们要在获得数学知识的同时，传承他们的钻研精神，不断探索，勇攀高峰．

项目二　认识导数及其应用

数学知识在经济学中有着越来越重要的应用，它不仅可以给企业经营者提供客观、精确的数据，而且在分析的演绎和归纳过程中，还可以给企业经营者提供新的思路和视角，为企业经营者科学决策提供量化依据．导数是微分学中的重要概念，也是经济分析的重要工具．本章将重点介绍导数的概念及导数在经济分析（边际分析、弹性分析）、仓储管理中的应用．

项目引入

（1）已知生产某产品 Q 件的成本为 $C(Q)=0.001Q^3-0.3Q^2+40Q+1\,000$（元），试求边际成本函数.

（2）一块正方形金属薄片由于温度的变化，其边长由 x_0 变化为 $x_0+\Delta x$，此时薄片的面积改变了多少？

（3）某工厂需要围建一个面积为 288 m^2 的矩形土地，一边可以利用原有的墙壁，其他三边需要砌新的墙壁，问这块土地的长与宽的尺寸应如何选取，才能使建筑材料最省？

以上三个问题需要用到导数的经济意义知识、导数与微分和导数求函数最值的相关知识．下面通过本项目的学习来解决上述问题．

项目目标

（1）理解导数、微分的概念，掌握基本初等函数、复合函数求导数和求微分的方法．

（2）掌握运用导数判断函数的单调性和极值，了解导数在经济学中的应用．

（3）了解导数的实际应用，体会事物是普遍联系的，会抓住事物本质，培养用数学知识解决实际问题的思维.

任务一　认识导数与微分

学习目标

（1）理解导数与微分的概念，认识导数的几何意义、物理意义．

（2）熟练掌握导数的四则运算法则、复合函数求导法则和高阶导数求导方法．

知识准备

一、导数的概念

研究变量时，不仅需要研究变量与变量之间的对应关系（函数关系）、变量的变化趋势（极限），还需要研究变量的变化快慢程度，例如，物体运动的速度、经济发展的进度、人口增长的速度、劳动生产率、经济函数边际问题等，这些问题通常称为变化率问题，在数学上可归结为自变量的改变量与相应的函数的改变量之间的一种“比率”关系，也就是函数的变化率，即导数．本任务将以边际问题和切线问题作为实际背景来建立导数的概念．

1. 两个引例

引例 1 产品总成本的变化率.

设某产品的总成本 C 是产量 q 的函数 $C=C(q)$，当产量由 q_0 改变为 $q_0+\Delta q$ 时，总成本相应的改变量为

$$\Delta C=C(q_0+\Delta q)-C(q_0),$$

这时，称$\dfrac{\Delta C}{\Delta q}=\dfrac{C(q_0+\Delta q)-C(q_0)}{\Delta q}$为产量由 q_0 改变到 $q_0+\Delta q$ 时产品总成本的平均变化率．当 $\Delta q\to 0$ 时，如果极限

$$\lim_{\Delta q\to 0}\frac{\Delta C}{\Delta q}=\lim_{\Delta q\to 0}\frac{C(q_0+\Delta q)-C(q_0)}{\Delta q}$$

存在，则称此极限值为产量是 q_0 时总成本的变化率，又称边际成本．

引例 2 求曲线 $y=f(x)$ 在点 $P_0(x_0,f(x_0))$ 的切线的斜率．

给自变量 x 一个微小的改变量 Δx，如图 2.1.1 所示，让自变量 x 从 x_0 变化到 $x_0+\Delta x$ 时，函数相应的改变量为 $\Delta y=f(x_0+\Delta x)-f(x_0)$，这时，曲线上的点 $P_0(x_0,f(x_0))$ 变到了点 $P(x_0+\Delta x,f(x_0+\Delta x))$．从而曲线的割线 P_0P 的斜率为

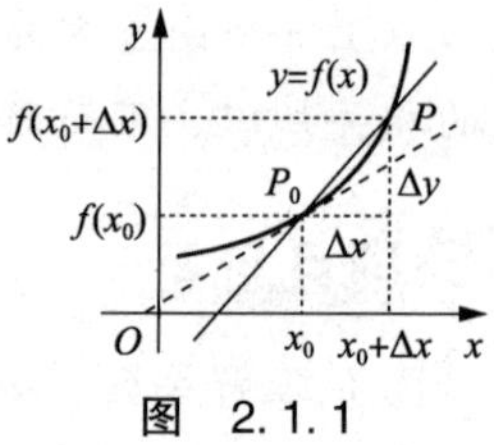

图 2.1.1

$$k_{P_0P}=\frac{\Delta y}{\Delta x}=\frac{f(x_0+\Delta x)-f(x_0)}{\Delta x}.$$

割线 P_0P 的斜率是曲线在点 $P_0(x_0,f(x_0))$ 的切线的斜率的近似值．当 $\Delta x\to 0$ 时，割线 P_0P 的斜率的极限就是曲线 $y=f(x)$ 在点 $P_0(x_0,f(x_0))$ 的切线 l 的斜率，即

$$k_{P_0}=\lim_{\Delta x\to 0}\frac{\Delta y}{\Delta x}=\lim_{\Delta x\to 0}\frac{f(x_0+\Delta x)-f(x_0)}{\Delta x}.$$

上述两个引例虽然具体内容不同，但解决问题的方法是相同的，都是函数变化率的极限问题．下面抽象引出导数的定义．

2. 导数的定义

定义 1 设函数 $y=f(x)$ 在点 x_0 的某一邻域内有定义，当自变量 x 在 x_0 处取得增量 Δx（点 $x_0+\Delta x$ 仍在该邻域内）时，相应地函数取得增量 $\Delta y=f(x_0+\Delta x)-f(x_0)$，如果极限

$$\lim_{\Delta x\to 0}\frac{\Delta y}{\Delta x}=\lim_{\Delta x\to 0}\frac{f(x_0+\Delta x)-f(x_0)}{\Delta x}$$

存在，则称函数 $f(x)$ 在点 x_0 处**可导**，并称此极限值为函数 $f(x)$ 在点 x_0 的**导数**，记为 $f'(x_0)$，或 $y'\big|_{x=x_0}$，$\left.\dfrac{\mathrm{d}y}{\mathrm{d}x}\right|_{x=x_0}$，$\left.\dfrac{\mathrm{d}f(x)}{\mathrm{d}x}\right|_{x=x_0}$．如果 $\lim\limits_{\Delta x\to 0}\dfrac{\Delta y}{\Delta x}$ 不存在，则称函数 $f(x)$ 在点 x_0 处**不可导**．

导数的定义

如果极限 $\lim\limits_{\Delta x\to 0^-}\dfrac{\Delta y}{\Delta x}=\lim\limits_{\Delta x\to 0^-}\dfrac{f(x_0+\Delta x)-f(x_0)}{\Delta x}$ 和 $\lim\limits_{\Delta x\to 0^+}\dfrac{\Delta y}{\Delta x}=\lim\limits_{\Delta x\to 0^+}\dfrac{f(x_0+\Delta x)-f(x_0)}{\Delta x}$ 都存在，其极限值分别称为函数 $f(x)$ 在点 x_0 处的**左导数**和**右导数**，分别记为 $f'(x_0-0)$ 和 $f'(x_0+0)$．

函数 $f(x)$ 在点 x_0 处可导的充分必要条件是函数 $f(x)$ 在点 x_0 处的左、右导数都存在且相等．

如果函数 $y=f(x)$ 在开区间 (a,b) 内的每一点都可导，就称函数 $f(x)$ 在开区间 (a,b) 内可导．这时，对于开区间 (a,b) 内的每一个 x 值，都有 $f(x)$ 的一个确定的导数值与之对应，这样就构成了一个新的函数，这个函数称为原来函数 $y=f(x)$ 的导函数，记作 y'，$f'(x)$，$\dfrac{\mathrm{d}y}{\mathrm{d}x}$，或 $\dfrac{\mathrm{d}f(x)}{\mathrm{d}x}$．

导函数的定义式为

$$y'=\lim_{\Delta x\to 0}\frac{\Delta y}{\Delta x}=\lim_{\Delta x\to 0}\frac{f(x+\Delta x)-f(x)}{\Delta x}.$$

显然，函数 $f(x)$ 在点 x_0 处的导数就是导函数 $f'(x)$ 在点 x_0 处的函数值，即

$$f'(x_0)=f'(x)\big|_{x=x_0}.$$

在不发生混淆的情况下，导函数简称导数．

因此，引例 1 中产品总成本的变化率是总成本 C 对产量 q 的导数 $C'(q_0)=\left.\dfrac{\mathrm{d}C}{\mathrm{d}q}\right|_{q=q_0}$；而引例 2 中曲线 $y=f(x)$ 在点 $P_0(x_0,f(x_0))$ 处的切线的斜率是函数在点 x_0 处的导数 $k=f'(x_0)$．

数言数语

通过一起探索求解切线方程可知，世界上没有一成不变的事物，整个世界是变化发展的，我们对待问题的看法和处理问题的方法也应该是变化的、发展的．生活中的喜怒哀乐都是暂时的，只要能正确地面对，科学地处理，一切都会向着好的方向发展．应该用发展的观点来看问题，坚持与时俱进，培养运动、变化、发展的辩证唯物主义思想和创新精神．

二、基本初等函数的导数

(1) $(C)'=0$（C 是常数）；

(2) $(x^\alpha)'=\alpha\cdot x^{\alpha-1}$（$\alpha$ 是任意实数）；

(3) $(a^x)'=a^x\ln a$；

(4) $(\mathrm{e}^x)'=\mathrm{e}^x$；

(5) $(\log_a x)'=\dfrac{1}{x\ln a}$；

(6) $(\ln x)=\dfrac{1}{x}$；

(7) $(\sin x)'=\cos x$；

(8) $(\cos x)'=-\sin x$；

(9) $(\tan x)'=\frac{1}{\cos^2 x}=\sec^2 x$；　　(10) $(\cot x)'=-\frac{1}{\sin^2 x}=-\csc^2 x$；

(11) $(\sec x)'=\sec x\cdot\tan x$；　　(12) $(\csc x)'=-\csc x\cdot\cot x$；

(13) $(\arcsin x)'=\frac{1}{\sqrt{1-x^2}}\mathrm{d}x$；　　(14) $(\arccos x)'=-\frac{1}{\sqrt{1-x^2}}$；

(15) $(\arctan x)'=\frac{1}{1+x^2}$；　　(16) $(\operatorname{arccot} x)'=-\frac{1}{1+x^2}$.

三、导数的实际意义及应用

1. 导数的几何意义

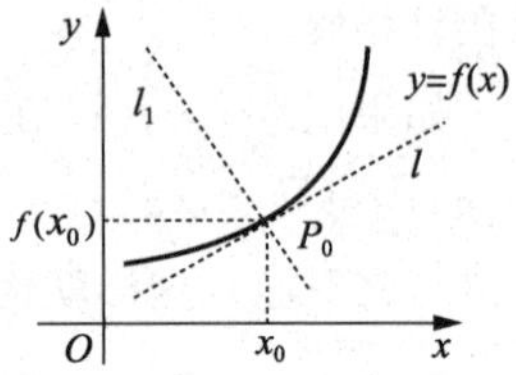

图 2.1.2

如图 2.1.2 所示，曲线 $y=f(x)$ 在 x_0 处的导数就是曲线 $f(x)$ 在 $P_0(x_0, f(x_0))$ 点的切线 l 的斜率，即

$$k=f'(x_0)$$

而 $k'=-\frac{1}{f'(x_0)}$ 表示曲线 $y=f(x)$ 在该点的法线 l_1 的斜率.

从而，曲线 $y=f(x)$ 在 x_0 处的切线方程为

$$y-f(x_0)=f'(x_0)(x-x_0).$$

曲线 $y=f(x)$ 在 x_0 处的法线方程为

$$y-f(x_0)=-\frac{1}{f'(x_0)}(x-x_0).$$

2. 导数的经济意义

在经济应用中，一个函数的导数表示该函数的边际函数.

导数的四则运算法则

四、函数的求导法则

1. 函数的四则运算的求导法则

定理 1　设函数 $u=u(x), v=v(x)$ 在点 x 处可导，则 $u(x)\pm v(x)$，$u(x)\cdot v(x)$，$\frac{u(x)}{v(x)}(v(x)\neq 0)$ 在点 x 处也可导，并且：

(1) $(u\pm v)'=u'\pm v'$.

(2) $(u\cdot v)'=u'v+uv'$.

(3) $\left(\frac{u}{v}\right)'=\frac{u'v-uv'}{v^2}$，其中 $v\neq 0$.

推论 1　$(ku)'=ku'$（k 为常数）.

推论 2　$\left(\frac{1}{v}\right)'=-\frac{v'}{v^2}$.

定理 1 中的式（1）和式（2）都可推广到有限个函数的情形.

2. 高阶导数

定义 2　一般地，函数 $y=f(x)$ 的导数 $f'(x)$ 仍然是 x 的函数，如果 $f'(x)$ 的导数

存在，则称这个导数为函数$f(x)$的**二阶导数**，记为$f''(x)y''$或$\frac{\mathrm{d}^2y}{\mathrm{d}x^2}$；类似地，$f''(x)$的导数称为$f(x)$的**三阶导数**，记为$f'''(x)y'''$或$\frac{\mathrm{d}^3y}{\mathrm{d}x^3}$；依此类推，$f(x)$的 $n-1$ 阶导数$f^{(n-1)}(x)$的导数称为$f(x)$的 **n 阶导数**，记为$f^{(n)}(x)$，$y^{(n)}$或$\frac{\mathrm{d}^ny}{\mathrm{d}x^n}$.

函数二阶及二阶以上导数统称**高阶导数**．而原来的导数$f'(x)$称为**一阶导数**．

3. 复合函数的求导法则

定理 2　设函数 $y=f(\varphi(x))$是由 $y=f(u)$，$u=\varphi(x)$复合而成的复合函数，u 是中间变量，若 $u=\varphi(x)$在点 x 可导，且 $y=f(u)$在对应的 u 点可导（即 $y'_u=f'(u)$，$u'_x=\varphi'(x)$存在），则复合函数 $y=f(\varphi(x))$在点 x 也可导，且

$$y'_x=y'_u\cdot u'_x\quad\left(或\frac{\mathrm{d}y}{\mathrm{d}x}=\frac{\mathrm{d}y}{\mathrm{d}u}\cdot\frac{\mathrm{d}u}{\mathrm{d}x}\right).$$

复合函数的求导

由于两个函数的复合仍是一个函数，因此，复合函数的求导法则可以推广到有限个函数复合的情形，如 $y=f(u)$，$u=g(v)$，$v=\varphi(x)$满足类似复合函数的求导法则的条件，则

$$y'_x=y'_u\cdot u'_v\cdot v'_x.$$

上式右端的求导，按 $y\to u\to v\to x$ 的顺序自左向右逐个求导，就像一条链子一样，因此复合函数的求导法则通常称为链式法则．

数言数语

通过求解函数导数的学习，大家要学会勤于思考，善于总结提炼方法．尤其是遇到较难函数的求导问题时，要牢记数学家们攻坚克难、顽强拼搏、精益求精的精神，迎难而上，勇攀高峰．

五、函数的微分

前文讨论了导数，所谓函数 $y=f(x)$的导数 $y'=f'(x)$，是$\frac{\Delta y}{\Delta x}$当 $\Delta x\to 0$ 时的极限，然而在许多情形下，需要考察和估算函数的改变量 Δy，特别是当自变量的改变量$|\Delta x|$很小时，微分提供了表达这种增量的一种简便方法．

先考察一个引例．

引例 3　如图 2.1.3 所示，一块正方形金属薄片由于温度的变化，其边长由 x_0 变化为 $x_0+\Delta x$，此时薄片的面积改变了多少？

解　设此薄片的边长为 x、面积为 A，则 $A=x^2$.

当自变量 x 在 x_0 有增量 Δx 时，相应的面积函数的增量为 ΔA，则

$$\Delta A=(x_0+\Delta x)^2-x_0^2=2x_0\Delta x+(\Delta x)^2.$$

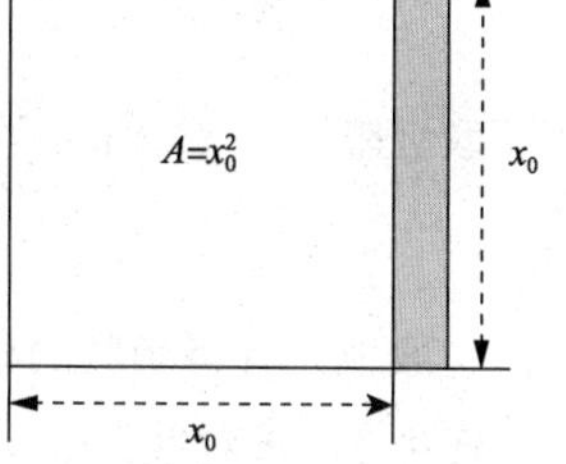

图　2.1.3

从图 2.1.3 可以看出，面积的增量 ΔA（阴影部分）可以用 $2x_0\Delta x$（浅色阴影部分）近似代替，即在计算函

数 $A=x^2$ 在 x_0 处的改变量时，可以用 $2x_0\Delta x$ 近似计算，其中 $2x_0=(x^2)'|_{x=x_0}$.

微分的定义

下面给出函数的微分的定义.

定义 3 设函数 $y=f(x)$ 在点 x_0 及其附近可导，则称 $f'(x_0)\Delta x$ 为函数 $y=f(x)$ 在点 x_0 处的**微分**，记作 $\mathrm{d}y|_{x=x_0}$，即 $\mathrm{d}y|_{x=x_0}=f'(x_0)\Delta x$.

如果函数 $y=f(x)$ 在区间 (a,b) 内的每一点 x 都可导，则有函数 $y=f(x)$ 在区间 (a,b) 内的微分，称为函数的**微分**，记为 $\mathrm{d}y=f'(x)\Delta x$.

当 $y=x$ 时，一方面 $\mathrm{d}y=\mathrm{d}x$，另一方面，$\mathrm{d}y=y'\Delta x=x'\Delta x=\Delta x$，故 $\mathrm{d}x=\Delta x$. 所以，函数 $y=f(x)$ 的微分为 $\mathrm{d}y=f'(x)\mathrm{d}x$（或 $\mathrm{d}y=y'\mathrm{d}x$）.

由上式可得，$f'(x)=\dfrac{\mathrm{d}y}{\mathrm{d}x}$，即函数 $f(x)$ 的导数 $f'(x)$ 等于函数的微分 $\mathrm{d}y$ 与自变量的微分 $\mathrm{d}x$ 之商 $\dfrac{\mathrm{d}y}{\mathrm{d}x}$，所以导数又称**微商**.

由于求微分的问题归结为求导数的问题，因此，求导数与求微分的方法统称**微分法**.

例如，函数 $y=\sin x$ 的微分为 $\mathrm{d}y=y'\mathrm{d}x=\cos x\mathrm{d}x$；函数 $y=\ln x$ 的微分为 $\mathrm{d}y=y'\mathrm{d}x=\dfrac{1}{x}\mathrm{d}x$.

任务实施

任务 1 求函数 $f(x)=C$（C 为常数）的导数.

[分析] 根据导数的定义式 $y'=\lim\limits_{\Delta x\to 0}\dfrac{\Delta y}{\Delta x}=\lim\limits_{\Delta x\to 0}\dfrac{f(x+\Delta x)-f(x)}{\Delta x}$ 分解为求增量、算比值、取极限三个步骤求解.

解 求增量：$\Delta y=f(x+\Delta x)-f(x)=C-C=0$；

算比值：$\dfrac{\Delta y}{\Delta x}=0$；

取极限：$f'(x)=\lim\limits_{\Delta x\to 0}\dfrac{\Delta y}{\Delta x}=0$.

即
$$(C)'=0 \quad (C\text{ 是常数}).$$

任务 2 求函数 $f(x)=x^2$ 的导数.

解 求增量：$\Delta y=f(x+\Delta x)-f(x)=(x+\Delta x)^2-x^2=2x\cdot\Delta x+(\Delta x)^2$；

算比值：$\dfrac{\Delta y}{\Delta x}=2x+\Delta x$；

取极限：$f'(x)=\lim\limits_{\Delta x\to 0}\dfrac{\Delta y}{\Delta x}=\lim\limits_{\Delta x\to 0}(2x+\Delta x)=2x$.

即
$$(x^2)'=2x.$$

一般地，有幂函数的导数 $(x^\alpha)'=\alpha x^{\alpha-1}$（$\alpha$ 是常数）.

任务 3 求对数函数 $y=\log_a x$，（$a>0$ 且 $a\neq 1$）的导数.

解 求增量：$\Delta y=f(x+\Delta x)-f(x)=\log_a(x+\Delta x)-\log_a x$

$$=\log_a \frac{x+\Delta x}{x}=\log_a\left(1+\frac{\Delta x}{x}\right);$$

算比值：$\dfrac{\Delta y}{\Delta x}=\dfrac{\log_a\left(1+\dfrac{\Delta x}{x}\right)}{\Delta x}=\dfrac{1}{x}\log_a\left(1+\dfrac{\Delta x}{x}\right)^{\frac{x}{\Delta x}}$；

取极限：根据重要极限$\lim\limits_{t\to 0}(1+t)^{\frac{1}{t}}=\mathrm{e}$得

$$y'=\lim_{\Delta x\to 0}\frac{\Delta y}{\Delta x}=\lim_{\Delta x\to 0}\frac{1}{x}\log_a\left(1+\frac{\Delta x}{x}\right)^{\frac{x}{\Delta x}}=\frac{1}{x}\log_a \mathrm{e}=\frac{1}{x\ln a}.$$

由此可得

$$(\log_a x)'=\frac{1}{x\ln a}.$$

特别地，当 $a=\mathrm{e}$ 时，得自然对数 $y=\ln x$ 的导数为

$$(\ln x)'=\frac{1}{x}.$$

[解题方法总结]　根据导数定义求函数导数的步骤为：

（1）求增量：$\Delta y=f(x+\Delta x)-f(x)$；

（2）求比值：$\dfrac{\Delta y}{\Delta x}=\dfrac{f(x+\Delta x)-f(x)}{\Delta x}$；

（2）求极限：$f'(x)=\lim\limits_{\Delta x\to 0}\dfrac{\Delta y}{\Delta x}=\lim\limits_{\Delta x\to 0}\dfrac{f(x+\Delta x)-f(x)}{\Delta x}$.

任务 4　求曲线 $y=\ln x$ 在点$P(\mathrm{e},1)$处的切线方程和法线方程．

[分析]　根据导数的物理意义，切线斜率为 $k=f'(x_0)$，法线斜率为 $k'=-\dfrac{1}{f'(x_0)}$，从而，曲线 $y=f(x)$ 在 x_0 处的切线方程为

$$y-f(x_0)=f'(x_0)(x-x_0).$$

曲线 $y=f(x)$ 在 x_0 处的法线方程为

$$y-f(x_0)=-\frac{1}{f'(x_0)}(x-x_0).$$

解　切线斜率 $k_1=f'(x_0)=\dfrac{1}{x_0}=\dfrac{1}{\mathrm{e}}$，法线斜率 $k_2=-\dfrac{1}{f'(x_0)}=-\mathrm{e}$，故 $y=\ln x$ 在 $P(\mathrm{e},1)$处的切线方程为 $y-1=\dfrac{1}{\mathrm{e}}(x-\mathrm{e})$，即 $x-\mathrm{e}y=0$.

$y=\ln x$ 在 $P(\mathrm{e},1)$处的法线方程为 $y-1=-\mathrm{e}(x-\mathrm{e})$，即 $\mathrm{e}x+y-\mathrm{e}^2-1=0$.

任务 5　求函数下列函数的导数：

（1）$y=\sin x+\ln x$；　　（2）$y=x\ln x$；

（3）$y=\tan x$；　　（4）$y=\sec x$.

[分析]　利用导数的四则运算法则和基本初等函数求导公式解题．

解　（1）$y'=(\sin x)'+(\ln x)'=\cos x+\dfrac{1}{x}$.

（2）$y'=(x)'\ln x+x(\ln x)'=\ln x+1$.

（3）$y'=\left(\dfrac{\sin x}{\cos x}\right)'=\dfrac{(\sin x)'\cos x-\sin x(\cos x)'}{\cos^2 x}=\dfrac{\cos^2 x+\sin^2 x}{\cos^2 x}=\dfrac{1}{\cos^2 x}=\sec^2 x.$

（4）$y'=(\sec x)'=\left(\dfrac{1}{\cos x}\right)'=-\dfrac{(\cos x)'}{\cos^2 x}=\dfrac{\sin x}{\cos^2 x}=\sec x\cdot\tan x.$

任务6 求下列函数的三阶导数 $f'''(x)$：

（1）$f(x)=3x^4+4x^2$；（2）$f(x)=e^x$；（3）$f(x)=\sin 2x$.

[分析] 高阶导数的求导方法为直接法，即逐阶求导．

解 （1）$f'(x)=12x^3+8x$，$f''(x)=(12x^3+8x)'=36x^2+8$，$f'''(x)=72x$；

（2）$f'(x)=e^x$，$f''(x)=e^x$，$f'''(x)=e^x$；

（3）$f'(x)=2\cos 2x$，$f''(x)=-4\sin 2x$，$f'''(x)=-8\cos 2x$.

任务7 求下列函数的导数：

（1）$y=\cos 3x$；（2）$y=e^{1+x}$；（3）$y=\ln x^2$；（4）$y=(4x+6)^5$.

[分析] 根据复合函数求导的链式法则求解．

解 （1）令 $y=\cos u$，$u=3x$，则

$$y'_x=y'_u\cdot u'_x=(\cos u)'\cdot(3x)'=-3\sin u=-3\sin 3x.$$

（2）令 $y=e^u$，$u=1+x$，则

$$y'_x=y'_u\cdot u'_x=(e^u)'\cdot(1+x)'=e^u=e^{1+x}.$$

（3）令 $y=\ln u$，$u=x^2$，则

$$y'_x=y'_u\cdot u'_x=(\ln u)'\cdot(x^2)'=\frac{2x}{u}=\frac{2x}{x^2}=\frac{2}{x}.$$

（4）令 $y=u^5$，$u=4x+6$，则

$$y'_x=y'_u\cdot u'_x=(u^5)'\cdot(4x+6)'=5u^4\cdot 4=20(4x+6)^4.$$

[解题方法总结] 复合函数求导的法则可总结为：一分，二导，三连乘．

在求导熟练后，不必写出中间变量，可以直接由外到里逐层求导．如任务7第（3）小题的求解过程可简化为

$$y'=[\ln(x^2)]'=\frac{1}{x^2}(x^2)'=\frac{2x}{x^2}=\frac{2}{x}.$$

任务8 求函数 $y=x^3$ 在 $x=2$ 处的微分．

[分析] 可根据微分公式 $dy=f'(x)dx$ 求解．

解 函数 $y=x^3$ 在 $x=2$ 处的微分为

$$dy\big|_{x=2}=(x^3)'\big|_{x=2}dx=(3x^2)\big|_{x=2}dx=12dx.$$

任务9 求下列函数的微分：

（1）$y=2^x\cdot\ln x$；（2）$y=e^{\sin 2x}$.

[分析] 可根据微分公式 $dy=f'(x)dx$ 及复合函数求导法则求解．

解 （1）$dy=y'dx=(2^x\cdot\ln x)'dx=2^x\left(\ln x\cdot\ln 2+\dfrac{1}{x}\right)dx$；

（2）$dy=y'dx=(e^{\sin 2x})'dx=2\cos 2x\cdot e^{\sin 2x}dx.$

任务训练

1. 判断题.

（1）因为$(\ln x)'=\frac{1}{x}$，所以$(\ln 3)'=\frac{1}{3}$.　（　　）

（2）因为$(x^{\alpha})'=\alpha\cdot x^{\alpha-1}$，所以$(5^{x})'=x\cdot 5^{x-1}$.　（　　）

（3）$(\mathrm{e}^{-x})'=\mathrm{e}^{-x}$.　（　　）

（4）$\sin'5x=5\cos 5x$.　（　　）

（5）$\mathrm{d}(\arctan x)=\frac{1}{1+x^{2}}$.　（　　）

（6）变速直线运动物体的运动方程$s(t)=t^{2}+2t$，则其加速度$a(t)=2t+2$.　（　　）

2. 填空题.

（1）$(\log_{2}3)'=$________.

（2）函数$f(x)=\cos x$在点$x=\frac{\pi}{3}$处的切线斜率$k=$________.

（3）曲线$f(x)=2\sqrt{x}+3$在点$x=4$处的法线斜率$k=$________.

（4）设$y=x^{2}-A\mathrm{e}^{x}$，已知$y'|_{x=0}=1$，则$A=$________.

（5）$\left(\frac{1}{1+x^{2}}\right)'=($________$)(1+x^{2})'=($________$)$.

（6）(________$)'=3\sin^{2}2x(\sin 2x)'=($________$)$

（7）已知$y=3x^{5}-4x^{3}+2$，则$y''=$________.

（8）设物体做变速直线运动的方程为$s=t^{5}$，则物体在$t=1$ s时的速度为________m/s，此时的加速度为________$\mathrm{m/s^{2}}$.

（9）$\mathrm{d}(x^{2\,023})=$________.

（10）$\mathrm{d}(\log_{19}x)=$________$\frac{1}{x}\mathrm{d}x$.

3. 选择题.

（1）设$y=f(x)$，$y=g(x)$均为可导函数，则以下结论正确的是（　　）.

A. $[f(x)-g(x)]'=f'(x)-g'(x)$　　B. $[f(x)\cdot g(x)]'=f'(x)\cdot g'(x)$

C. $[f(x)\div g(x)]'=f'(x)\div g'(x)$　　D. 以上都不对

（2）下列各式正确的是（　　）.

A. $(x^{-2})'=-2x^{-3}$　　B. $(3^{x})'=x\cdot 3^{x-1}$

C. $(\sqrt{x})'=2\sqrt{x}$　　D. $(\cos x)'=-\cos x$

（3）以下求导结果不正确的是（　　）.

A. $[\cos(2x)]'=-2\sin 2x$　　B. $[\ln(1-x)]'=\frac{1}{1-x}$

C. $[\mathrm{e}^{x+1}]'=\mathrm{e}^{x+1}$　　D. $(x^{\alpha}+2)'=\alpha\cdot x^{\alpha-1}$

（4）下列各式不正确的是（　　）.

A. $(e^x)''=e^x$ B. $(e^{3x})''=e^{3x}$

C. $(\sin x)''=-\sin x$ D. $(\cos x)''=-\cos x$

（5）以下结论正确的是（　　）.

A. $d(\arccos x)=-\dfrac{1}{\sqrt{1-x^2}}$ B. $d(\arcsin x)=\dfrac{1}{\sqrt{1+x^2}}dx$

C. $d(\text{arccot}\, x)=-\dfrac{1}{1+x^2}dx$ D. $d\left(\dfrac{1}{1+x^2}\right)=\arctan x dx$

4. 求下列函数的导数与微分.

（1）$y=2x^3+5^x+\ln 6$； （2）$y=e^x+\arctan x$；

（3）$y=\sin x+\log_3 x$； （4）$y=\sqrt{x}\cdot\ln x$；

（5）$y=e^x\cdot\tan x$； （6）$y=\dfrac{2^x+3^x}{3^x}$；

（7）$y=\dfrac{\tan x}{x}$； （8）$y=\dfrac{x^2}{1+x}$.

5. 求下列函数的导数.

（1）$y=(x^2+1)^2$； （2）$y=e^{\cos x}$；

（3）$y=\sin 2^x$； （4）$y=\log_2(x^2+x+1)$.

6. 求下列函数的二阶导数.

（1）$y=(x^2+1)^2$； （2）$y=(2+x^2)\arctan x$.

7. 求曲线 $y=x^2+1$ 在点 $P(1,2)$ 处的切线方程和法线方程.

8. 设 $y=x\cos x$，求 $y'|_{x=\frac{\pi}{6}}$.

任务二　了解函数的单调性、极值与最值

导数作为函数的变化率，在科学、经济领域有着广泛的应用. 本任务将介绍利用函数的导数求函数的单调性、极值以及最值等.

学习目标

（1）掌握用导数判定函数单调性的方法.

（2）掌握用导数求函数的极值.

（3）了解用导数判定函数最值的方法，会在闭区间内求函数的最值，掌握最值应用题的解题步骤.

知识准备

一、函数单调性

如图 2.2.1 所示，函数 $y=f(x)$ 在区间 $[a,b]$ 上单调增加，此时曲线上各点处的切线的倾斜角 α 都是锐角，即曲线上各点处的切线的斜率 $\tan\alpha>0$，即 $f'(x)>0$；

如图 2.2.2 所示，函数 $y=f(x)$ 在区间 $[a,b]$ 上单调减少，此时曲线上各点处的

切线的倾斜角 α 都是钝角，即曲线上各点处的切线的斜率 $\tan\alpha<0$，即 $f'(x)<0$.

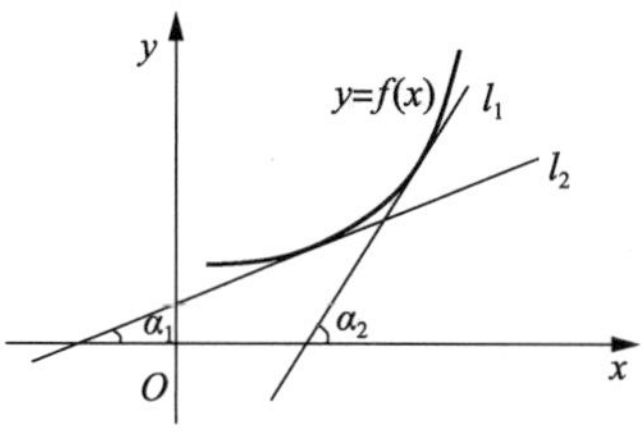

图 2.2.1

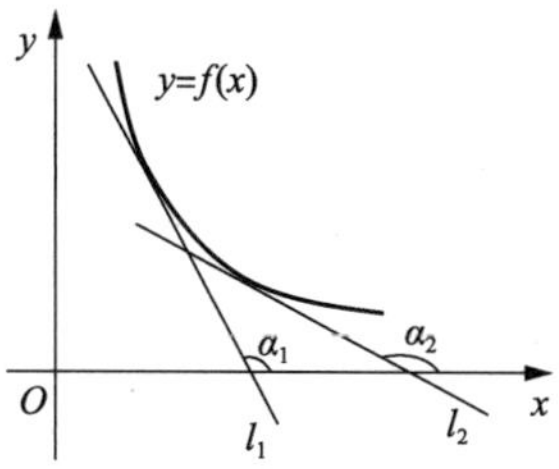

图 2.2.2

可见，函数的单调性与导数的符号有着密切的关系．反过来，能不能用导数的符号来判定函数的单调性呢？

定理 1　设函数 $y=f(x)$ 在闭区间 $[a,b]$ 上连续，在开区间 (a,b) 内可导．

(1) 若在 (a,b) 内 $f'(x)\geqslant 0$，则 $y=f(x)$ 在 $[a,b]$ 上单调增加；

(2) 若在 (a,b) 内 $f'(x)\leqslant 0$，则 $y=f(x)$ 在 $[a,b]$ 上单调减少．

注意： 将定理 1 中的闭区间换成其他区间（包括无穷区间），结论仍成立．

求函数的单调区间，就是找到 $f'(x)$ 正负不同的区间，而使 $f'(x)=0$ 的点可能成为函数单调区间的分界点．

通常把使一阶导数 $f'(x)=0$ 的点称为函数的驻点．如图 2.2.3 所示，函数 $y=x^2$ 的单调增加区间是 $(0,+\infty)$，单调减少区间是 $(-\infty,0)$，$x=0$ 是单调区间的分界点同时也是驻点．

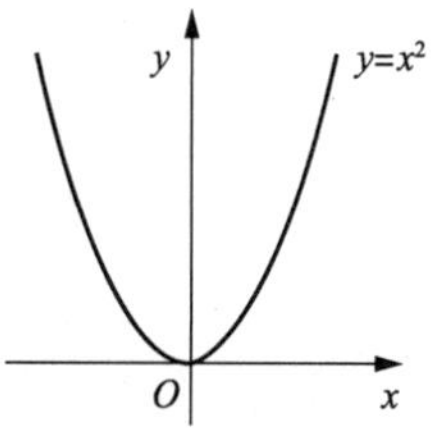

图 2.2.3

另外，函数 $y=|x|$ 的单调增区间是 $(0,+\infty)$，单调减少区间是 $(-\infty,0)$，但单调区间的分界点 $x=0$ 却是函数的不可导点．

因此，函数单调区间的分界点既可能是驻点也可能是不可导点．

注意： 驻点是不是单调区间分界点，关键要判断驻点左右两侧一阶导数的符号是否发生改变．

二、函数的极值

观察图 2.2.4，函数 $f(x)$ 在点 x_1 的周围其他点的函数值比 $f(x_1)$ 小，函数 $f(x)$ 在点 x_2 周围其他点的函数值比 $f(x_2)$ 大，点 x_1 称为极大值点，$f(x_1)$ 称为极大值；点 x_2 称为极小值点，$f(x_2)$ 称为极小值.

定义　设函数 $f(x)$ 在点 x_0 及其某邻域内有定义，若对于该邻域内的所有的点 $x(x\neq x_0)$，恒有

$$f(x_0)\geqslant f(x)\ （或 f(x_0)\leqslant f(x)），$$

则称 $f(x_0)$ 是函数 $f(x)$ 的**极大值**（或**极小值**），称 x_0 是**极大值点**（或**极小值点**）．

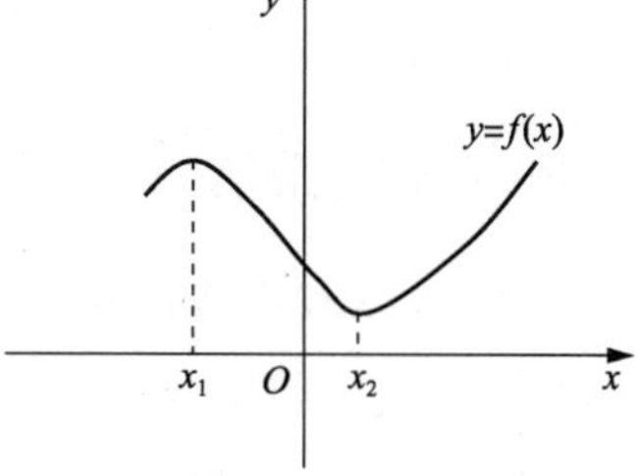

图 2.2.4

函数的极大值与极小值统称函数的**极值**，极大值点与极小值点统称函数的**极值点**.

注意：(1) 函数的极大值和极小值指函数值，而极大值点和极小值点指自变量的值．另外函数的极值仅是局部性概念．

(2) 函数的极大值可能小于极小值.

(3) 函数的极大值与极小值的个数不必唯一.

(4) 函数极值点的可疑点是驻点或不可导点．

三、函数极值的判定

定理 2（极值存在的必要条件） 若函数 $f(x)$ 在点 x_0 可导且在该点取得极值，则有 $f'(x_0)=0$.

注：定理 1 表明，可导函数的极值点必为它的驻点，但反之函数的驻点不一定是极值点．

定理 3（极值的第一判定法） 设函数 $f(x)$ 在点 x_0 的某个邻域 $(x_0-\delta,x_0+\delta)(\delta>0)$ 内连续且可导（在点 x_0 允许不可导），则：

(1) 若 $f'(x)$ 在点 x_0 的两侧变号，则 $f(x_0)$ 是极值．特别地，当 $f'(x)$ 在点 x_0 的左、右两侧由正变负时，$f(x_0)$ 是极大值；当 $f'(x)$ 在点 x_0 的左、右两侧由负变正时，$f(x_0)$ 是极小值．

(2) 若 $f'(x)$ 在点 x_0 的两侧不变号，则 $f(x_0)$ 不是极值．

例如，函数 $y=|x|$ 在点 $x=0$ 处连续但不可导，而 $x=0$ 仍是 $|x|$ 的极小值点．因此，对于导数不存在的点，只要函数在此点连续，定理 3 仍然成立．

定理 4（极值的第二判定法） 设函数 $f(x)$ 在点 x_0 满足 $f'(x_0)=0$，$f''(x_0)\neq0$，则有：

(1) 若 $f''(x_0)>0$，那么 $f(x_0)$ 是极小值；

(2) 若 $f''(x_0)<0$，那么 $f(x_0)$ 是极大值．

注意：(1) 当 $f''(x_0)=0$，此法失效时，须用第一充分条件来求函数的极值．

(2) 对于不可导点是否为极值点，只能用第一充分条件定理来判断.

数言数语

北宋文学家苏轼的《题西林壁》“横看成岭侧成峰，远近高低各不同”，描绘的是庐山随着观察角度不同，呈现出不同样貌．庐山像是一条函数曲线，极大值就是山顶，极小值就是山谷．把抽象的数学形象化的同时，也可以发现：人生就像是连绵不断的曲线，起起落落是成长的需要，低谷与顶峰只是人生路上的转折点，要用运动的观点看问题，低谷不气馁，平淡不放任，高峰不张扬.

四、函数的最值

在日常生活和经济领域中，许多问题都可以归结为最大值与最小值的问题．如在经济领域中，常遇到有关成本、消耗、利润、税收等最大值与最小值问题．

函数的最大值、最小值与极大值、极小值，一般情况下是不同的．最大值与最小值是一个全局性的概念，它是函数 $f(x)$ 在所考察的区间上所有函数值的最大者或最小者．而极值只是点 x_0 的某邻域内函数值的最大者或最小者，是一个局部性的概念．

1. 连续函数在闭区间$[a,b]$上的最值

连续函数在闭区间$[a,b]$上一定有最大值和最小值（简称**最值**）．

使函数取得最值的自变量的值称为最值点，从图 2.2.5 可以看出最值点只可能在区间$[a,b]$的端点处或者区间的内部的极值点取得．

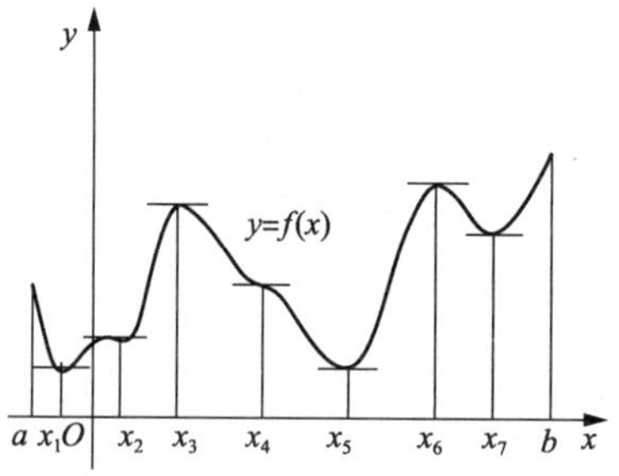

图　2.2.5

2. 连续函数在开区间(a,b)内只有一个极大值（或极小值）的情形

如图 2.2.6 和图 2.2.7 所示，如果连续函数$f(x)$在开区间(a,b)内只有一个极大值（或极小值），则该极大值（或极小值）就是最大值（或最小值）．

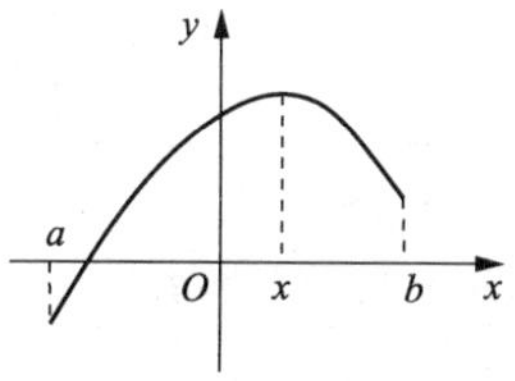

图　2.2.6

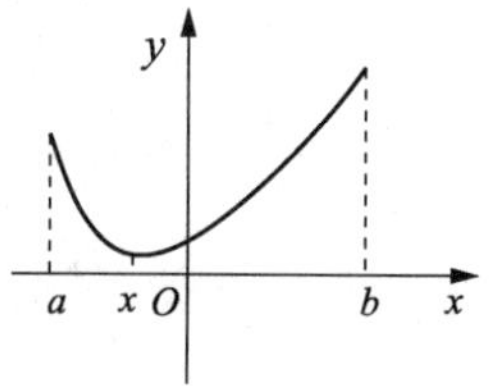

图　2.2.7

在实际问题中，若函数$f(x)$在开区间(a,b)内可导，且只有唯一有效驻点 x_0，而由实际问题本身可判断$f(x)$在开区间(a,b)内有最大值（或最小值），则 x_0 就是$f(x)$的最大值点（或最小值点），即$f(x_0)$就是所求的最大值（或最小值）．

任务实施

任务 1　讨论函数$f(x)=x^3+x$ 在区间$(-10,100)$内的单调性．

[分析]　根据定理 1，利用导数符号判断函数单调性．

解　因为$f'(x)=3x^2+1$，在区间$(-10,100)$内$f'(x)=3x^2+1>0$，所以$f(x)=x^3+x$ 在区间$(-10,100)$内单调增加．

任务 2　讨论函数$f(x)=x-\ln x$ 的单调性．

[分析]　根据定理 1，利用导数符号判断函数单调性，注意单调区间分界点（驻点与一阶导数不存在点）．

解　$f(x)=x-\ln x$ 的定义域为$(0,+\infty)$.

$f'(x)=1-\dfrac{1}{x}$，驻点 $x=1$.

列表分析：

x	$(0,1)$	$(1,+\infty)$
$f'(x)$	$-$	$+$
$f(x)$	↘	↗

所以，$(0,1)$是$f(x)=x-\ln x$单调减少区间，$(1,+\infty)$是$f(x)=x-\ln x$的单调增加区间.

任务3 判定$f(x)=x^{\frac{1}{3}}(1-x)^{\frac{2}{3}}$的单调性.

[**分析**] 根据定理1，利用导数符号判断函数单调性，注意单调区间分界点（驻点与一阶导数不存在点）.

解 函数$f(x)$的定义域是$(-\infty,+\infty)$.

$$f'(x)=\frac{1}{3}x^{-\frac{2}{3}}(1-x)^{\frac{2}{3}}-\frac{2}{3}x^{\frac{1}{3}}(1-x)^{-\frac{1}{3}}=\frac{1-3x}{3\sqrt[3]{x^2(1-x)}}.$$

令$f'(x)=0$，得$x_1=\dfrac{1}{3}$，而导数不存在的点是$x_2=0$，$x_3=1$.

列表判断：

x	$(-\infty,0)$	0	$\left(0,\frac{1}{3}\right)$	$\frac{1}{3}$	$\left(\frac{1}{3},1\right)$	1	$(1,+\infty)$
$f'(x)$	$+$	不存在	$+$	0	$-$	不存在	$+$
$f(x)$	↗		↗		↘		↗

所以，$f(x)$在区间$(-\infty,0)$，$\left(0,\dfrac{1}{3}\right)$，$(1,+\infty)$内单调增加，在区间$\left(\dfrac{1}{3},1\right)$内单调减少.

[**解题方法总结**] 确定函数$y=f(x)$的单调区间的步骤为：

(1) 确定函数$y=f(x)$的定义域；

(2) 确定函数$y=f(x)$单调性改变的分界点的所有可疑点（即使$f'(x)=0$或$f'(x)$不存在的所有点）；

(3) 列表分析（把分界点的可疑点从小到大排序，划分定义域为若干子区间，确定$f'(x)$在每个子区间的符号，由定理1可确定函数在子区间的单调性，从而可确定函数在定义域内的单调区间）；

(4) 写出单调区间.

任务4 求函数$f(x)=2x^3-3x^2$的极值.

[**分析**] 先找到极值可疑点（驻点与一阶导数不存在点），再利用定理3（极值的第一判定法）求解.

解 函数$f(x)$的定义域是$(-\infty,+\infty)$.

$$f'(x)=6x^2-6x=6x(x-1).$$

令$f'(x)=0$，得$x_1=0,x_2=1$.

列表判断：

x	$(-\infty,0)$	0	$(0,1)$	1	$(1,+\infty)$
$f'(x)$	+		−		+
$f(x)$	↗	极大值 $f(0)=0$	↘	极小值 $f(1)=-1$	↗

所以，函数的极大值是$f(0)=0$；极小值是$f(1)=-1$.

任务 5　求函数$f(x)=x^3-3x$的极值.

[分析]　先找到极值可疑点（驻点与一阶导数不存在点），再利用定理 4（极值的第二判定法）求解.

解　求导数$f'(x)=3x^2-3=3(x+1)(x-1)$，$f''(x)=6x$.

令$f'(x)=0$求得驻点$x_1=-1, x_2=1$.

又因$f''(-1)=-6<0$，$f''(1)=6>0$，
所以函数有极大值$f(-1)=2$，极小值$f(1)=-2$

[解题方法总结]　求函数极值的步骤为：

(1) 求函数$y=f(x)$的定义域；

(2) 通过导数求函数$y=f(x)$的极值点的可疑点（驻点和不可导点）；

(3) 选择极值的第一或第二判定法确定极值点；

(4) 按函数极值点求出函数的极值.

任务 6　求$f(x)=\dfrac{1}{3}x^3-\dfrac{5}{2}x^2+4x$在$[-1,2]$上的最大值和最小值.

[分析]　因为连续函数在闭区间内的最值点只可能在区间$[a,b]$的端点处或者区间的内部的极值点取得，所以只需比较端点与极值点的函数值大小即可得出最值.

解　函数在$[-1,2]$上连续，故一定有最大或最小值.

$$f'(x)=x^2-5x+4.$$

令$f'(x)=0$，得驻点$x_1=1, x_2=4$，由于$4\notin[-1,2]$，因此舍去.

求出区间端点及各驻点处的函数值.

$$f(1)=\frac{11}{6},\quad f(-1)=-\frac{41}{6},\quad f(2)=\frac{2}{3}.$$

比较上述各值的大小，可知函数$f(x)$在$[-1,2]$上的最大值为$f(1)=\dfrac{11}{6}$，最小值为$f(-1)=-\dfrac{41}{6}$.

[解题方法总结]　连续函数$f(x)$在$[a,b]$上求最值的一般步骤为：

(1) 求出函数在区间(a,b)内的所有驻点和不可导点（不必判断是否是极值点）；

(2) 求上述各点处的函数值，并与区间端点处的函数值$f(a)$，$f(b)$比较，最大（小）者就是函数在闭区间$[a,b]$上的最大（小）值.

任务 7　某种圆柱形的饮料罐的容积一定时，如何确定它的高与底半径，使得所用材料最省？

[**分析**] 解决实际的最值问题，需求出定义域内唯一的驻点.

解 要想省材料,就要使饮料罐的表面积最小.

设饮料罐的底半径为 r，高为 h，如图 2.2.8 所示，则侧面积为 $2\pi rh$，底面积为 πr^2，因此表面积为

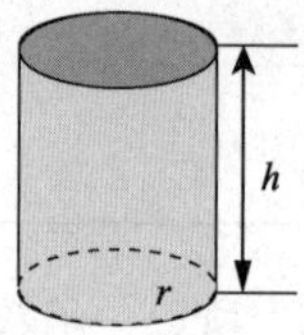

图 2.2.8

$$S=2\pi r^2+2\pi rh.$$

由圆柱体积公式 $v=\pi r^2h$，得 $h=\dfrac{v}{\pi r^2}$,

所以 $S=2\pi r^2+\dfrac{2v}{r}\quad(r>0)$,

$$S'=4\pi r-\frac{2v}{r^2}=\frac{2(2\pi r^3-v)}{r^2}.$$

令 $S'=0$，得 $r=\sqrt[3]{\dfrac{v}{2\pi}}$.

这是唯一的驻点，而显然该问题必有最小值，因此 $r=\sqrt[3]{\dfrac{v}{2\pi}}$ 就是函数的最小值点．相应的高为 $h=\dfrac{v}{\pi r^2}=\dfrac{v}{\pi\left(\sqrt[3]{\dfrac{v}{2\pi}}\right)^2}=2\sqrt[3]{\dfrac{v}{2\pi}}=2r.$

即所做的饮料罐的高与底直径相等时，所用材料最省.

[**解题方法总结**] 解决有关函数最值的实际问题时，可采取以下步骤:

(1) 根据题意建立函数关系式（数学建模）;

(2) 确定函数的定义域;

(3) 求驻点，若在定义内只有唯一的驻点，则驻点的函数值就是问题所求的最值.

任务训练

1. 判断题.

(1) 在同一函数中，函数的极大值一定大于极小值. ( )

(2) 函数 $y=x^3$ 的驻点为 $x=0$，同时也是它的极值点. ( )

(3) 若 $f'(x_0)$ 不存在，则 x_0 一定不是 $y=f(x)$ 的极值点. ( )

(4) 函数的极值点必是最值点. ( )

(5) 闭区间上连续函数的最值可以在区间端点取得，也可以在区间内部取得. ( )

2. 填空题.

(1) 函数 $y=x^2-2x$ 的驻点是________.

(2) 函数 $y=x^3+x$ 在区间 $(0,+\infty)$ 上单调________.

(3) 函数 $y=(x-2)^2$ 单调减少区间是________.

(4) $f(x)=2e^x$ 在 $[-1,1]$ 上的最大值 $y_{\max}=$________.

(5) 连续函数 $y=f(x)$ 在闭区间 $[a,b]$ 上单调减少，则它的最大值 $y_{\max}=$________.

3. 选择题.

(1) 函数 $y=2x^5+8x$ 在定义域内（ ）.

A. 单调减少 B. 单调增加

C. 既单调增加又单调减少 D. 以上说法都不对

(2) 函数 $y=3x+\sin x$ 的单调增加区间是（ ）.

A. $(0,+\infty)$ B. $(-\infty,0)$ C. $(-\infty,+\infty)$ D. $(-1,1)$

(3) $y=\frac{1}{2}x^2-2x$ 在点 $x=$（ ）取得极值.

A. 1 B. 2 C. $\frac{1}{2}$ D. 0

(4) 下列函数在定义域内为单调函数的是（ ）.

A. $y=\sin x$ B. $y=\cos x$ C. $y=2^x$ D. $y=x^2-x+1$

(5) 下列函数在 $[1,2]$ 上最小值 $y_{\min}=f(2)$ 的是（ ）.

A. $f(x)=x^2+1$ B. $f(x)=x^3+1$ C. $f(x)=x+1$ D. $f(x)=\frac{1}{x}+1$

4. 求下列函数的单调区间和极值.

(1) $f(x)=\frac{1}{3}x^3-3x^2+8x-26$; (2) $f(x)=\frac{1}{2}x^2+5x+1$.

5. 求函数 $f(x)=x^4-8x^2+2$ 在区间 $[-1,3]$ 上的最大值和最小值.

6. A，B 两村位置如图 2.2.9 所示. A，B 距离输电线分别是 1 km 和 1.5 km，两村合用一个变电器，试问：应使变压器安置在何处，使电线最短？

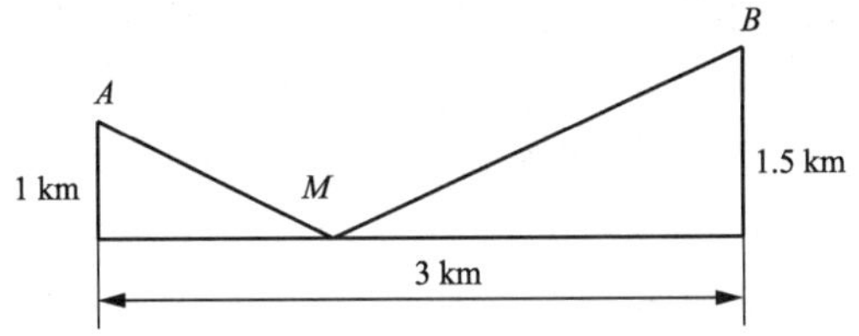

图 2.2.9

7. 用钢板焊接一个容积为 4 m^3 的正方形开口水箱，已知钢板单价为 10 元/m^2，焊接费为 40 元，问水箱的尺寸如何选择，可使总费用最低？最低总费用是多少？

任务三 了解导数在经济中的运用

我们知道，函数的导数就是函数的平均变化率的极限，就是函数的变化率，即

$$y'=\lim_{\Delta x\to 0}\frac{\Delta y}{\Delta x}=\lim_{\Delta x\to 0}\frac{f(x+\Delta x)-f(x)}{\Delta x}.$$

作为函数的一阶导数，在经济分析中有着直接、广泛的应用. 本节介绍边际分析、弹性分析两种分析方法及导数在库存管理优化技术中的运用.

学习目标

（1）掌握常用经济函数成本、收入、利润函数的边际分析，利用常用经济函数边际分的实际意义去指导生产计划.

（2）理解弹性函数中一个经济量变动，另一个经济量随之变化的灵敏程度，掌握需求价弹性值对市场销售收益的指导作用.

（3）理解库存管理的意义，并了解库存社会企业生产的重要性；掌握确定性库存模型的建立过程；掌握经济订货批量公式.

知识准备

一、边际分析

边际分析是经济分析中常用的一种分析方法，经济学家经常把一个经济函数 $f(x)$ 的一阶导数 $f'(x)$ 称为该函数的边际函数，通常记为 Mf. “边际”这个词可以理解为“增加的”的意思，“边际量”也就是“增量”的意思.

1. 边际成本 $C'(Q)$

设某产品产量为 Q 单位时所需的总成本为 $C=C(Q)$，那么

$$\mathrm{MC}=C'(Q)=\lim_{\Delta Q\to 0}\frac{C(Q+\Delta Q)-C(Q)}{\Delta Q}$$

称为**边际成本**.

又 $C(Q+1)-C(Q)=\Delta C(Q)\approx \mathrm{d}C(Q)=C'(Q)\Delta Q=C'(Q)$（假设 $\Delta Q=1$），所以，边际成本的经济意义可以近似理解为：在生产了 Q 单位的产品后再多生产一单位的产品所增加的成本.

例如，假设一个企业生产 1 000 张光盘的总成本是 10 000 元. 如果生产 1 001 张光盘的总成本是 10 006 元，那么，6 元就是生产第 1 001 张光盘的成本，或者说是产量为 1 000 张光盘时的边际成本.

平均成本是生产一定量产品，平均每单位产品的成本. 平均成本函数为

$$\overline{C}(Q)=\frac{C(Q)}{Q}.$$

2. 边际收入 $R'(Q)$

设销售某产品 Q 单位时的总收入函数为 $R=R(Q)$，那么，$MR=R'(Q)$ 称为**边际收入**.

与边际成本类似，得边际收入 $R'(Q)$ 的经济意义可近似理解为：在销售量为 Q 的基础上，再多销售一个单位的商品所增加的收入.

3. 边际利润 $L'(Q)$

设销售某产品 Q 单位时的利润函数为 $L=L(Q)$，那么 $\mathrm{ML}=L'(Q)$ 称为**边际利润**.

边际利润 $L'(Q)$ 的经济意义可近似理解为：在生产了 Q 单位的产品后再多生产一单位的产品所增加的利润.

由于 $L(Q)=R(Q)-C(Q)$，得 ML=MR-MC.

上式表明：（1）当 MR>MC 时，ML>0，即若增加一个单位的产量所引起的销售收入大于成本支出时，销售者应该继续增加生产来增加利润；（2）当 MR<MC 时，ML<0，即若增加一个单位的产量所引起的销售收入小于成本支出时，销售者应该减少产量来增加利润；（3）当 MR=MC 时，ML=0，即若增加一个单位的产量所引起的生产支出等于销售收入时，销售者可在产量为 Q 单位时获最大利润.

二、弹性分析

前面所谈的函数改变量与函数变化率是绝对改变量与绝对变化率. 在实际问题中，有时仅知道函数 $y=f(x)$ 的改变量及绝对改变率 $f'(x)$ 是不够的. 例如，设有 A 和 B 两种商品，其单价分别为 10 元和 100 元，同时提价 1 元，显然改变量相同，但提价的百分数大不相同，分别为 10% 和 1%. 前者是后者的 10 倍，因此，有必要研究函数的相对改变量以及相对变化率，这在经济学中称为弹性. 它定量地反映了一个经济量（自变量）变动时，另一个经济量（因变量）随之变动的灵敏程度，即自变量变动 1% 时因变量变动的百分数.

设函数 $y=x^2$，当自变量 x 由 10 变到 12 时，y 由 100 变到 144，这时 $\Delta x=2$ 称为自变量 x 的绝对改变量，$\Delta y=44$ 称为函数 y 的绝对改变量，而 $\frac{\Delta x}{x}=\frac{2}{10}=20\%$ 称为自变量 x 的相对改变量，$\frac{\Delta y}{y}=\frac{44}{100}=44\%$ 称为函数 y 的相对改变量，函数 y 的相对改变量与自变量 x 的相对改变量之比 $\frac{\Delta y}{y}\Big/\frac{\Delta x}{x}=\frac{44\%}{20\%}=2.2$，它表示 x 在区间 $[10,12]$ 上从 $x=10$ 起，当 x 改变 1% 时，y 平均改变 2.2%，将它称为 x 从 10 到 12 时函数 $y=x^2$ 的平均相对变化率，也称平均意义下函数 $y=x^2$ 的弹性.

定义　设函数 $y=f(x)$，如果极限 $\lim\limits_{\Delta x\to 0}\frac{\Delta y/y}{\Delta x/x}$ 存在，则把

$$\lim_{\Delta x\to 0}\frac{\Delta y/y}{\Delta x/x}=\lim_{\Delta x\to 0}\frac{\Delta y}{\Delta x}\cdot\frac{x}{y}=\frac{x}{y}f'(x)$$

称为函数 $y=f(x)$ 在点 x 处的**弹性**（或**弹性系数**），也称 $y=f(x)$ 的**弹性函数**（或**弹性系数函数**），记为 $E=\frac{x}{y}f'(x)$ 或 $E=\frac{x}{y}\cdot\frac{\mathrm{d}y}{\mathrm{d}x}=\frac{y'}{\frac{y}{x}}=\left(\frac{\text{边际函数}}{\text{平均函数}}\right)$.

由此不难看出，函数 $f(x)$ 的弹性 E 是函数 $f(x)$ 的相对改变量与自变量 x 的相对改变量之比的极限，它反映了随 x 的变化，$f(x)$ 变化幅度的大小，也就是 $f(x)$ 对 x 变化反应的强烈程度或灵敏度，或者说当自变量 x 变化 1% 时函数 $f(x)$ 发生 $E\%$ 的改变.

图 2.3.1 所示为价格弹性图示. 在每一种情况下，价格都削减一半，消费者的需求量都从 A 变动到 B. 图 2.3.1（a）表示价格下降一半导致需求量增加三倍，说明该物品富有弹性；图 2.3.1（c）表示价格下降一半导致需求量仅增加 $\frac{1}{3}$，说明该

物品缺乏弹性.

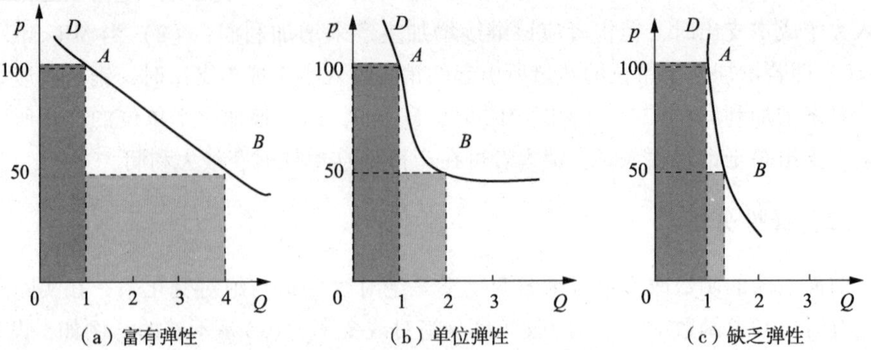

图 2.3.1

需求价格弹性分如下三类：

（1）若$|E_p|>1$，称需求富有弹性，即商品需求量的相对变化大于价格的相对变化，此时价格的变化对需求量的影响较大．这种情况，价格提高（或降低）1%，而需求减少（或增加）大于1%．适当降价会使需求量较大幅度上升，从而增加收入．

（2）若$|E_p|=1$，称需求是单位弹性，即商品需求量的相对变化与价格的相对变化基本相等．这种情况，价格提高（或降低）1%，而需求减少（或增加）等于1%，此时对商家而言，提高商品价格和降低商品价格，商家总收益不变．

（3）若$|E_p|<1$，称需求缺乏弹性，即商品需求量的相对变化小于价格的相对变化，此时价格的变化对需求量的影响较小．这种情况，价格提高（或降低）1%，而需求减少（或增加）少于1%．在适当涨价后，不会使需求量有太大的下降，从而可以使收入增加．

由于需求弹性描述了商品需求量受价格波动的影响程度，因此，在进行市场分析时，需求弹性对制定销售策略和合理确定商品价格有着重要的参考价值．

下面从收益函数的角度对这个问题作进一步的探讨．

设需求函数为$Q=Q(p)$，从而收益函数为

$$R=pQ=p\cdot Q(p),$$

于是

$$\begin{aligned}R'(p)&=(p\cdot Q(p))'=Q(p)+p\cdot Q'(p)\\&=Q(p)\left[1+p\frac{Q'(p)}{Q(p)}\right]\\&=Q(p)\left(1-\left|p\frac{Q'(p)}{Q(p)}\right|\right)\\&=Q(p)(1-|E_p|).\end{aligned}$$

故由上式可知需求弹性与总收益（市场销售总额）的关系，见表2.3.1.

表　2.3.1

需求弹性的值	描　述	对收益的影响
$\|E_p\|>1$	富有弹性	价格下降，收益增加
$\|E_p\|<1$	缺少弹性	价格下降，收益减少
$\|E_p\|=1$	单位弹性	价格下降，收益不变

与需求弹性类似，还可以讨论供给弹性、总成本对产量的弹性、总利润对产（销）量的弹性等．

三、导数在库存管理优化技术中的运用

库存管理主要是指“与库存物料的计划与控制有关的业务”，目的是支持生产运作，是根据外界对库存的要求，企业订购的特点，预测、计划和执行一种补充库存的行为，并对这种行为进行控制，重点在于确定如何订货、订购多少，以及何时订货．

需要指出，库存管理并不等同于仓库管理，仓库管理主要针对仓库或库房的布置，物料运输和搬运以及存储自动化等的管理；库存管理的对象是库存项目，即企业中的所有物料，包括原材料、零部件、在制品、半成品及产品，以及辅助物料．库存管理的主要功能是在供、需之间建立缓冲区．

已经有很多数学及经济学者根据大量可靠的历史统计数据对具体存储问题加以概括和抽象，建立起了各种各样的库存管理数学模型．其中包括确定性库存模型和随机库存模型．

这里重点介绍比较简单的情况：确定性库存模型中的瞬时进货、不允许缺货的定量定货模型．

一般来说，库存系统会产生以下几种成本：

（1）订货成本．订货过程中发生的与订货有关的全部费用，包括差旅费、订货手续费、通信费、招待费以及订货人员的有关费用．它一般与订购的数量无关，只与订购次数有关．

（2）购买成本，即购买物资所花费的费用．

（3）存储成本，即在保管物资过程中产生的全部费用，包括：入、出库时的装卸、搬运、堆码、检验费用；保管用具、用料费用；仓库房租、水电费；保管人员的有关费用；保管过程中的货损货差；保管物资资金的银行利息等．

（4）缺货成本．所谓缺货，就是当用户来买货时，因为仓库没有现货供应而丧失了这次销售机会．缺货会造成缺货损失，也就是缺货成本．缺货成本因不同的对象而异．对仓库缺货来说，轻则丧失销售机会，因而丧失盈利的机会；重则延误合同，遭受罚款；更重则失去用户，失去竞争能力，从而失去市场．

由于瞬时进货、不允许缺货的定量定货模型不允许缺货，所以总管理费用

$$C=\text{订货费用}+\text{保管费}.$$

以下建立确定最佳定货量，使总管理费用 C 最小的数学模型

1. 符号含义

（1）需求量 d——每年用户到仓库提取的物资数量；需求率 D——单位时间

（每月）用户到仓库提取的物资数量．显然，$d=12D$.

（2）订货量 Q——仓库根据需要，为补充某种物资的库存量而向供货商一次采购的数量．

（3）订货周期 T——相邻两次订货之间的时间间隔．

（4）保管费用 h——单位货物在仓库保管单位时间所需费用．

（5）订货费用 a——每次订货不计订货数量所需要的费用．

（6）货物单价 c.

（7）库存总费用 C——指综合保管费、订货费等各种费用的总费用．

2. 模型假设

（1）当存储降到零时，立即补充，即一订货就交货．

（2）需求是连续稳定的，设需求率 D 为常数，则 t 时间内的需求量为 Dt.

（3）每次订购费不变，定购费为 a，单位存储费不变，单位货物单位时间存储费用为 h.

（4）每次订购量不变．

（5）缺货损失费为无穷大，即不允许缺货．

存储量的变化情况如图 2.3.2 所示．

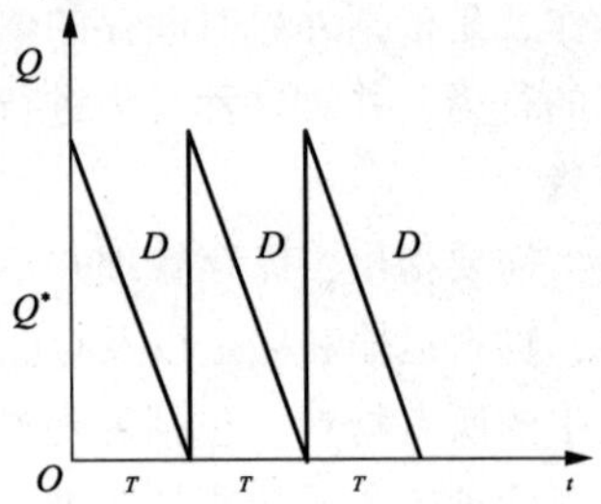

图 2.3.2

3. 建立模型

因订货量为 Q，所以一年内订货次数 $n=\frac{d}{Q}$，一年的订货费用 $=an=a\frac{d}{Q}$.

在一个订货周期 T 内，库存量从订货量 Q 均匀下降到 0，所以在一个周期 T 内的平均库存量是 $\frac{Q+0}{2}=\frac{Q}{2}$；

在一个订货周期 T 内的保管费 $=hT$，平均库存量 $=hT\frac{Q}{2}$；

一年的保管费 $=nhT\frac{Q}{2}=\frac{hQ}{2}(nT=1)$

一年的总管理费用
$$C=\frac{ad}{Q}+\frac{h}{2}Q \tag{1}$$

为求最佳订货量，对上式两边对 Q 求导得
$$\frac{\mathrm{d}C}{\mathrm{d}Q}=-a\frac{d}{Q^2}+\frac{h}{2}.$$

令上式为零，解得
$$Q^*=\sqrt{\frac{2ad}{h}}. \tag{2}$$

将式（2）代入式（1）得最小管理费用 $C_{\min}=\sqrt{2adh}$. （3）

由于 $T=\frac{1}{n}=\frac{Q}{d}$，最佳订货周期 $T^*=\sqrt{\frac{2a}{dh}}$. （4）

式（2）即存储论中著名的经济订货批量（economic ordering quantity）公式，简称 EOQ 公式，或经济批量公式．

其中，h 是一件货物保管一年所需要的保管费．如果一件货物的单价是 c 元/件，而 1 元的货物保管一年的保管费用是 r 元，则 $h=rc$. 所以经济订货批量 Q^* 可以表示为

$$Q^*=\sqrt{\frac{2ad}{rc}}. \tag{2'}$$

最小管理费用 $C_{\min}$ 可以表示为

$$C_{\min}=\sqrt{2adrc}. \tag{3'}$$

最佳订货周期 T^* 可以表示为

$$T^*=\sqrt{\frac{2a}{drc}}. \tag{4'}$$

任务实施

任务 1 某厂生产某种产品的成本 C（单位：元）是产量 x 的函数：

$$C(x)=300+50x+50\ln x$$

求边际成本函数及产量为 100 时的边际成本，并说明其经济意义．

[分析] 边际成本为总成本函数的导数，所以对 $C(x)$ 求一阶导数即可．

解 边际成本函数为 $\mathrm{MC}=C'(x)=50+\dfrac{50}{x}$.

产量为 100 时的边际成本为 $C'(100)=50.5$(元).

$C'(100)=50.5$ 元的经济意义是在产量为 100 件的基础上，再多生产一件产品所增加的成本是 50.5 元．

任务 2 设某种商品的需求函数为 $Q(p)=1\,200-3p$，(其中 Q 为需求量，单位为件；p 为销售价格，单位为元)，求：

(1) 销售该商品的边际收入；

(2) 当 Q 分别为 450 件、600 件、720 件时的边际收入．

[分析] 边际收入为收入函数的导数，所以先根据需求函数求出收入函数 $R(Q)$，对 $R(Q)$ 求一阶导数即可．

解 由需求函数 $Q(p)=1\,200-3P$，得价格 $p=\dfrac{1}{3}(1\,200-Q)$，

故收入函数为 $R(Q)=Qp=\dfrac{1}{3}(1\,200-Q)\cdot Q=400Q-\dfrac{1}{3}Q^2$，

边际收入函数为 $R'(Q)=\left(400Q-\dfrac{1}{3}Q^2\right)'=400-\dfrac{2}{3}Q$，

且

$$R'(450)=400-\frac{2}{3}\times450=100(\text{元}),$$

$$R'(600)=400-\frac{2}{3}\times600=0,$$

$$R'(720)=400-\frac{2}{3}\times720=-80(\text{元}).$$

[结论] 当该商品的销售量为 450 件时，$R'(450)>0$，说明总收入函数 $R(Q)$ 在

$Q=450$ 附近是单调增加的，即销售量增加可使总收入增加，而且再多销售一件商品，总收入将增加 100 元；当销售量为 600 件时，$R'(600)=0$，说明总收入函数 $R(Q)$ 达到最大值，再增加销售量，总收入将不会增加；当销售量为 720 件时，$R'(720)<0$，说明总收入函数 $R(Q)$ 在 720 附近是单调减少，而且，再多销售一件该商品，总收入将减少 80 元.

任务 3 某企业生产一种产品，每天总利润 $L(x)$ 与产量 x 之间的函数为 $L(x)=250x-5x^2$，求：（1）边际利润；

（2）每天出产量是 10 t、25 t、30 t 时的边际利润，并解释其经济含义.

［**分析**］ 边际利润函数为利润函数的导数，故对 $L(x)$ 求导即可.

解 （1）边际利润函数为 $L'(x)=250-10x$.

（2）当产量是 10 时，边际利润为 $L'(10)=(250-10\times10)$ 元 $=150$ 元. 其经济含义是：在每天生产 10 t 的基础上再多生产 1 t，总利润将增加 150 元.

当产量是 25 时，边际利润为 $L'(25)=(250-10\times25)$ 元 $=0$ 元. 其经济含义是：在每天生产 25 t 的基础上再多生产 1 t，总利润将不会增加.

当产量是 30 时，边际利润为 $L'(30)=(250-10\times30)$ 元 $=-50$ 元. 其经济含义是：在每天生产 30 t 的基础上再多生产 1 t，总利润将不会增加，反而会减少 50 元.

这就是说，该企业的最佳日产量为 25 t，能获得最大利润.

任务 4 若市场需求曲线为 $Q=120-5p$，求价格 $p=4$ 时需求价格的点弹性，并说明怎样调整价格才能使得总收益增加.

［**分析**］ 根据需求价格弹性系数 $E=\frac{x}{y}f'(x)$ 求解并分析，若 $|E_p|>1$，需求富有弹性；若 $|E_p|=1$，需求是单位弹性；若 $|E_p|<1$，需求缺乏弹性.

解 当价格 $p=4$时，需求量为

$$Q=100\quad \frac{\mathrm{d}Q}{\mathrm{d}p}=(120-5p)'=-5.$$

根据需求价格弹性系数的定义有

$$E=-\frac{\mathrm{d}Q}{\mathrm{d}p}\times\frac{p}{Q}=5\times4/100=0.2.$$

由于价格弹性系数小于 1，即缺乏弹性，故提高价格会使得总收益增加.

任务 5 设某商品的需求函数为 $Q=Q(p)=100-\frac{p}{2}$. 试求：

（1）需求弹性及 $p=10$ 时的需求弹性；

（2）当 $p=20$ 时，若再涨价 5%，需求将减少多少？

［**分析**］ 根据需求弹性 $E_p=\frac{p}{Q}\cdot\frac{\mathrm{d}Q}{\mathrm{d}p}$ 求解，再带入 p 值计算即可.

解 （1）$E_p=\frac{p}{Q}\cdot\frac{\mathrm{d}Q}{\mathrm{d}p}=\frac{p}{100-\frac{p}{2}}\cdot\left(-\frac{1}{2}\right)=-\frac{p}{200-p}$

故 $p=10$ 的需求弹性为 $E_p|_{P=10}=-\left.\frac{P}{200-P}\right|_{p=10}=-\frac{10}{190}\approx-0.053.$

（2）$E_p\big|_{p=20}=-\dfrac{p}{200-p}\Bigg|_{p=20}=-\dfrac{20}{180}\approx-0.11.$

当 $p=20$ 时，若再涨价 5%，需求将减少 5%×0.11=0.55%.

任务 6　某产品滞销，打算以降价扩大销路，如果该产品的需求弹性在 1.5~2 之间，试问：当价格降低 10%时，销量能增加多少？

［分析］　由微分的定义知，需求量对价格的弹性近似等于需求量对价格的相对平均变化率

$$E\approx-\frac{\Delta Q}{Q}\Big/\frac{\Delta p}{p}.$$

解　由题意得$1.5\approx-\dfrac{\Delta Q}{Q}\Big/10\%$，即$\dfrac{\Delta Q}{Q}\approx15\%$；又 $2\approx-\dfrac{\Delta Q}{Q}\Big/10\%$，可得$\dfrac{\Delta Q}{Q}\approx$ 20%. 所以产品需求弹性在 1.5~2 之间每降价 10%，产品销量可提高 15%~20%.

任务 7　设生产线需要某种零部件，需求量 $D=4\ 000$ 个/年，单价 $c=0.2$ 元/个，订货费 $a=4$ 元，存储费用率 $r=0.4$/年. 求最佳订货量、订货次数、一年的最小管理费用.

［分析］　根据经济订货批量 $Q^*=\sqrt{\dfrac{2ad}{rc}}$，最小管理费用 $C_{\min}=\sqrt{2adrc}$求解.

解　最佳订货量为 $Q^*=\sqrt{\dfrac{2ad}{rc}}=\sqrt{\dfrac{2\times4\ 000\times4}{0.2\times0.4}}$ 个≈632 个

因此，每年需订货 4 000/632 次≈6 次.

此时最佳费用 $C_{\min}=\sqrt{2adrc}=\sqrt{2\times4\times4\ 000\times0.4\times0.2}$ 元≈51 元.

任务训练

1. 已知生产某产品 Q 件的成本为 $C(Q)=0.001Q^3-0.3Q^2+40Q+1000$（元），试求：

（1）边际成本函数；

（2）产量为 50 件时的边际成本，并解释其经济意义.

2. 设某产品的需求函数为 $Q=12-0.5p$，其中 p 为价格，Q 为销售量，当销售量为 5 个单位时，求总收益、平均收益与边际收益.

3. 设某公司每月生产某产品的固定成本为 400 元，生产 Q 件产品的可变成本为 $0.02Q^2+5Q$，如果每单位产品的售价为 20 元. 求：

（1）边际成本 $C'(Q)$、边际收益 $R'(Q)$、边际利润 $L'(Q)$；

（2）边际利润为零时的产量，并求此时的利润.

4. 某种产品的收入 R（元）是产量 Q 的函数

$$R(Q)=800Q-\frac{Q^2}{4}\quad(Q\geqslant0)$$

求：（1）生产 200 t 时该产品的总收入；

（2）生产 200~300 t 时总收入的平均变化率；

（3）生产 200 t 时，收入对产量的变化率，即边际收入.

5. 设某产品的需求函数 $Q=e^{-\frac{p}{5}}$，求：

（1）需求弹性函数；

（2）当 $p=3$，$p=5$，$p=6$ 时的需求弹性，并说明其经济意义.

6. 某厂商面对的市场需求曲线为 $Q=20-3p$，求价格 $p=2$ 时需求的点弹性值．该厂商如何调整价格才能使总收益增加？

7. 某机械厂每年需要 36 000 个零件，由外购供应．订货费用为每次 50 元，保管费用为每只每年 0.10 元．只要提出订货，货物可马上运到，不允许缺货．问应该怎样订货？隔多长时间订一次货？一年的总管理费用是多少？

8. 某计算机配件经销商销售一种键盘．每个键盘的价格是 120 元，每年销售量是 10 000 个．存储成本为 30%，订购成本是 180 元．假设键盘随订随到，假设经销商不允许缺货．求其经济订货批量及相应的经济订货周期．

任务四　利用 MATLAB 求函数的极限、导数和极值

学习目标

1. 初步了解 MATLAB 软件的界面、基础录入方法．
2. 了解用 MATLAB 绘制一元函数图像的步骤．
3. 掌握用 MATLAB 求极限、导数和极值的命令及调用格式的使用方法．

知识准备

一、MATLAB 简介

随着大数据、人工智能的应用发展，利用计算机的强大计算功能来处理数学和工程领域的各种计算问题越来越普遍和便利，并由此产生了许多功能强大的、成熟的应用软件．总的来说，处理数学问题的应用软件大概可分为两类：一类是符号计算软件，即利用计算机作符号演算来完成数学推导，用数学表达式形式给出问题的精确解，如 Maple、Mathematica 等；另一类是数值软件，它是针对各种各样复杂的数学问题，用离散的或其他近似的形式给出解，而 MATLAB 无疑是其中最杰出的代表．MATLAB 是 Matrix Laboratory 的缩写已经成为适合多学科的功能强大的大型软件．

MATLAB 的基本数据单元是矩阵，它的指令表达式与数学、工程中常用的形式十分相似．MATLAB 不仅具有强大的数值计算能力，同时也具备了符号计算功能．概括来说，MATLAB 主要有以下特点：

（1）高效的数值计算及符号计算功能，能使用户从繁杂的数学运算中解脱出来.

（2）具有完备的图形处理功能，实现计算结果和编程的可视化.

（3）友好的用户界面及接近数学表达式的自然化语言，使学者易于学习和掌握.

(4) 功能丰富的应用工具箱（如信号处理工具箱、通信工具箱等），为用户提供了大量方便实用的处理工具.

(5) 易于扩充性，除内部函数外，所有 MATLAB 的核心文件和工具箱文件都是可读可改写的源文件，用户可以修改源文件和加入自己的文件，它们可以与库函数一样被调用.

二、MATLAB 操作界面

打开 MATLAB，其操作界面如图 2.4.1 所示

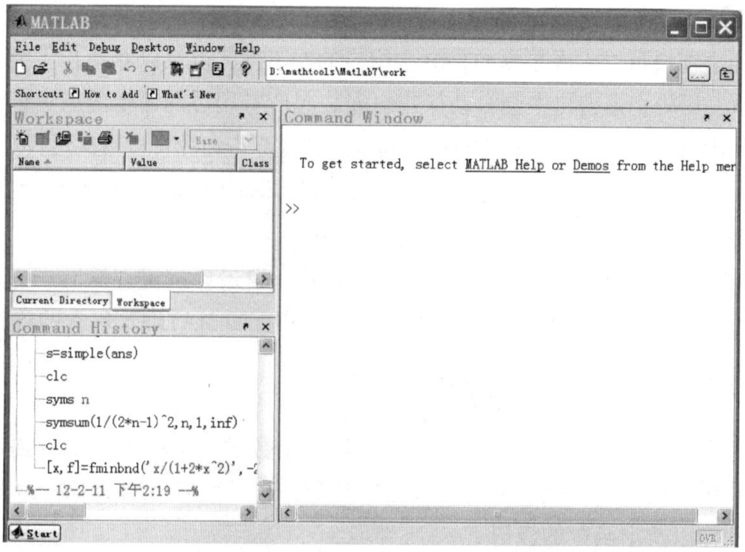

图 2.4.1

1. 主窗口

MATLAB 主窗口是 MATLAB 的主要工作界面. 主窗口除了嵌入一些子窗口外，还主要包括菜单栏和工具栏.

2. 命令窗口（Command Window）

命令窗口是 MATLAB 的主要交互窗口，用于输入命令并显示除图形以外的所有执行结果.

MATLAB 命令窗口中的“>>”为命令提示符，在命令提示符后输入命令并按【Enter】键后，MATLAB 就会解释执行所输入的命令，并在命令后面给出计算结果.

一般来说，一个命令行输入一条命令，命令行以回车结束. 但一个命令行也可以输入若干条命令，各命令之间以逗号或分号分隔，以分号结束的指令将不显示计算结果.

如果一个命令行很长，一个物理行之内写不下，可以在第一个物理行之后加上三个小黑点（...）并按【Enter】键，然后接着下一个物理行继续写命令的其他部分. 三个小黑点称为续行符，即把下面的物理行看作该行的逻辑继续.

3. 工作空间窗口（Workspace）

工作空间是 MATLAB 用于存储各种变量和结果的内存空间. 在该窗口中显示工

作空间中所有的变量，可对变量进行观察、编辑、保存和删除．

4. 当前目录窗口（Current Directory）

当前目录是指 MATLAB 运行文件时的工作目录，只有在当前目录或搜索路径下的文件、函数可以被运行或调用．

在当前目录窗口中可以显示或改变当前目录，还可以显示当前目录下的文件并提供搜索功能．

将用户目录设置成当前目录也可使用 cd 命令．例如，将用户目录 e：\ Matlab7 \ work 设置为当前目录，可在命令窗口输入命令"cd e：\ Matlab7 \ work"．

5. 命令历史窗口（Command History）

命令历史窗口可以内嵌在 MATLAB 主窗口的左下部，也可以浮动在主窗口上．在默认设置下，历史记录窗口中会自动保留自安装起所有用过的命令的历史记录，并且还标明了使用时间，从而方便用户查询．而且，通过双击命令可以再次运行历史命令．如果要清除这些历史记录，可以选择 Edit 菜单中的 Clear Command History 命令．

6. Start 按钮

在 MATLAB 主窗口左下角还有一个 Start 按钮，单击该按钮会弹出一个菜单，选择其中的命令可以快速访问 MATLAB 的各种工具和查阅 MATLAB 包含的各种资源．

三、计算极限的命令及调用格式

为了更好地了解函数的特点，常常需要画出函数的图形，需要了解函数在自变量的某种趋势下的极限，但是有的函数比较复杂，这时可以借助 MATLAB 软件来绘制函数的图像以及求函数的极限．

1. 绘制一元函数的图像

命令及说明见表 2.4.1.

表 2.4.1

命令	说明
plot(x,y)	作一元函数 $y=f(x)$ 的图像
fplot('fun',[a,b])	在区间[a,b]上作函数 fun（函数表达式）的图像

注意： 图形的图例可以通过命令 legend('y=sin x','y=cosx')或菜单来设置．

2. 计算函数的极限

命令及说明见表 2.4.2.

表 2.4.2

命令	说明
lim it(fun,x,-inf)	求函数 fun 在 $x\to-\infty$ 时的极限
lim it(fun,x,inf)	求函数 fun 在 $x\to+\infty$ 时的极限
lim it(fun,x,a)	求函数 fun 在 $x\to a$ 时的极限
lim it(fun,x,a,'right')	求函数 fun 在 $x\to a^+$ 时的极限
lim it(fun,x,a,'left')	求函数 fun 在 $x\to a^-$ 时的极限

MATLAB 只用一个命令就可以求出表达式比较复杂的函数的极限，它可以帮助我们了解函数的变化特点，但注意：它只是辅助我们学习数学工具之一．

四、计算导数的命令及调用格式

函数的导数是很重要的数学概念，很多实际问题都需要计算函数的导数，但有时计算过程却很麻烦，下面介绍用 MATLAB 求函数的导数．相关命令及说明见表 2.4.3.

表　2.4.3

命　令	说　明
diff(f,x,n)	求函数表达式 f 对 x 的 n 阶导数，省略 n 时表示求一阶导数
subs(diff(f,x,n),k)	求函数表达式 f 对 x 的 n 阶导数在 $x=k$ 的值

五、计算最值的命令及调用格式

导数的最重要的应用之一就是求函数的极值、最值问题．如果函数表达式比较复杂，可以用 MATLAB 求解极值、最值．由于 MATLAB 的自带命令只能求函数在某区间上的最小值，所以可以先用 MATLAB 命令作图，观察函数的极值点所在的小区间，再用 MATLAB 的自带命令求解函数在小区间上的最小值．其命令及说明见表 2.4.4.

表　2.4.4

命　令	说　明
[x1,f1] = f min bnd(f,a,b)	求函数表达式 f 在小区间 $[a,b]$ 上的最小值点 x1 及最小值 f1

注意：如果需要求函数表达式 f 在小区间 $[a,b]$ 上的最大值点、最大值，可以通过命令“[x1,f1] = f min bnd(g,a,b)”，得到 $g=-f$ 在小区间 $[a,b]$ 上的最小值点 x1 及最小值 f1，于是得到 f 在小区间 $[a,b]$ 上的最大值点 x1 及最大值−f1.

任务实施

任务 1　在同一个坐标系下画出两条曲线 $y=\sin x$ 和 $y=\cos x$ 在 $[0,2\pi]$ 上的图形．

解　法一：

```
>> fplot('[sin(x),cos(x)]',[0,2* pi])
% 同一坐标系下，在[0,2π]上绘制曲线 y=sin x 和 y=cos x 的图形
```

按【Enter】键，图像如图 2.4.2 所示．

法二：

```
>> x=0:0.01:2* pi;      % 在 x 轴的[0,2π]上每隔 0.01 间隔取 x 点
>> plot(x,sin(x),'r',x,cos(x),'b')
% 用红色绘制 y=sin x 图,用蓝色绘制 y=cos x 图(默认颜色:蓝色、绿色)
```

按【Enter】键，图像如图 2.4.2 所示．

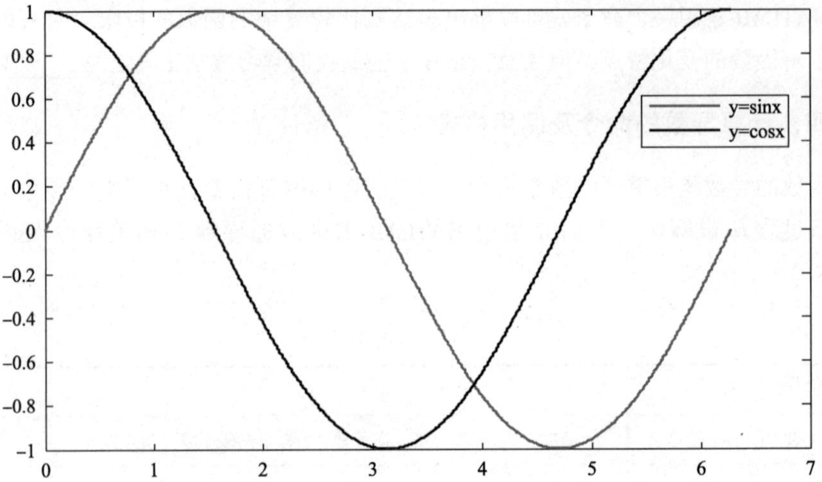

图 2.4.2

任务2 将屏幕窗口分成4个窗口，用subplot(m,n,k)命令画4个子图，分别是：

(1) $y=5x^4-3x^2+2x-7, x\in[-5,5]$； (2) $y=|x^2-4x+2|, x\in[-1,5]$；

(3) $y=\ln(1+\sqrt{1+x^2}), x\in[-3,3]$； (4) $y=x^2\cdot e^{-2x^2}, x\in[-3,3]$.

注意：subplot(m,n,k)表示将屏幕窗口分成m×n个窗口的第k个窗口.

解

```
>> subplot(2,2,1), fplot('5* x^4-3* x^2+2* x-7',[-5,5])
>> subplot(2,2,2),fplot('abs(x^2-4* x+2)',[-1,5])
>> subplot(2,2,3),fplot('log(1+sqrt(1+x^2))',[-3,3])
>> subplot(2,2,4),fplot('x^2* exp(-2* x^2)',[-3,3])
```

按【Enter】键，四个子图的图像如图2.4.3所示.

其中，每个子图的标题可以通过命令title（'函数表达式'）或图片菜单来设置.

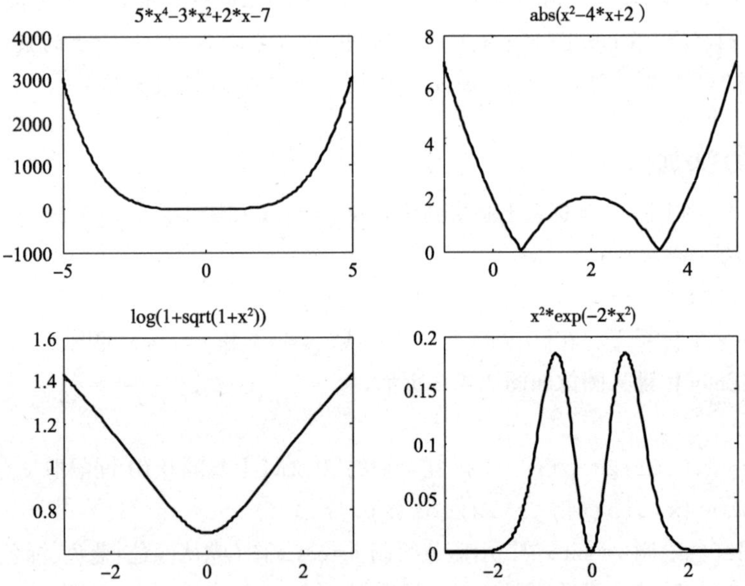

图 2.4.3

任务 3　利用 MATLAB 探究下列函数的极限是否存在．

（1）$\lim\limits_{x\to1}\dfrac{x^3-1}{x-1}$；　　（2）$\lim\limits_{x\to0^-}e^{\frac{1}{x}}$，$\lim\limits_{x\to0^+}e^{\frac{1}{x}}$，$\lim\limits_{x\to0}e^{\frac{1}{x}}$.

解　（1）

```
>> syms x                                  % 定义符号变量
>> limit((x^3-1)/(x-1),x,1)                % 求函数(x^3-1)/(x-1)在x→1时的极限
```

按【Enter】键，

```
ans = 3                                    % 极限的答案是 3
```

所以$\lim\limits_{x\to1}\dfrac{x^3-1}{x-1}=3$.

（2）

```
>> f1=limit(exp(1/x),x,0,'left')           % 求函数e^(1/x)在x→0-时的极限 f1
```

按【Enter】键，

```
f1 = 0                                     % 左极限 f1=lim(x→0-) e^(1/x)=0
>> f2=limit(exp(1/x),x,0,'right')          % 求函数e^(1/x)在x→0+时的极限 f2
```

按【Enter】键，

```
f2 =   Inf                                 % 右极限 f2=lim(x→0+) e^(1/x)=∞不存在
```

由于右极限$\lim\limits_{x\to0^+}e^{\frac{1}{x}}=\infty$不存在，所以$\lim\limits_{x\to0}e^{\frac{1}{x}}$不存在．

任务 4　用 MATLAB 计算下列极限.

（1）$\lim\limits_{x\to1^+}\left(\dfrac{x}{x-1}-\dfrac{1}{\ln x}\right)$；　　（2）$\lim\limits_{x\to0}\dfrac{e^{2x^2}-1}{x^2}$；

（3）$\lim\limits_{x\to1^-}x^{\frac{1}{1-x}}$；　　（4）$\lim\limits_{x\to\infty}\left(\dfrac{4x-3}{4x+1}\right)^{2x}$.

解（1）

```
>> syms x
>> a1=limit(x/(x-1)-1/log(x),x,1,'right')
```

按【Enter】键，

```
a1 = 1/2
```

所以

$$\lim_{x\to1^+}\left(\frac{x}{x-1}-\frac{1}{\ln x}\right)=\frac{1}{2}.$$

（2）

```
a2=limit((exp(2* x^2)-1)/x^2,x,0)
```

按【Enter】键，

```
a2 =  2
```

所以

$$\lim_{x\to0}\frac{e^{2x^2}-1}{x^2}=2.$$

（3）

```
a3=limit(x^(1/(1-x)),x,1,'left')
```

按【Enter】键，

```
a3 = exp(-1)
```

所以

$$\lim_{x\to1^-}x^{\frac{1}{1-x}}=e^{-1}=\frac{1}{e}.$$

(4) `a4=limit(((4* x-3)/(4* x+1))^(2* x),x,inf)`

按【Enter】键,

```
a4 =exp(-2)
```

所以
$$\lim_{x\to\infty}\left(\frac{4x-3}{4x+1}\right)^{2x}=e^{-2}=\frac{1}{e^{2}}.$$

任务 5 用 MATLAB 求下列函数的导数.

(1) $y=\ln\sqrt{\frac{1+\sin x}{1-\sin x}}$; (2) $y=\frac{e^{\sin x}}{\cos(\ln x)}$;

(3) $y=\arccos\frac{2^x}{x^2}$.

解 (1) `>> syms x` % 定义符号变量

`>> y=1/2*log((1+sin(x))/(1-sin(x)));` % 定义函数 $y=\frac{1}{2}\ln\frac{1+\sin x}{1-\sin x}$

`>> y1=diff(y,x)` % 求导数 $y1=y'$

按【Enter】键,

```
y1=
    1/2* (cos(x)/(1-sin(x)) + (1+sin(x))/(1-sin(x))^2*
    cos(x))/(1+sin(x))* (1-sin(x))
```

% $y1=\frac{1}{2}\cdot\frac{\frac{\cos x}{1-\sin x}+\frac{1+\sin x}{(1-\sin x)^2}\cdot\cos x}{1+\sin x}\cdot(1-\sin x)$

`>> y2= simplify(y1)` % 化简 y1 结果,得 y2

按【Enter】键,

```
y2 =
    1/cos(x)
```

所以
$$y'=\frac{1}{\cos x}.$$

(2) `>> f=diff(exp(sin(x))/cos(log(x)),x)`

% 求函数 $y=\frac{e^{\sin x}}{\cos(\ln x)}$的导数 f

```
f =cos(x)* exp(sin(x))/cos(log(x)) +exp(sin(x))/cos(log(x))^
2* sin(log(x))/x
```

% $$f=\frac{\cos x\cdot e^{\sin x}}{\cos\ln x}+\frac{e^{\sin x}\cdot\sin\ln x}{x\cos^2\ln x}$$

`>> f1 =simplify(f)` % 化简 f, 得结果 f1

按【Enter】键,

```
f1 =
    exp(sin(x))* (cos(x)* cos(log(x))* x+sin(log(x)))/
cos(log(x))^2/x
```

所以 $$y'=\frac{e^{\sin x}(x\cos x\cdot\cos\ln x+\sin\ln x)}{x\cos^2\ln x}.$$

(3) `>> f1=diff(acos(2^x/x^2),x)`　　% 求 $y=\arccos\frac{2^x}{x^2}$ 的导数 f1

按【Enter】键，

```
f1 =
   -(2^x* log(2)/x^2-2* 2^x/x^3)/(1-(2^x)^2/x^4)^(1/2)
 >> f2=simplify(f1)
```

按【Enter】键，

```
f2 =
   -2^x* (x* log(2)-2)/x^3/((x^4-4^x)/x^4)^(1/2)
```

所以 $$y'=-\frac{2^x(x\ln 2-2)}{x^3\sqrt{\frac{x^4-4^x}{x^4}}}=-\frac{2^x(x\ln 2-2)}{x\sqrt{x^4-4^x}}.$$

任务6　用MATLAB求下列函数的导数.

(1) $y=e^{x^2}-\sin^2x$,求 y'';　　(2) $y=x^2+\sqrt{1+x^2}$,求 y'''.

解　(1) `>> syms x`　　% 定义符号变量

`>> y=exp(x^2)-sin(x)^2;y1=diff(y,x,2)`　　% 定义函数 $y=e^{x^2}-\sin^2x$,求 y''

按【Enter】键，

```
y1 = 2* exp(x^2) +4* x^2* exp(x^2)-2* cos(x)^2 +2* sin(x)^2
```

`>> y2=simplify(y1)`　　% 化简 y1 结果

按【Enter】键，

```
y2= 2* exp(x^2) +4* x^2* exp(x^2)-4* cos(x)^2 +2
```

所以　$y''=2e^{x^2}+4x^2e^{x^2}-4\cos^2x+2=2e^{x^2}(1+2x^2)-2\cos 2x.$

(2) `>> y=x^2 +sqrt(1 +x^2);y1=diff(y,x,3)`

　% 定义函数 $y=x^2+\sqrt{1+x^2}$,求 y'''

按【Enter】键，

```
y1 = 3/(1 +x^2)^(5/2)* x^3-3/(1 +x^2)^(3/2)* x
```

所以 $$y'''=\frac{3x^3}{\sqrt{(1+x^2)^5}}-\frac{3x}{\sqrt{(1+x^2)^3}}.$$

任务7　用MATLAB求下列函数的导数值.

(1) $y=\sin^4x-2\cos 3x$,求 $y'''|_{x=\frac{\pi}{2}}$;　　(2) $y=\frac{2^x+x^2}{\sqrt{x+\sqrt{x}}}$,求 $y^{(5)}|_{x=9}$.

解　(1)　`>> syms x`

```
>> y=sin(x)^4-2* cos(3* x);
```

`>> a=subs(diff(y,x,3),pi/2)`　　% 求 $y'''|_{x=\frac{\pi}{2}}$.

按【Enter】键，结果为：

```
a=    54
```

所以 $y'''|_{x=\frac{\pi}{2}}=54$

(2) `>> y=(2^x+x^2)/sqrt(x+sqrt(x));`

`>> b=subs(diff(y,x,5),9)`　　求 $y^{(5)}|_{x=9}$

按【Enter】键，结果为：

```
b =   17.9657
```

所以 $y^{(5)}|_{x=9}=17.9657$

任务 8 求函数 $y=-x^4+2x^2$ 在区间$(-2,2)$的极值.

解 先作函数 y 在$[-2,2]$的图形，观察函数的极值点位置.

```
>> syms x
>> fplot('-x^4+2* x^2',[-2,2])   % 作 y=-x^4+2x^2 在[-2,2]的图，如图 2.4.4 所示
>> title('y=-x^4+2* x^2')        % 图形标题 y=-x^4+2x^2
```

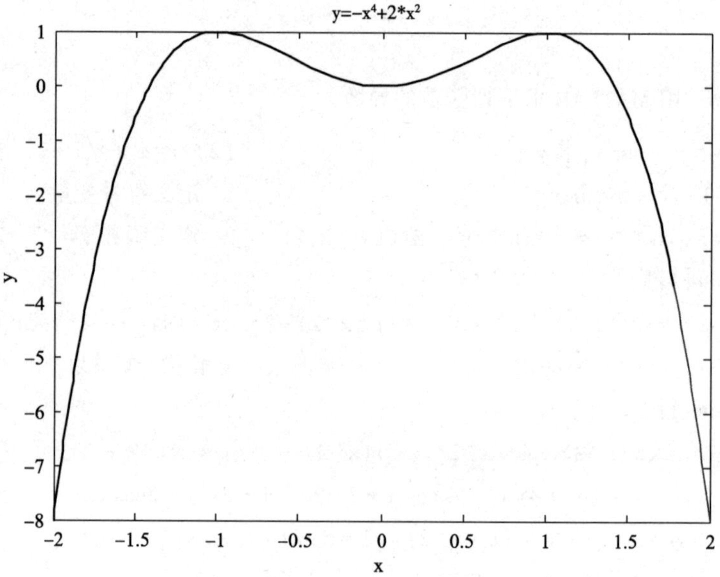

图 2.4.4

如图 2.4.4 所示，原函数有两个极大值点、一个极小值点，现在来求函数在相应小区间上的最值，即函数在区间$(-2,2)$内的极值.

```
>> f=inline('-x^4+2* x^2','x'); % 定义函数 f=-x^4+2x^2
>> [x1,y1]= fminbnd(f,-0.5,0.5)  % 求函数 f 在[-0.5,0.5]的最小值点 x1 及最小值 y1
x1 =     0
y1 =     0
>> g=inline('x^4-2* x^2','x');   % 定义函数 g=-f=x^4-2x^2
>> [x2,y2]= fminbnd(g,-1.5,-0.5),[x3,y3]= fminbnd(g,0.5,1.5)
% 求函数 g 在[-1.5,-0.5]的最小值点 x2 及最小值 y2(等价于求 f=-g 在[-1.5,-0.5]的最大值点 x2 及最大值-y2)；求函数 g 在[0.5,1.5]的最小值点 x3 及最小值 y3(等价于求函数 f=-g 在[0.5,1.5]的最大值点 x3 及最大值-y3)
```

```
x2 =   -1.0000
y2 =   -1.0000
x3 =    1.0000
y3 =   -1.0000
```

故函数在区间(-2,2)的极大值是 $y|_{x=\pm 1}=1$，极小值是 $y|_{x=0}=0$.

任务 9　求函数 $y=\sin^2 xe^{-0.3x}-1.2|x|$在区间(-7,-1)内的极值.

解　先作函数 y 在[-7,-1]的图形，观察函数的极值点位置

```
>> syms x ;
>> fplot('sin(x)^2* exp(-0.3* x)-1.2* abs(x)',[-7,-1])
    % 作函数 y 在[-7,-1]的图,如图 2.4.5 所示
>> title('(sin(x))^2* exp(-0.3* x)-1.2* abs(x)')   % 作图形标题
```

如图 2.4.5 所示，函数有 2 个极小值点，2 个极大值点，现在来求函数在相应小区间上的最值，即函数在区间(-7,-1)内的极值：

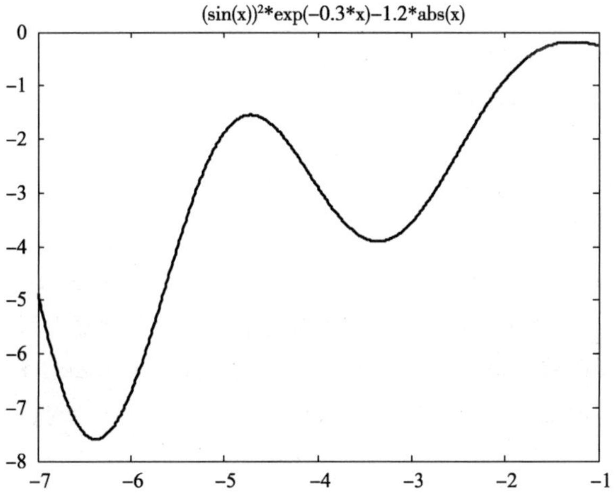

图　2.4.5

```
>> f=inline('sin(x)^2* exp(-0.3* x)-1.2* abs(x)','x');   % 定义函数 y
>> [xmin1,fmin1]= fminbnd(f,-7,-6),[xmin2,fmin2]= fminbnd(f,-4,-3)
% 求函数在[-7,-6],[-4,-3]的最小值点及最小值
xmin1 =   -6.3712   fmin1 =   -7.5932
xmin2 =   -3.3604   fmin2 =   -3.9034
>> g=inline('-((sin(x))^2* exp(-0.3* x)-1.2* abs(x))','x');
>> [xmin3,fmin3]= fminbnd(g,-5,-4),[xmin4,fmin4]= fminbnd(g,-2,-1)
% 求函数 g=-f 在[-5,-4],[-2,-1]的最小值点及最小值(即求函数 f 在
[-5,-4],[-2,-1]的最大值点及最大值:-fmin3,-fmin4)
xmin3 =   -4.7166   fmin3 =    1.5436
xmin4 =   -1.2858   fmin4 =    0.1885
```

故函数有 4 个极值:

两个极小值 $f(-6.3712)=-7.5932$, $f(-3.3604)=-3.9034$

两个极大值$f(-4.7166)=-1.5436$, $f(-1.2858)=-0.1885$

任务训练

1. 将屏幕窗口分成两个窗口，用 subplot(m,n,k)命令画两个子图：

（1）$y=(\sin x)e^{2x}-\cos x, x\in[-\pi,\pi]$；

（2）$y=\ln(x+\sqrt{x^2+1}), x\in[-3,3]$.

2. 用 MATLAB 求下列极限.

（1）$\lim\limits_{x\to1}\dfrac{x^5-1}{x^2-1}$；（2）$\lim\limits_{x\to0^+}\left(\dfrac{2\,020}{x}\right)^{\sin x}$；

（3）$\lim\limits_{x\to0^+}2x\cot x$；（4）$\lim\limits_{x\to0^+}\ln x\cdot\tan x$；

（5）$\lim\limits_{x\to0}\left(\dfrac{1}{\tan x}-\dfrac{1}{x}\right)$；（6）$\lim\limits_{x\to\infty}\dfrac{\operatorname{arccot}2x}{2x}$.

3. 用 MATLAB 求下列函数的导数.

（1）$y=4^{\cot x+\cos x}$；（2）$y=(x^4+3x^2+5)\sin x$；

（3）$y=5\cos\ln x-6\arctan\sqrt{x}$.

4. 用 MATLAB 求下列函数的导数.

（1）设函数$y=2x^3-e^{2x^2}$，求y'''，$y^{(4)}|_{x=1}$；

（2）设函数$y=3^x+\ln(x+3)$，求$y^{(4)}$，$y^{(3)}|_{x=1}$.

5. 求下列函数的极值：

（1）$f(x)=(x-2)^2(x+3)^3$，$x\in(-2,3)$；（2）$f(x)=x^3-3x$，$x\in(-2,2)$.

6. 要造一个容积为 32π cm^3 的圆柱形容器，其侧面与上底面用同一种材料，下底面用另一种材料. 已知下底面材料的价格为 3 元/cm^3，侧面材料的价格为 1 元/cm^3. 问该容器的底面半径 r 与 h 高各为多少时，造这个容器所用的材料费用最省？

拓展阅读

牛　顿

17 世纪生产力的发展推动了自然科学和技术的发展，在前人创造性研究的基础上，牛顿开始系统地研究微积分.

艾萨克·牛顿是 17—18 世纪英国物理学家、数学家、天文学家. 幼年的牛顿在设计灵巧的机械模型和做实验上，就显示出巨大的力学天赋和爱好. 18 岁时他进入剑桥大学三一学院，迅速掌握了当时的科学和数学知识，很快就开始进行独立的研究工作. 开始发现推广的二项式定理，并且创造其流数法（微积分的另一种表述）.

牛顿的《流数法》写于 1671 年，但直到 1676 年才发表. 他定义了极大值和极小值、曲线的切线、曲线的曲率、拐点、曲线的凹凸性，并且把他的理论应用于许多求积问题和曲线的求长. 在一些微分方程的积分中，他显示出了超人的能力.

项目三　认识积分及其应用

前面讨论了由已知函数求导数的问题，然而，在科学技术和经济问题的研究中，常常需要解决相反的问题，即由已知导数求原来的函数，这就是不定积分的问题．定积分是积分学中另一个重要内容，它与不定积分之间，存在非常密切的联系，而且具有极强的实际应用背景，是计算许多实际问题（如不规则平面图形的面积、总经济量、变力做功、水的压力等）的数学工具．

项目引入

（1）设某产品的总成本 C 是产量 x 的函数：$C=C(x)$，固定成本（即 $C(0)$）为 20 元，边际成本函数为 $C'(x)=2x+10$，求总成本函数 $C(x)$．

（2）求曲线 $y=e^x+2$ 与直线 $x=0$，$x=1$ 及 x 轴所围成图形的面积．

（3）设生产某种产品的固定成本为 50，边际成本和边际收入分别 $MC=q^2-14q+111$，$MR=100-2q$，试求该厂商最大利润．

以上三个问题需要用到不定积分的经济意义知识、定积分几何意义的知识和微元法推导利润公式的相关知识．下面通过本项目的学习来解决上述问题．

项目目标

（1）理解不定积分、定积分和无穷限广义积分的概念，掌握基本积分公式、直接积分、换元积分和分部积分法．

（2）掌握微积分基本公式、定积分积分法和无穷限广义积分计算，了解积分在经济学中的应用．

（3）运用逆向思维不断探索，寻找更好的解决问题的方法；养成辩证统一的思维，做事严谨认真、爱思考的习惯，体会分割、近似、求和、极限思想，培养创新思考的能力．

任务一　理解不定积分的概念

学习目标

（1）理解原函数的概念．

（2）理解不定积分的概念．

（3）了解不定积分的几何意义．

知识准备

一、原函数的概念

如果已知生产总成本的变化率（即边际成本）$\phi(x)$是产量 x 的函数，即 $C'(x)=\phi(x)$，求总成本函数 $C(x)$. 这是已知函数求导数的相反问题 .

定义 1 设$f(x)$是定义在某区间 D 上的函数，若存在一个函数 $F(x)$，对任何 $x\in D$ 都有

$$F'(x)=f(x)\text{或}\ \mathrm{d}F(x)=f(x)\,\mathrm{d}x.$$

则称 $F(x)$ 为$f(x)$在区间 D 上的一个**原函数** .

例如，$(x^2)'=2x$，故 x^2 是 $2x$ 在$(-\infty,+\infty)$上的一个原函数；而$(\sin x)'=\cos x$，故 $\sin x$ 是 $\cos x$ 在$(-\infty,+\infty)$上的一个原函数 .

除了$(x^2)'=2x$，还有$(x^2+1)'=2x$，$(x^2-\sqrt{2})'=2x$，说明 x^2，x^2+1，$x^2-\sqrt{2}$等都是 $2x$ 的原函数 . 那么 $2x$ 的所有的原函数究竟是怎样的形式呢？

定理 1 若函数$f(x)$在某区间上连续，则在此区间上$f(x)$存在原函数 .

定理 2 设 $F(x)$是$f(x)$的一个原函数，那么 $F(x)+C$（C 是任意常数）也是$f(x)$的原函数，并且是$f(x)$的全体原函数 .

因此，$2x$ 的所有的原函数为 x^2+C（C 是任意常数）.

不定积分的概念

二、不定积分的概念

定义 2 若函数 $F(x)$是$f(x)$的一个原函数，则函数$f(x)$的全部原函数 $F(x)+C$ 称为$f(x)$的**不定积分**，记为

$$\int f(x)\,\mathrm{d}x=F(x)+C \qquad (\text{其中 } F'(x)=f(x),\text{且 } C \text{ 是任意常数})$$

式中，“$\int$”称为积分号；$f(x)$ 称为被积函数；$f(x)\,\mathrm{d}x$ 称为被积表达式；x 称为积分变量；C 称为积分常数 .

注意：(1) 求$\int f(x)\,\mathrm{d}x$ 时，切记结果要“$+C$”，否则求出只是一个原函数，而不是不定积分 .

(2) 如果把积分的变量 x 换成其他符号（如 u）也可 . 即若 $F'(u)=f(u)$，则

$$\int f(u)\,\mathrm{d}u=F(u)+C.$$

(3) 若函数$f(x)$在某区间内存在原函数，则称$f(x)$在该区间内可积 .

三、不定积分的几何意义

从几何角度看，对于不定积分可以这样解释：若函数 $F(x)$是$f(x)$的一个原函数，则称 $F(x)$的图像为$f(x)$的一条积分曲线，于是$f(x)$的不定积分 $F(x)+C$ 即表示$f(x)$的某一条积分曲线沿着纵轴方向任意平行移动所得的积分曲线族 . 因

此，所有积分曲线是彼此平行的，即在横坐标相同的点处，所有积分曲线的切线彼此平行，这些切线有相同的斜率 $f'(x_0)$，如图 3.1.1 所示.

因此，要求一条通过定点 (x_0, y_0) 的积分曲线，关键是确定积分常数 C，而 C 值的确定可以由 $y_0 = F(x_0) + C$ 得 $C = y_0 - F(x_0)$.

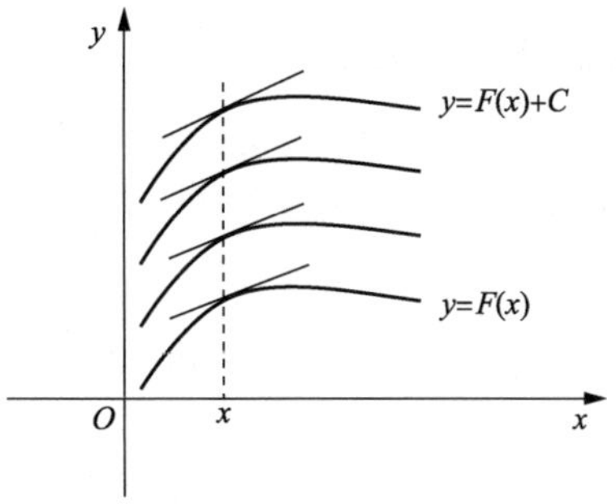

图　3.1.1

任务实施

任务 1　求下列不定积分：

(1) $\int 2x\mathrm{d}x$;　　(2) $\int \cos x\mathrm{d}x$;　　(3) $\int \frac{1}{x}\mathrm{d}x$.

[分析]　根据不定积分定义，寻找导数为被积函数的原函数，再加任意常数 C.（1）、（3）小题运用幂函数的积分公式，（2）小题运用代数式的积分公式求解.

解　(1) 因为 $(x^2)' = 2x$，所以 $\int 2x\mathrm{d}x = x^2 + C$.

(2) 因为 $(\sin x)' = \cos x$，所以 $\int \cos x\mathrm{d}x = \sin x + C$.

(3) 当 $x>0$ 时，$(\ln x)' = \frac{1}{x}$，所以 $\int \frac{1}{x}\mathrm{d}x = \ln x + C$;

当 $x<0$ 时，$[\ln(-x)]' = \frac{1}{-x}(-1) = \frac{1}{x}$，所以 $\int \frac{1}{x}\mathrm{d}x = \ln(-x) + C$.

由绝对值的性质有

$$\ln|x| = \begin{cases} \ln x, & x>0 \\ \ln(-x), & x<0 \end{cases},$$

从而 $\int \frac{1}{x}\mathrm{d}x = \ln|x| + C(x \neq 0)$.

任务 2　求在平面上经过点 $(0,1)$，且在任一点处的斜率为其横坐标的 3 倍的曲线方程.

[分析]　根据斜率与横坐标关系列出导数方程，再由不定积分定义求解方程.

解　设曲线方程为 $y = f(x)$，由于在任一点 (x,y) 处的切线斜率 $k = 3x$，则有 $y' = 3x$，即

$$y = \int 3x\mathrm{d}x = \frac{3}{2}x^2 + C.$$

又由于曲线经过点 $(0,1)$，代入上式得 $C = 1$，所以所求曲线方程为

$$y = \frac{3}{2}x^2 + 1.$$

其图像如图 3.1.2 所示.

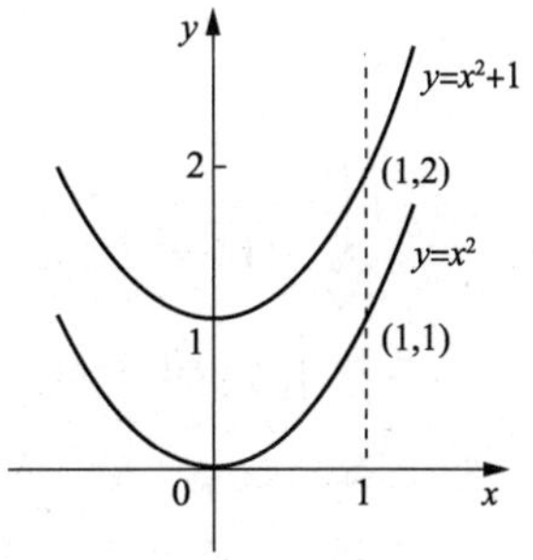

图　3.1.2

任务训练

1. 在括号内把导数式补充完整，并写出相应的不定积分．

（1）（　　　　）$'=2x$，$\int 2x\mathrm{d}x=$________；

（2）（　　　　）$'=\sin x$，$\int \sin x\mathrm{d}x=$________；

（3）（　　　　）$'=3$，$\int 3\mathrm{d}x=$________；

（4）（　　　　）$'=\frac{1}{\sqrt{1-x^2}}$，$\int \frac{1}{\sqrt{1-x^2}}\mathrm{d}x=$________；

（5）（　　　　）$'=\frac{1}{x}$，$\int \frac{1}{x}\mathrm{d}x=$________；

（6）（　　　　）$'=x$，$\int x\mathrm{d}x=$________；其中图像经过点$(0,1)$的一个原函数是________．

2. 选择题．

（1）如果$F'(x)=f(x)$，那么下列式子中正确的是（　　）．

A. $\int F(x)\mathrm{d}x=F'(x)+C$　　B. $\int f'(x)\mathrm{d}x=F(x)+C$

C. $\int F'(x)\mathrm{d}x=f(x)+C$　　D. $\int f(x)\mathrm{d}x=F(x)+C$

（2）$\int \sin x\mathrm{d}x=$（　　）．

A. $-\cos x+C$　　B. $\cos x+C$

C. $-\sin x+C$　　D. $\sin x+C$

（3）$\sin x\cdot\cos x$的原函数的是（　　）．

A. $\sin^2x$　　B. $\frac{1}{2}\cos^2x$　　C. $\frac{1}{2}\sin^2x$　　D. $\cos^2x$

3. 计算题．

（1）$\int k\mathrm{d}x$（k是常数）；　　（2）$\int x^{-2}\mathrm{d}x$；

（3）$\int 3^x\mathrm{d}x$；　　（4）$\int \frac{1}{1+x^2}\mathrm{d}x$；

（5）$\int \left(-\frac{1}{\sqrt{1-x^2}}\right)\mathrm{d}x$；　　（6）$\int x\sqrt{x}\,\mathrm{d}x$.

4. 已知$\int f(x)\mathrm{d}x=\sin^2x+C$，求$f(x)$.

5. 已知曲线$y=f(x)$在任一点处的切线斜率2，且经过$(1,4)$，求该曲线方程．

6. 已知某产品产量的变化率是时间t的函数$f(t)=at+b$（a,b是常数），求此产品在时间t时的产量$Q(t)$，已知$Q(0)=0$.

任务二　理解不定积分的性质与基本积分公式

学习目标

（1）理解并掌握不定积分的性质．

（2）掌握不定积分的基本积分公式．

（3）掌握直接积分法．

知识准备

一、不定积分的性质

性质 1　微分运算与积分运算互为逆运算

（1）$\left[\int f(x)\mathrm{d}x\right]'=[F(x)+C]'=f(x)$ 或 $\mathrm{d}\left[\int f(x)\mathrm{d}x\right]=\mathrm{d}[F(x)+C]=f(x)\mathrm{d}x$；

该性质表示对函数$f(x)$先求不定积分再求导，就等于$f(x)$本身．

（2）$\int F'(x)\mathrm{d}x=\int f(x)\mathrm{d}x=F(x)+C$ 或 $\int \mathrm{d}F(x)=\int f(x)\mathrm{d}x=F(x)+C$.

该性质表示对函数 $F(x)$先求导数（或微分）再求不定积分，等于这个函数加上一个任意常数．

性质 2　被积函数中的非零的常数因子可以提到积分号外，即

$$\int kf(x)\mathrm{d}x=k\int f(x)\mathrm{d}x,\ k\neq 0.$$

性质 3　函数代数和的不定积分等于函数不定积分的代数和，即

$$\int [f(x)\pm g(x)]\mathrm{d}x=\int f(x)\mathrm{d}x\pm\int g(x)\mathrm{d}x.$$

性质 3 又称不定积分的线性性质，可推广到有限多个函数的代数和，即

$$\int [f_1(x)\pm f_2(x)\pm\cdots\pm f_k(x)]\mathrm{d}x=\int f_1(x)\mathrm{d}x\pm\int f_2(x)\mathrm{d}x\pm\cdots\pm\int f_k(x)\mathrm{d}x.$$

二、不定积分的基本积分公式

由于求不定积分是求导数的逆运算，所以由导数公式可以相应地得出不定积分的公式，见表 3.2.1.

不定积分的基本公式

表　3.2.1

序号	导数公式	对应的积分公式
(1)	$(kx)'=k$	$\int k\mathrm{d}x=kx+C$
特例	$(C)'=0$	$\int 0\mathrm{d}x=C$
	$(x)'=1$	$\int 1\mathrm{d}x=\int \mathrm{d}x=x+C$

续表

序号	导数公式	对应的积分公式
(2)	$\left(\frac{1}{\alpha+1}x^{\alpha+1}\right)'=x^{\alpha}$	$\int x^{\alpha}dx=\frac{1}{\alpha+1}x^{\alpha+1}+C(\alpha\neq 1)$
特例	$(\sqrt{x})'=\frac{1}{2\sqrt{x}}$	$\int\frac{1}{\sqrt{x}}dx=2\sqrt{x}+C$
	$\left(\frac{1}{x}\right)'=-\frac{1}{x^2}$	$\int\frac{1}{x^2}dx=-\frac{1}{x}+C$
(3)	$(\ln\|x\|)'=\frac{1}{x}$	$\int\frac{1}{x}dx=\ln\|x\|+C$
(4)	$(e^x)'=e^x$	$\int e^x dx=e^x+C$
(5)	$\left(\frac{a^x}{\ln a}\right)'=a^x$	$\int a^x dx=\frac{a^x}{\ln a}+C$
(6)	$(-\cos x)'=\sin x$	$\int\sin x dx=-\cos x+C$
(7)	$(\sin x)'=\cos x$	$\int\cos x dx=-\sin x+C$
(8)	$(\tan x)'=\sec^2 x$	$\int\sec^2 x dx=\tan x+C$
(9)	$(-\cot x)'=\csc^2 x$	$\int\csc^2 x dx=-\cot x+C$
(10)	$(\sec x)'=\sec x\tan x$	$\int\sec x\tan x dx=\sec x+C$
(11)	$(-\csc x)'=\csc x\cot x$	$\int\csc x\cot x dx=-\csc x+C$
(12)	$(\arcsin x)'=\frac{1}{\sqrt{1-x^2}}$	$\int\frac{1}{\sqrt{1-x^2}}dx=\arcsin x+C$
(13)	$(\arctan x)'=\frac{1}{1+x^2}$	$\int\frac{1}{1+x^2}dx=\arctan x+C$

以上 13 个公式是求不定积分的基本公式，必须熟记．另外，基本公式是以 x 为积分变量的，若将基本公式中所有的 x 换成其他字母公式仍成立．

三、直接积分法

利用不定积分的运算性质和基本积分公式，直接求出不定积分．这是求不定积分的基本方法．

任务实施

任务 1 写出下列各式的结果：

(1) $\left[\int e^x\cos(\ln x)\,dx\right]'$；　(2) $\int\left[e^{-\sqrt{x}}\right]'dx$；　(3) $d\left[\int(\arcsin x)^2dx\right]$.

[分析]　利用微分运算与积分运算互为逆运算关系，并确认运算步骤.

解　(1) $\left[\int e^x\cdot\cos(\ln x)\,dx\right]'=e^x\cdot\cos(\ln x)$；

(2) $\int\left[e^{-\sqrt{x}}\right]'dx=e^{-\sqrt{x}}+C$；

(3) $d\left[\int(\arcsin x)^2dx\right]=(\arcsin x)^2dx$.

任务 2　求 $\int\frac{dx}{x^2\sqrt{x}}$.

直接积分法

[分析]　被积函数 $\frac{1}{x^2\sqrt{x}}=x^{-\frac{5}{2}}$，由积分表中的公式（2）可解.

解　$\int\frac{dx}{x^2\sqrt{x}}=\int x^{-\frac{5}{2}}dx=-\frac{2}{3}x^{-\frac{3}{2}}+C$.

任务 3　求 $\int\left(\sqrt[3]{x}-\frac{1}{\sqrt{x}}\right)dx$.

[分析]　根据不定积分的线性性质，将被积函数分为两项，分别积分.

解　$\int\left(\sqrt[3]{x}-\frac{1}{\sqrt{x}}\right)dx=\int x^{\frac{1}{3}}dx-\int x^{-\frac{1}{2}}dx=\frac{3}{4}x^{\frac{4}{3}}+2x^{\frac{1}{2}}+C$.

注意：在分项积分后，不必每个积分结果后都“$+C$”，只要在总的结果中加即可.

任务 4　求 $\int\sqrt{x}(x-3)\,dx$.

[分析]　首先把被积函数中积的形式化为和的形式. 然后再根据不定积分的性质 3（线性性质），将被积函数逐项积分即得.

解　$\int\sqrt{x}(x-3)\,dx=\int x^{\frac{3}{2}}dx-3\int x^{\frac{1}{2}}dx=\frac{2}{5}x^{\frac{5}{2}}-2x^{\frac{3}{2}}+C$.

任务 5　求 $\int 3^xe^xdx$.

[分析]　指数的乘法：$a^mb^m=(ab)^m$，显然 $3^xe^x=(3e)^x$.

解　$\int 3^xe^xdx=\int(3e)^xdx=\frac{(3e)^x}{\ln(3e)}+C$.

任务 6　求 $\int\frac{(\sqrt{x}-1)^2}{x}dx$.

[分析]　观察到 $\frac{(\sqrt{x}-1)^2}{x}=1-\frac{2}{\sqrt{x}}+\frac{1}{x}$ 后，根据不定积分的线性性质，将被积函数分项，然后分别积分.

解　$\int\frac{(\sqrt{x}-1)^2}{x}dx=\int\left(1-\frac{2}{\sqrt{x}}+\frac{1}{x}\right)dx=\int dx-2\int\frac{1}{\sqrt{x}}dx+\int\frac{1}{x}dx=x-4\sqrt{x}+\ln|x|+C$.

任务7 求$\int \frac{3x^4+3x^2+1}{x^2+1}dx$.

[分析] 观察到$\frac{3x^4+3x^2+1}{x^2+1}=3x^2+\frac{1}{x^2+1}$后，根据不定积分的线性性质，将被积函数分项，然后分别积分.

解 $\int \frac{3x^4+3x^2+1}{x^2+1}dx=\int 3x^2dx+\int \frac{1}{1+x^2}dx=x^3+\arctan x+C.$

任务8 求$\int \frac{\cos 2x}{\cos x-\sin x}dx$.

[分析] 关键知道$\cos 2x=\cos^2x-\sin^2x=(\cos x+\sin x)(\cos x-\sin x)$.

解 $\int \frac{\cos 2x}{\cos x-\sin x}dx=\int(\cos x+\sin x)dx=\sin x-\cos x+C.$

任务9 设某商品的需求量Q是价格p的函数$Q=Q(p)$，最大需求量为5 000（即$p=0$时，$Q=5\ 000$）．已知需求量的变化率为$Q'=f'(p)=-5\ 000\ln 2\left(\frac{1}{2}\right)^p$，求需求量与价格的函数关系.

解 由$Q'=f'(p)=-5\ 000\ln 2\cdot\left(\frac{1}{2}\right)^p$，得

$$Q=\int f'(p)dp=\int\left[-5\ 000\ln 2\cdot\left(\frac{1}{2}\right)^p\right]dp$$

$$=-5\ 000\ln 2\frac{\left(\frac{1}{2}\right)^p}{\ln\left(\frac{1}{2}\right)}+C=5\ 000\left(\frac{1}{2}\right)^p+C.$$

因为$p=0$时，$Q=5\ 000$，即$5\ 000=5\ 000+C$，得$C=0$，故$Q=5\ 000\left(\frac{1}{2}\right)^p$即为所求.

任务训练

1. 写出下列各式的结果.

(1) $\left[\int \frac{\sin x}{\sqrt{x+1}(1+x^4)}dx\right]'$；　(2) $\int[e^x(\sin x-\cos^2x)]'dx$；

(3) $\int d(\sqrt{1+x^2}+\ln\cos x)$；　(4) $d\left(\int \frac{x}{2\sqrt{1+\ln x}}dx\right)$；

(5) 设$f(x)=x^4e^{x+1}$，求$\int f'(x)dx$.

2. 计算下列不定积分.

(1) $\int\left(x-\frac{1}{x}+\frac{3}{x^3}\right)dx$；　(2) $\int(3^x+x^2+1)dx$；

(3) $\int e^x(2+e^{-x})dx$；　(4) $\int\left(\frac{3}{1+x^2}-\frac{2}{\sqrt{1-x^2}}\right)dx$；

(5) $\int 2^x \cdot e^x dx$;　　(6) $\int \left(x+\frac{1}{x}\right)^2 dx$;

(7) $\int \frac{3x^4+3x^2+1}{x(x^2+1)} dx$;　　(8) $\int \frac{3^x-e^x}{2^x} dx$;

(9) $\int \frac{1}{x^2(1+x^2)} dx$;　　(10) $\int \frac{x^4}{1+x^2} dx$;

(11) $\int \frac{1}{1+\cos 2x} dx$;　　(12) $\int \sin^2 \frac{x}{2} dx$.

3. 设某产品的总成本 C 是产量 x 的函数：$C=C(x)$，固定成本（即 $C(0)$）为20元，边际成本函数为 $C'(x)=2x+10$，求总成本函数 $C(x)$.

4. 设某商品的需求量 Q 是价格 p 的函数，该商品的最大需求量为1 000（即 $p=0$ 时，$Q=1\ 000$）．已知需求量的变化率为 $Q'=-1\ 000\ln 3 \cdot \left(\frac{1}{3}\right)^p$，求需求量与价格的函数关系．

任务三　掌握换元积分法

在导数运算中，复合函数求导法是一种重要的方法．作为导数运算的逆运算积分运算，自然也有复合函数的积分法．这种方法的特点在于对积分变量进行适当变换，把要计算的积分转化为对新变量的积分．

学习目标

(1) 掌握常用的凑微分公式．

(2) 熟练掌握第一类换元积分法和第二类换元积分法．

知识准备

一、第一换元法（凑微分法）

换元积分法

定理1　设 $f(u)$ 具有原函数 $F(u)$，$u=\varphi(x)$ 是可导函数，那么

$$\int f(\varphi(x))\varphi'(x)dx=\int f(\varphi(x))d\varphi(x)=F(\varphi(x))+C.$$

用上式求不定积分的方法称为第一类换元积分法或凑微分法．

二、第二类换元积分法

由第一类换元积分法知 $\int f(\varphi(x))\varphi'(x)dx=\int f(\varphi(x))d\varphi(x)$，其中 $u=\varphi(x)$，若把左边化成右边的形式时，称为第一换元法．反之，若右边积分不易求出时，而变成左边的形式更便于求出时，这种变换称为第二换元法．它与第一换元法的不同点在于原积分变量是新积分变量的函数式．

定理2　设 $x=\varphi(t)$ 单调可导，且 $\varphi'(t)\neq 0$，又设 $f(\varphi(t))\cdot\varphi'(t)$ 具有原函数 $F(t)$，

则有

$$\int f(x)\mathrm{d}x \xlongequal{\text{令 } x=\varphi(t)} \int f(\varphi(t))\cdot\varphi'(t)\mathrm{d}t = F(t)+C \xlongequal{t=\varphi^{-1}(x)} F(\varphi^{-1}(x))+C.$$

第二类换元积分法的关键是恰当地选择 $x=\varphi(t)$.

1. 简单根式代换

当被积函数中含有 $\sqrt[n]{ax+b}$ 的形式，可以直接令 $\sqrt[n]{ax+b}=t$ 或 $x=\dfrac{1}{a}(t^n-b)$.

2. 三角代换

当被积函数中含有 $\sqrt{a^2-x^2}$，$\sqrt{a^2+x^2}$ 或 $\sqrt{x^2-a^2}$ 时，使用根式代换是无效的，为了去根号，可以采用三角代换．常用的公式有

$$\sin^2x+\cos^2x=1;\quad \tan^2x+1=\sec^2x;\quad \cot^2x+1=\csc^2x.$$

任务实施

任务 1 求 $\int\cos 2x\mathrm{d}x$.

［分析］ 利用第一换元积分法．

解 $\int\cos 2x\mathrm{d}x \xlongequal{\text{恒等变形}} \dfrac{1}{2}\int\cos 2x\cdot 2\mathrm{d}x$

$\xlongequal{\text{凑微分}} \dfrac{1}{2}\int\cos 2x\mathrm{d}2x \xlongequal{\text{令 } 2x=u} \dfrac{1}{2}\int\cos u\mathrm{d}u$

$\xlongequal{\text{积分}} \dfrac{1}{2}\sin u+C \xlongequal{\text{回代 } 2x=u} \dfrac{1}{2}\sin 2x+C.$

任务 2 求 $\int(2x-1)^{10}\mathrm{d}x$.

［分析］ 利用第一换元积分法．

解 $\int(2x-1)^{10}\mathrm{d}x \xlongequal{\text{恒等变形}} \dfrac{1}{2}\int(2x-1)^{10}\cdot 2\mathrm{d}x$

$\xlongequal{\text{凑微分}} \dfrac{1}{2}\int(2x-1)^{10}\mathrm{d}(2x-1) \xlongequal{\text{令 } 2x-1=u} \dfrac{1}{2}\int u^{10}\mathrm{d}u$

$\xlongequal{\text{积分}} \dfrac{1}{22}u^{11}+C \xlongequal{\text{回代 } u=2x-1} \dfrac{1}{22}(2x-1)^{11}+C.$

任务 3 求 $\int\dfrac{1}{3-2x}\mathrm{d}x$.

［分析］ 利用第一换元积分法．

解 $\int\dfrac{1}{3-2x}\mathrm{d}x \xlongequal{\text{恒等变形}} -\dfrac{1}{2}\int\dfrac{1}{3-2x}.(-2)\mathrm{d}x$

$\xlongequal{\text{凑微分}} -\dfrac{1}{2}\int\dfrac{1}{3-2x}\mathrm{d}(3-2x) \xlongequal{\text{令 } 3-2x=u} -\dfrac{1}{2}\int\dfrac{1}{u}\mathrm{d}u$

$\xlongequal{\text{积分}} -\dfrac{1}{2}\ln|u|+C \xlongequal{\text{回代 } u=3-2x} -\dfrac{1}{2}\ln|3-2x|+C.$

任务 4 求 $\int\dfrac{\ln x}{x}\mathrm{d}x$.

[分析]　利用第一换元积分法.

解 $\int\frac{\ln x}{x}dx\xlongequal{\text{恒等变形}}\int\ln x\cdot\frac{1}{x}dx$

$\xlongequal{\text{凑微分}}\int\ln x d(\ln x)\xlongequal{\text{令}\ln x=u}\int u du$

$\xlongequal{\text{积分}}\frac{1}{2}u^2+C\xlongequal{\text{回代}\ln x=u}\frac{1}{2}(\ln x)^2+C.$

在熟练掌握方法后，可以略去“令 $\phi(x)=u$” 和 “回代 $u=\varphi(x)$” 的过程，直接利用积分基本公式求出结果.

任务 5　求 $\int\tan x dx$.

[分析]　对被积函数进行变形，利用第一换元积分法.

解 $\int\tan x dx=\int\frac{\sin x}{\cos x}dx=-\int\frac{1}{\cos x}d(\cos x)=-\ln|\cos x|+C.$

任务 6　求 $\int\frac{1}{\sqrt{4-x^2}}dx$.

[分析]　对被积函数进行变形，利用第一换元积分法.

解 $\int\frac{1}{\sqrt{4-x^2}}dx=\int\frac{1}{2\sqrt{1-\left(\frac{x}{2}\right)^2}}dx=\int\frac{1}{\sqrt{1-\left(\frac{x}{2}\right)^2}}d\left(\frac{x}{2}\right)=\arcsin\frac{x}{2}+C.$

[**解题方法总结**]　使用第一换元法求不定积分的关键是将被积表达式 $f(x)dx$ 凑成 $g(\varphi(x))\varphi'(x)dx$ 或 $g(u)du(u=\varphi(x))$，这样就把 $\int f(x)dx$ 转化为 $\int f(u)du$，而后者容易求出时，才算换元法成功.

[**结论**]　常见的能用凑微分法计算的积分归纳如下：

设 $\int f(u)du=F(u)+C$，则有：

(1) $\int f(ax+b)dx=\frac{1}{a}\int f(ax+b)d(ax+b)=\frac{1}{a}F(ax+b)+C$;

(2) $\int f(x^\alpha)x^{\alpha-1}dx=\frac{1}{\alpha}\int f(x^\alpha)dx^\alpha=\frac{1}{\alpha}F(x^\alpha)+C\quad(\alpha\neq0)$;

(3) $\int f(\ln x)\frac{1}{x}dx=\int f(\ln x)d(\ln x)=F(\ln x)+C$;

(4) $\int f(\sin x)\cos x dx=\int f(\sin x)d(\sin x)=F(\sin x)+C$;

(5) $\int f(\cos x)\sin x dx=\int f(\cos x)(-1)d(\cos x)=-F(\cos x)+C$;

(6) $\int f(\tan x)\frac{1}{\cos^2 x}dx=\int f(\tan x)d(\tan x)=F(\tan x)+C$;

(7) $\int f(e^x)e^x dx=\int f(e^x)de^x=F(e^x)+C$;

等等.

任务 7 求 $\int x\sqrt{x+1}\,\mathrm{d}x$.

[**分析**] 被积函数中含有 $\sqrt[n]{ax+b}$ 的形式，用根式代换.

解 令 $\sqrt{x+1}=t$，则 $x=t^2-1$，$\mathrm{d}x=\mathrm{d}(t^2-1)=2t\mathrm{d}t$.

$$\int x\sqrt{x+1}\,\mathrm{d}x=\int(t^2-1)t\cdot 2t\mathrm{d}t=2\int(t^4-t^2)\,\mathrm{d}t$$

$$=\frac{2}{5}t^5-\frac{2}{3}t^3+C=\frac{2}{5}(x+1)^{\frac{5}{2}}-\frac{2}{3}(x+1)^{\frac{3}{2}}+C.$$

任务 8 求 $\int\frac{1}{1+\sqrt{x}}\mathrm{d}x$.

[**分析**] 被积函数中含有 $\sqrt[n]{ax+b}$ 的形式，用根式代换.

解 令 $x=t^2$，则 $\mathrm{d}x=2t\mathrm{d}t$.

$$\int\frac{1}{1+\sqrt{x}}\,\mathrm{d}x=\int\frac{2t}{1+t}\,\mathrm{d}t=2\int\left(1-\frac{1}{t+1}\right)\mathrm{d}t=2t-2\ln|t+1|+C=2\sqrt{x}-2\ln(\sqrt{x}+1)+C.$$

[**解题方法总结**] 若观察到被积函数中含有 $\sqrt[n]{ax+b}$ 的形式，则可以用根式代换.

任务 9 求 $\int\sqrt{1-x^2}\,\mathrm{d}x$.

[**分析**] 当被积函数中含有 $\sqrt{a^2-x^2}$，$\sqrt{a^2+x^2}$ 或 $\sqrt{x^2-a^2}$ 时，可用三角代换.

解 令 $x=\sin t$，$t\in\left(-\frac{\pi}{2},\frac{\pi}{2}\right)$，则 $\mathrm{d}x=\cos t\mathrm{d}t$，$\sqrt{1-x^2}=\cos t$.

原式 $=\int\cos^2 t\mathrm{d}t=\int\frac{1+\cos 2t}{2}\mathrm{d}t=\left(\frac{t}{2}+\frac{\sin 2t}{4}\right)+C.$

如图 3.3.1 所示，根据 $x=\sin t$ 作一辅助直角三角形，利用边角关系来实现替换.

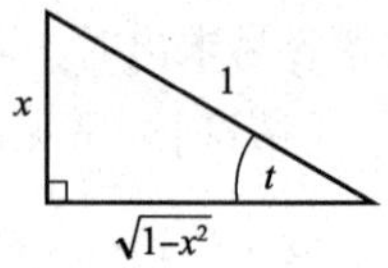

图 3.3.1

$$x=\sin t,\quad \cos t=\sqrt{1-x^2},$$

所以 $t=\arcsin x$，$\sin 2t=2\sin t.\ \cos t=2x\sqrt{1-x^2}$.

故 $\int\sqrt{a^2-x^2}\,\mathrm{d}x=\frac{1}{2}\arcsin x+\frac{x\sqrt{1-x^2}}{2}+C.$

任务 10 求 $\int\frac{1}{\sqrt{x^2+4}}\,\mathrm{d}x$.

解 令 $x=2\tan t$，$t\in\left(-\frac{\pi}{2},\frac{\pi}{2}\right)$，则

$$\mathrm{d}x=2\sec^2 t\mathrm{d}t,\qquad \sqrt{x^2+2^2}=2\sec t,$$

原式 $=\int\frac{2\sec^2 t\mathrm{d}t}{2\sec t}=\int\sec t\mathrm{d}t=\ln|\sec t+\tan t|+C.$

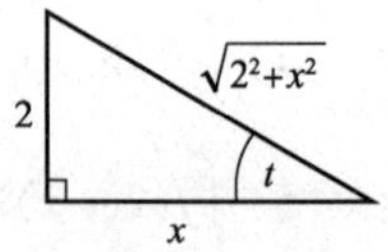

图 3.3.2

如图 3.3.2 所示，根据 $x=2\tan t$，利用直角三角形回代可得

$$\int\frac{1}{\sqrt{x^2+2^2}}\,\mathrm{d}x=\ln\left|\frac{x+\sqrt{x^2+2^2}}{2}\right|+C=\ln\left|x+\sqrt{x^2+2^2}\right|+C_1\quad(C_1=C-\ln 2).$$

[**解题方法总结**]　若观察到被积函数中含有$\sqrt{a^2-x^2}$，$\sqrt{a^2+x^2}$或$\sqrt{x^2-a^2}$，则可用三角代换.

[**结论**]　以三角式代换来消去二次根式，一般这种方法称为三角代换法. 一般地，根据被积函数的根式类型，常用的变换如下：

(1) 被积函数中含有$\sqrt{a^2-x^2}$，令$x=a\sin t$或$x=a\cos t$；

(2) 被积函数中含有$\sqrt{a^2+x^2}$，令$x=a\tan t$或$x=a\cot t$；

(3) 被积函数中含有$\sqrt{x^2-a^2}$，令$x=a\sec t$或$x=a\csc t$.

任务训练

1. 在下列各式等号的右端添上适当的系数，使等式成立.

(1) $\mathrm{d}x=$________ $\mathrm{d}(2x+3)$；　(2) $\frac{1}{x}\mathrm{d}x=$________ $\mathrm{d}(5\ln|x|+2)$；

(3) $x\mathrm{d}x=$________ $\mathrm{d}x^2$；　(4) $\mathrm{e}^{3x}\mathrm{d}x=$________ $\mathrm{d}\mathrm{e}^{3x}$；

(5) $\sin\frac{x}{2}\mathrm{d}x=$________ $\mathrm{d}\left(\cos\frac{x}{2}\right)$；　(6) $\frac{1}{\sqrt{x}}\mathrm{d}x=$________ $\mathrm{d}(\sqrt{x})$.

2. 求下列不定积分.

(1) $\int(x-3)^{10}\mathrm{d}x$；　(2) $\int\left(1+\frac{1}{2}x\right)^5\mathrm{d}x$；

(3) $\int\mathrm{e}^{4x}\mathrm{d}x$；　(4) $\int\frac{1}{1-4x}\mathrm{d}x$；

(5) $\int x^2(1+x^3)^2\mathrm{d}x$；　(6) $\int\frac{1+\ln x}{x}\mathrm{d}x$；

(7) $\int\mathrm{e}^x\sin\mathrm{e}^x\mathrm{d}x$；　(8) $\int\cot x\mathrm{d}x$；

(9) $\int\frac{\mathrm{e}^x\mathrm{d}x}{1+\mathrm{e}^x}$；　(10) $\int\frac{\sin x}{\cos^3x}\mathrm{d}x$；

(11) $\int\sin 3x\mathrm{d}x$；　(12) $\int\frac{1}{4+9x^2}\mathrm{d}x$；

(13) $\int\sec^4x\mathrm{d}x$；　(14) $\int\frac{x+1}{(x-1)^3}\mathrm{d}x$.

3. 用第二类换元积分法求下列不定积分.

(1) $\int\frac{\sqrt{x-1}}{x}\mathrm{d}x$；　(2) $\int\frac{1}{1+\sqrt{2x-3}}\mathrm{d}x$；

(3) $\int\frac{1}{\sqrt{4x^2-9}}\mathrm{d}x$；　(4) $\int\frac{1}{\sqrt{x^2+9}}\mathrm{d}x$；

(5) $\int\frac{x^2}{\sqrt{4-x^2}}\mathrm{d}x$.

任务四　掌握分部积分法

学习目标

（1）掌握分部积分公式．

（2）掌握 u 和 v 的选择规律．

知识准备

换元积分法是改换积分变量的积分方法．而分部积分法则是把一个积分分成两部分的积分方法，是根据函数乘积的微分公式转化成的积分公式．

设函数 $u=u(x)$，$v=v(x)$ 均具有连续导数，则由两个函数乘积的微分法则可得：

$$d(uv)=v\mathrm{d}u+u\mathrm{d}v \text{ 或 } u\mathrm{d}v=d(uv)-v\mathrm{d}u,$$

两边积分得

$$\int u\mathrm{d}v=\int d(uv)-\int v\mathrm{d}u,$$

即

$$\int u\mathrm{d}v=uv-\int v\mathrm{d}u.$$

上式称为**分部积分公式**．

分部积分公式的主要作用是把左边的不定积分 $\int u\mathrm{d}v$ 转化为右边的不定积分 $\int v\mathrm{d}u$，要求后一个积分较前一个积分要容易，否则，该转换是无意义的．故正确地选取 u 和 $\mathrm{d}v$ 是应用分部积分法的关键．下面举例介绍如何正确地选取 u 和 $\mathrm{d}v$．

（1）被积函数=幂函数×三角函数（或指数函数）时，选取 u=幂函数，$\mathrm{d}v$=三角函数（或指数函数）×$\mathrm{d}x$．

（2）被积函数=幂函数×反三角函数（或对数函数）时，选取 u=反三角函数（或对数函数），$\mathrm{d}v$=幂函数×$\mathrm{d}x$．

（3）被积函数=单一的反三角函数（或对数函数）时，选取 u=单一的函数，$v=x$．

（4）被积函数=指数函数×三角函数时，选择哪一个函数为 u 均可以．但该积分要经过两次积分，再解出所求的积分．

任务实施

任务 1　求 $\int xe^x\mathrm{d}x$．

[分析]　被积函数 = 幂函数 × 指数函数时，选取 u = 幂函数，$\mathrm{d}v$ = 指数函数 × $\mathrm{d}x$．

解　选 $u(x)=x,v(x)=e^x$．

原式 $=\int x(e^x)'\mathrm{d}x=\int x\mathrm{d}e^x=xe^x-\int e^x\mathrm{d}x=xe^x-e^x+C.$

任务2　求 $\int x\cos x\mathrm{d}x$.

［分析］　被积函数＝幂函数×三角函数时，选取u＝幂函数，$\mathrm{d}v$＝三角函数×$\mathrm{d}x$.

解　选 $u(x)=x, v(x)=\sin x$.

原式$=\int x(\sin x)'\mathrm{d}x=\int x\mathrm{d}\sin x=x\sin x-\int \sin x\mathrm{d}x=x\sin x+\cos x+C$.

任务3　求 $\int x^2\ln x\mathrm{d}x$.

［分析］　被积函数＝幂函数×对数函数时，选取u＝对数函数，$\mathrm{d}v$＝幂函数×$\mathrm{d}x$.

解　选 $u=\ln x, \mathrm{d}v=x^2\mathrm{d}x=\mathrm{d}\left(\frac{x^3}{3}\right)$.

原式$=\int \ln x\mathrm{d}\left(\frac{x^3}{3}\right)=\frac{x^3}{3}\ln x-\int \frac{x^3}{3}\mathrm{d}(\ln x)=\frac{x^3}{3}\ln x-\frac{1}{3}\int x^3\cdot\frac{1}{x}\mathrm{d}x$

$$=\frac{x^3}{3}\ln x-\frac{1}{9}x^3+C$$

$$=\frac{x^3}{9}(3\ln x-1)+C.$$

任务4　求 $\int x\arctan x\mathrm{d}x$.

［分析］　被积函数＝幂函数×反三角函数时，选取u＝反三角函数，$\mathrm{d}v$＝幂函数×$\mathrm{d}x$.

解

$$\int x\arctan x\mathrm{d}x=\int \arctan x\mathrm{d}\left(\frac{x^2}{2}\right)$$

$$=\frac{x^2}{2}\arctan x-\int\frac{x^2}{2}\mathrm{d}(\arctan x)$$

$$=\frac{x^2}{2}\arctan x-\frac{1}{2}\int\frac{x^2}{1+x^2}\mathrm{d}x$$

$$=\frac{x^2}{2}\arctan x-\frac{1}{2}\int\left(1-\frac{1}{1+x^2}\right)\mathrm{d}x$$

$$=\frac{x^2}{2}\arctan x-\frac{x}{2}+\frac{1}{2}\arctan x+C.$$

任务5　求 $\int \arccos x\mathrm{d}x$.

［分析］　被积函数＝单一的反三角函数（或对数函数）时，选取u＝单一的函数，$v=x$.

解　令 $u=\arccos x, \mathrm{d}x=\mathrm{d}v$，则

$$\int \arccos x\mathrm{d}x=x\cdot\arccos x-\int x\mathrm{d}(\arccos x)=x\cdot\arccos x+\int\frac{x}{\sqrt{1-x^2}}\mathrm{d}x$$

$$=x\cdot\arccos x-\frac{1}{2}\int\frac{\mathrm{d}(1-x^2)}{\sqrt{1-x^2}}=x\arccos x-\sqrt{1-x^2}+C.$$

任务6 求 $\int e^x \sin x dx$.

[分析] 被积函数=指数函数×三角函数时，选择哪一个函数为 u 均可以．但该积分要经过两次积分，再解出所求的积分．

解 令 $u=e^x, \sin xdx=d(-\cos x)=dv$，则

$$\int e^x \sin xdx=-e^x.\cos x+\int \cos xd(e^x)=-e^x.\cos x+\int e^x \cos xdx$$

$$=-e^x.\cos x+\int e^x d(\sin x)=e^x.(\sin x-\cos x)-\int \sin xd(e^x)$$

$$=e^x.(\sin x-\cos x)-\int e^x \sin xdx,$$

移项得
$$2\int e^x \sin xdx=e^x.(\sin x-\cos x)+C_1,$$

故
$$\int e^x \cos xdx=\frac{1}{2}e^x.(\sin x-\cos x)+C_1,\ C=\frac{1}{2}C_1.$$

任务训练

1. 填空题．

(1) 计算 $\int x\sin xdx$，可设 $u=$________，$dv=$________；

(2) 计算 $\int \arcsin xdx$，可设 $u=$________，$dv=$________；

(3) 计算 $\int x^2 \ln xdx$，可设 $u=$________，$dv=$________；

(4) 计算 $\int e^{-x} \cos xdx$，可设 $u=$________，$dv=$________；

(5) 计算 $\int x^2 \arctan xdx$，可设 $u=$________，$dv=$________．

2. 选择题．

(1) 若 $\int xf(x)dx=x\sin x-\int \sin xdx$，则 $f(x)=$（ ）．

A. $\sin x$　　B. $\cos x$　　C. $-\cos x$　　D. $-\sin x$

(2) 若 $f(x)$ 的一个原函数为 $\ln^2 x$，则 $\int xf'(x)dx=$（ ）．

A. $\ln x-\ln^2 x+C$　B. $2\ln x+\ln^2 x+C$　C. $2\ln x-\ln^2 x+C$　D. $\ln x+\ln^2 x+C$

3. 用分部积分法求下列不定积分．

(1) $\int x\sin xdx$；　　(2) $\int x\ln xdx$；

(3) $\int x^2 e^x dx$；　　(4) $\int \arcsin xdx$；

(5) $\int e^x \cos xdx$；　　(6) $\int \ln(1+x^2)dx$；

(7) $\int \arctan xdx$；　　(8) $\int xe^{-x} dx$；

(9) $\int \sin\sqrt{x}dx$；　　(10) $\int \sin x\cdot e^x dx$.

任务五　理解定积分的概念

学习目标

(1) 掌握定积分的概念.

(2) 理解定积分与不定积分的区别.

(3) 了解定积分的几何意义.

(4) 了解定积分的性质.

知识准备

定积分是积分学中又一个重要基本概念，它在自然科学和经济领域中有着广泛的应用.

一、定积分的实际背景

定积分概念

1. 曲边图形的面积

设 $y=f(x)$ 在区间 $[a,b]$ 上的非负、连续. 由直线 $x=a$，$x=b$，x 轴及曲线 $y=f(x)$ 所围成的图形（见图 3.5.1），称为曲边梯形，x 轴上的线段 $[a,b]$ 称为底，曲线 $y=f(x)$ 称为曲边，求曲边梯形面积 A.

由图 3.5.2 可知，若 $f(x)$ 在区间 $[a,b]$ 上是常数，则图形变成矩形，其面积为

$$矩形面积 = 底 \times 高.$$

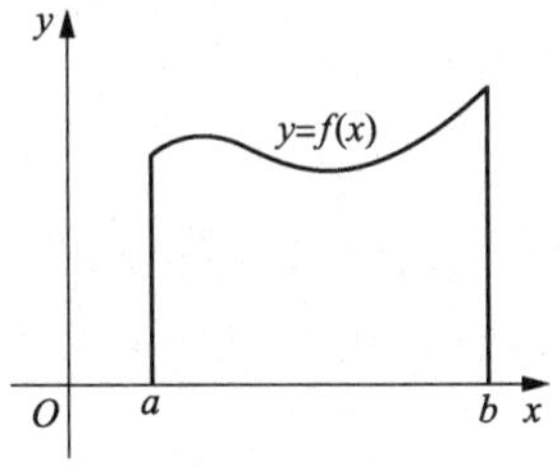

图　3.5.1

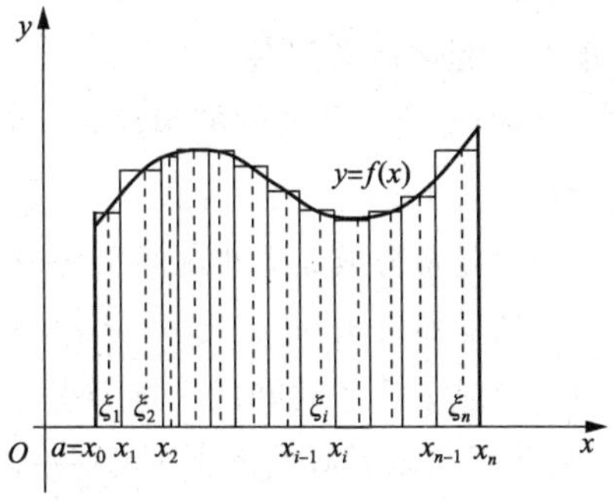

图　3.5.2

而对于一般的曲边梯形，由于其高 $f(x)$ 在区间 $[a,b]$ 上是变动的，因此无法直接用矩形面积公式去计算. 由于曲边梯形的高 $f(x)$ 在区间 $[a,b]$ 上是连续变化的，根据连续函数的性质，当区间很小时，高 $f(x)$ 的变化也很小，近似于不变. 因此，如果把区间 $[a,b]$ 分成许多小区间，在每个小区间上就可以用某一点处的高度近似代替该区间上的小曲边梯形的变高. 那么，每个小曲边梯形就可近似看成小矩形，所有小矩形面积之和就可作为曲边梯形面积的近似值. 如果将区间 $[a,b]$ 无限细分下去，即让每个小区间的长度都趋于零，这时所有小矩形面积之和的极限就可定义为曲边梯形的面积. 其具体步骤如下：

（1）划分区间——分成 n 个小曲边梯形

将 $[a,b]$ 任意分成 n 个小区间，设分点依次为

$$a = x_0 < x_1 < x_2 < \cdots < x_{i-1} < x_i < \cdots < x_{n-1} < x_n = b.$$

n 个小区间为 $[x_{i-1},x_i]$ $(i=1,2,\cdots,n)$，每个小区间长度记为 $\Delta x_i = x_i - x_{i-1}(i=1,2,\cdots,n)$；过各个分点作垂直于 x 轴的直线，将整个曲边梯形分成 n 个小曲边梯形（见图 3.5.2），小曲边梯形的面积记为 $\Delta A_i(i=1,2,\cdots,n)$.

（2）局部用矩形近似代替曲边梯形——以直代曲

在每个小区间 $[x_{i-1},x_i]$ 上任意取一点 $\xi_i(x_{i-1} \leqslant \xi_i \leqslant x_i)$，作以 $f(\xi_i)$ 为高、底边为 Δx_i 的小矩形（见图 3.5.2），其面积为 $f(\xi_i)\Delta x_i$，用此面积作为小曲边梯形的 ΔA_i 近似值，即

$$\Delta A_i \approx f(\xi_i)\Delta x_i. \quad (i=1,2,\cdots,n).$$

（3）求和得到曲边梯形面积的近似值——求 n 个小矩形面积的和

求 n 个小矩形面积的和，就得到曲边梯形面积 A 的近似值，即

$$A = \sum_{i=1}^{n} \Delta A_i \approx \sum_{i=1}^{n} f(\xi_i)\Delta x_i.$$

（4）取极限得到曲边梯形面积的精确值——由近似值过渡到精确值

令小区间长度的最大值 $\lambda = \max\limits_{1 \leqslant i \leqslant n}\{\Delta x_i\}$ 趋于零（这时分段数 n 无限增大，即 $n \to \infty$），若和式 $\sum\limits_{i=1}^{n} f(\xi_i)\Delta x_i$ 的极限存在，则此极限值就是曲边梯形面积 A 的精确值，即

$$A = \lim_{\lambda \to 0} \sum_{i=1}^{n} f(\xi_i)\Delta x_i.$$

综上所述，求曲边梯形的面积就可归结为求一个和式的极限.

2. 非均匀变化的总产量

设总产量的变化率是时间的函数 $P=P(t)$，求时间段 $[T_1,T_2]$ 内的总产量.

（1）划分时间段——将整个时间间隔分成 n 个小时间间隔

将 $[T_1,T_2]$ 任意分成 n 个小区间，任取分点为

$$T_1 = t_0 < t_1 < t_2 < \cdots < t_{i-1} < t_i < \cdots < t_{n-1} < t_n = T_2.$$

$[T_1,T_2]$ 分成 n 个小时间段，每个小时间段长为 $\Delta t_i = t_i - t_{i-1} \quad (i=1,2,\cdots,n)$.

（2）局部用均匀近似代替非均匀——以匀代变

任取时刻 $\xi_i \in [t_{i-1},t_i]$，以定变化率 $P(\xi_i)$ 作为 $[t_{i-1},t_i]$ 内的变化率 $P(t)$，设时间段 $[T_1,T_2]$ 内的总产量为 ΔQ_i，则

$$\Delta Q_i \approx P(\xi_i)\Delta t_i \quad (i=1,2,\cdots,n).$$

（3）求和得到总路程的近似值——求 n 个小时间间隔产量之和

把 n 个小段时间上的产量相加，就得到整个时间间隔内总产量 Q 的近似值，即

$$Q \approx \sum_{i=1}^{n} P(\xi_i)\Delta t_i.$$

（4）取极限得到总产量精确值——由近似值过渡到精确值.

为了求得整个时间间隔内的总产量，当 $\lambda = \max\limits_{1 \leqslant i \leqslant n}\{\Delta t_i\} \to 0$ 时，若上述总和的极限存在，则此极限值为非均匀变化的总产量的精确值，即

$$Q=\lim_{\lambda\to 0}\sum_{i=1}^{n}P(\xi_i)\Delta t_i.$$

综上所述，求非均匀变化的总产量也可归结为和式的极限．

上面两个实例，前者是几何量问题，后者是经济量问题，尽管它们的具体含义相差甚远，但解决问题的方法却完全相同，概括起来就是“分割、近似代替、求和、取极限”四个步骤，并且都最终归结为同一特定和式的极限．在其他的自然和科学技术领域当中，这样类似的问题也普遍存在．所以，抛开它们各自所代表的实际意义，抓住共同本质与特点加以概括，就抽象出定积分的定义．

二、定积分的定义

定义　设函数 $y=f(x)$ 是定义在区间 $[a,b]$ 上的有界函数，在中 $[a,b]$ 插入 $n-1$ 个分点

$$a=x_0<x_1<\cdots<x_{i-1}<x_i<\cdots<x_{n-1}<x_n=b,$$

把区间 $[a,b]$ 分成 n 个小区间

$$[x_0,x_1],[x_1,x_2],\cdots,[x_{i-1},x_i],\cdots,[x_{n-1},x_n].$$

第 i 个小区间 $[x_{i-1},x_i]$ 的长度记为 $\Delta x_i(i=1,2,\cdots,n)$，即

$$\Delta x_i=x_i-x_{i-1}\quad(i=1,2,\cdots,n),$$

在每个小区间 $[x_{i-1},x_i]$ 上任取一点 $\xi_i(x_{i-1}\leqslant\xi_i\leqslant x_i)$，作乘积

$$f(\xi_i)\Delta x_i\quad(i=1,2,\cdots,n)$$

把这 n 个乘积相加，得和式 $\sum\limits_{i=1}^{n}f(\xi_i)\Delta x_i$．如果不论对区间 $[a,b]$ 采取何种分法及 ξ_i 如何选取，当 $\lambda(\lambda=\max\{\Delta x_1,\Delta x_2,\cdots,\Delta x_n\})\to 0$ 时，和式的极限 $\lim\limits_{\lambda\to 0}\sum\limits_{i=1}^{\infty}f(\xi_i)\Delta x_i$ 存在，则称此极限值为函数 $f(x)$ 区间 $[a,b]$ 上的**定积分**，记作 $\int_a^b f(x)\,\mathrm{d}x$，即

$$\int_a^b f(x)\,\mathrm{d}x=\lim_{\lambda\to 0}\sum_{i=1}^{n}f(\xi_i)\Delta x_i.$$

式中，符号“$\int$”称为**积分号**；$f(x)$ 称为**被积函数**；$f(x)\mathrm{d}x$ 称为**被积表达式**；x 称为**积分变量**；a 称为**积分下限**；b 称为**积分上限**；$[a,b]$ 称为**积分区间**．

根据定积分的定义，上述两个问题可如下表示：

（1）由直线 $x=a$，$x=b$，x 轴及曲线 $y=f(x)$ 所围成曲边梯形的面积是曲线 $y=f(x)$ 在区间 $[a,b]$ 上的定积分

$$A=\int_a^b f(x)\,\mathrm{d}x.$$

（2）总产量的变化率是 $P=P(t)$，则时间段 $[T_1,T_2]$ 内的总产量为

$$s=\int_{T_1}^{T_2}p(t)\,\mathrm{d}t.$$

注意：(1) 因为定积分是一个“和式的极限”，是一个确定的数值，它与 $[a,b]$ 的分法无关，与 ξ_i 的取法也无关，也就是说定积分只与积分区间 $[a,b]$ 和被积函数 $f(x)$ 有关，而与积分变量 x 无关，即

$$\int_a^b f(x)\,dx = \int_a^b f(u)\,du = \int_a^b f(t)\,dt.$$

（2）定积分的定义中假设 $a<b$，若 $a>b$ 时，则规定

$$\int_a^b f(x)\,dx = -\int_b^a f(x)\,dx.$$

即交换定积分的上下限，定积分的值变号.

（3）当 $a=b$ 时，规定 $\int_a^b f(x)\,dx = 0$.

（4）定积分与不定积分的区别：定积分 $\int_a^b f(x)\,dx = \lim\limits_{\lambda\to 0}\sum\limits_{i=1}^{n} f(\xi_i)\Delta x_i$ 表示一个实数；不定积分 $\int f(x)\,dx = F(x)+C$ 表示一簇函数.

定积分的几何意义

三、定积分的几何意义

（1）当 $[a,b]$ 上的函数 $f(x)\geqslant 0$ 时，定积分 $\int_a^b f(x)\,dx$ 表示由 $y=f(x)$，$x=a,x=b$ 和 x 轴所围成的曲边梯形的面积，如图 3.5.1 所示.

（2）当 $[a,b]$ 上的函数 $f(x)\leqslant 0$ 时，定积分 $\int_a^b f(x)\,dx$ 表示由 $y=f(x)$，$x=a,x=b$ 和 x 轴所围成的曲边梯形面积的相反数，如图 3.5.3 所示.

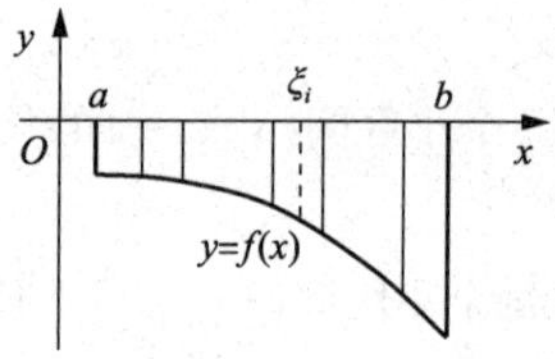

图 3.5.3

（$f(x)\leqslant 0 \Rightarrow -f(x)\geqslant 0$，此时的曲边梯形的面积是

$$A = \lim_{\|\Delta x\|\to 0}\sum_{i=1}^{n}[-f(\xi_i)]\Delta x_i = -\lim_{\|\Delta x\|\to 0}\sum_{i=1}^{n} f(\xi_i)\Delta x_i = -\int_a^b f(x)\,dx.）$$

（3）当 $[a,b]$ 上的函数 $f(x)$ 有正有负时，由上述（1）、（2）可知，定积分 $\int_a^b f(x)\,dx$ 的几何意义表示由 $y=f(x)$，$x=a,x=b$ 和 x 轴所围成的 x 轴上方图形的面积减去 x 轴下方图形的面积之和，如图 3.5.4 所示．称 $\int_a^b f(x)\,dx$ 为曲边梯形的代数和面积.

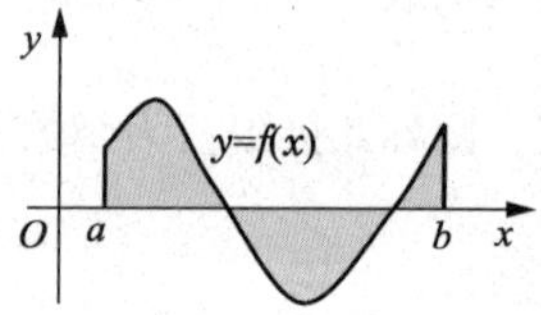

图 3.5.4

定积分的性质

四、定积分的性质

假定函数 $f(x)$，$g(x)$ 在讨论的区间上是可积的，由定积分的定义或几何意义，容易得出下面的几个性质：

性质 1（定积分的线性性质） 两个函数的和（差）的定积分等于它们的定积分的和（差），即

$$\int_a^b [f(x)\pm g(x)]\,dx = \int_a^b f(x)\,dx \pm \int_a^b g(x)\,dx.$$

性质 1 可推广到有限个函数的和（差）情形，即

$$\int_a^b [f_1(x)\pm f_2(x)\pm\cdots\pm f_n(x)]\,dx = \int_a^b f_1(x)\,dx \pm \int_a^b f_2(x)\,dx \pm\cdots\pm \int_a^b f_n(x)\,dx.$$

性质 2　被积函数的常数因子可以提到积分号外，即

$$\int_a^b kf(x)\,dx = k\int_a^b f(x)\,dx.$$

性质 2 的推论：$$\int_a^b dx = b - a.$$

性质 3（积分区间的可加性）　对于三个任意的数 a,b,c，总有

$$\int_a^b f(x)\,dx = \int_a^c f(x)\,dx + \int_c^b f(x)\,dx.$$

注意：c 可以在 a，b 之内，也可以在 a，b 之外．

性质 4（积分不等式）　如果在区间$[a,b]$上，$f(x)\geqslant g(x)$，那么 $\int_a^b f(x)\,dx \geqslant \int_a^b g(x)\,dx$.

推论：若$f(x)$在$[a,b]$上，$f(x)\geqslant 0$，则 $\int_a^b f(x)\,dx \geqslant 0$.

性质 5（积分估值定理）　如果 M 和 m 分别是函数$f(x)$在$[a,b]$区间上的最大值和最小值，则

$$m(b-a)\leqslant \int_a^b f(x)\,dx \leqslant M(b-a).$$

性质 6（积分中值定理）　如果函数$f(x)$在区$[a,b]$间上连续，那么在区$[a,b]$间上至少存在一点 ξ，使得 $\int_a^b f(x)\,dx = f(\xi)(b-a)$，$(a\leqslant\xi\leqslant b)$成立．

如图 3.5.5 所示，在上$[a,b]$至少存在一个点 ξ，使得以$[a,b]$为底边，以 $y=f(x)$ 为曲边的曲边梯形面积恰好等于同一底边而高为$f(\xi)$的矩形的面积．

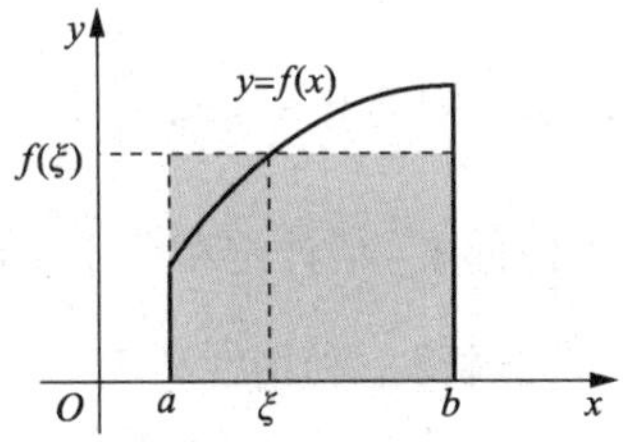

图　3.5.5

性质 7（对称区间上奇偶函数的积分性质）　设$f(x)$在对称区间$[-a,a]$上连续，则有：

（1）如果$f(x)$为奇函数，则 $\int_{-a}^{a} f(x)\,dx = 0$；

（2）如果$f(x)$为偶函数，则 $\int_{-a}^{a} f(x)\,dx = 2\int_0^a f(x)\,dx$.

任务实施

任务 1　用定积分表示图 3.5.6 中各图形阴影部分的面积，并根据定积分的几何定义求出其值．

［分析］　根据定积分几何意义，定积分可以计算曲边梯形面积．

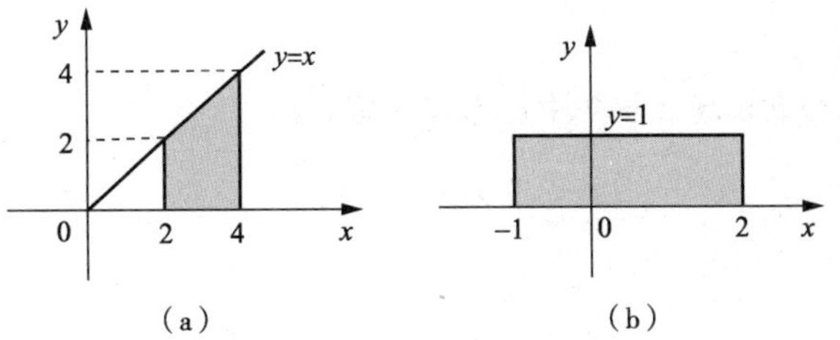

图　3.5.6

解 （1）在图 3.5.6（a）中，被积函数$f(x)=x$在区间$[2,4]$上连续，且$f(x)>0$，根据定积分的几何定义，阴影部分的面积为$A=\int_1^2 x\mathrm{d}x=\frac{(2+4)\times 1}{2}=3$.

（2）在图 3.5.6（b）中，被积函数$f(x)=1$在区间$[-1,2]$上连续，且$f(x)>0$，根据定积分的几何定义，图中阴影部分的面积为$\int_{-1}^{2} 1\mathrm{d}x=1\times[2-(-1)]=3$.

任务 2 已知$\int_0^1 x^2\mathrm{d}x=\frac{1}{3}$，$\int_0^3 x^2\mathrm{d}x=9$，求$\int_1^3 x^2\mathrm{d}x$.

[分析] 利用性质 3（积分区间的可加性）：对于三个任意的数a,b,c，总有

$$\int_a^b f(x)\mathrm{d}x=\int_a^c f(x)\mathrm{d}x+\int_c^b f(x)\mathrm{d}x.$$

解 根据性质3，得 $\int_0^3 x^2\mathrm{d}x=\int_0^1 x^2\mathrm{d}x+\int_1^3 x^2\mathrm{d}x$，

所以
$$\int_1^3 x^2\mathrm{d}x=\int_0^3 x^2\mathrm{d}x-\int_0^1 x^2\mathrm{d}x=9-\frac{1}{3}=\frac{26}{3}.$$

任务 3 比较$\int_0^{\frac{\pi}{2}} x\mathrm{d}x$与$\int_0^{\frac{\pi}{2}} \sin x\mathrm{d}x$的大小.

[分析] 利用性质 4（积分不等式）：如果在区间$[a,b]$上，$f(x)\geqslant g(x)$，那么$\int_a^b f(x)\mathrm{d}x\geqslant\int_a^b g(x)\mathrm{d}x$.

解 因为$0\leqslant x\leqslant\frac{\pi}{2}$时，有$\sin x\leqslant x$，所以由性质 4 可知$\int_0^{\frac{\pi}{2}} x\mathrm{d}x\geqslant\int_0^{\frac{\pi}{2}}\sin x\mathrm{d}x$.

任务 4 估计定积分$\int_{\pi}^{3\pi}(1+\sin^2 x)\mathrm{d}x$的值.

[分析] 利用性质 5（积分估值定理）：如果M和m分别是函数$f(x)$在$[a,b]$区间上的最大值和最小值，则

$$m(b-a)\leqslant\int_a^b f(x)\mathrm{d}x\leqslant M(b-a).$$

解 因为在$[\pi,3\pi]$上，$f(x)=1+\sin^2 x$是连续的，且有最大值 2，最小值$m=1$，所以由性质 5，得$1(3\pi-\pi)\leqslant\int_{\pi}^{3\pi}(1+\sin^2 x)\mathrm{d}x\leqslant 2(3\pi-\pi)$，

即
$$2\pi\leqslant\int_{\pi}^{3\pi}(1+\sin^2 x)\mathrm{d}x\leqslant 4\pi.$$

任务训练

1. 利用定积分表示图 3.5.7 中阴影部分的面积.

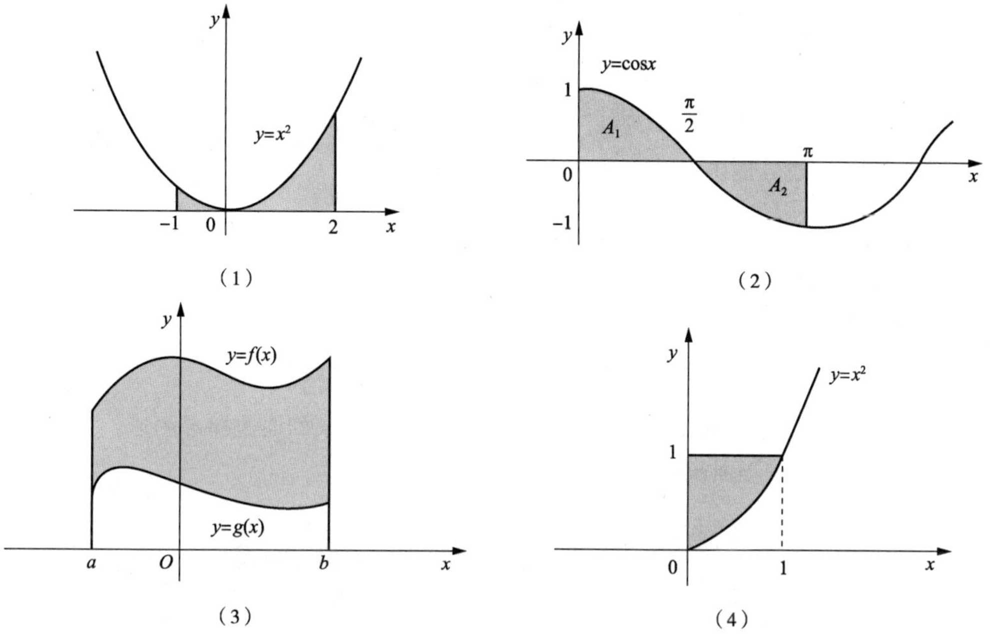

图　3.5.7

2. 选择题.

(1) 设定积分 $a=\int_0^2 x^2\mathrm{d}x$，$b=\int_0^2 x^3\mathrm{d}x$，$c=\int_0^2 \sin x\mathrm{d}x$，则 a,b,c 的大小关系是(　　).

A. $a<c<b$　　B. $a<b<c$　　C. $c<b<a$　　D. $c<a<b$

(2) 在区间 $[-1,2]$ 上，函数 $f(x)=1$，则 $\int_{-1}^2 \mathrm{d}x=$ (　　).

A. 2　　B. 3　　C. 6　　D. 不能确定

(3) 定积分 $\int_a^b f(x)\mathrm{d}x$ 是(　　).

A. $f(x)$ 的一个原函数　　B. $f(x)$ 的所有原函数

C. 任意常数　　D. 确定常数

(4) 定积分 $\int_a^a f(x)\mathrm{d}x=$ (　　).

A. 2　　B. -1　　C. 1　　D. 0

(5) $\int_a^b f(x)\mathrm{d}x$ 与 $\int_b^a f(x)\mathrm{d}x$ 的关系是(　　).

A. 相等　　B. 没关系　　C. 相反数　　D. 0

(6) 已知 $f(x)$ 为偶函数，$\int_0^6 f(x)\mathrm{d}x=\frac{1}{2}$；则 $\int_{-6}^6 f(x)\mathrm{d}x=$ (　　).

A. 2　　B. 4　　C. 1　　D. -1

3. 根据定积分的性质，说明下列每组积分中哪一个的值大.

(1) $\int_1^2 x^2\mathrm{d}x$ 与 $\int_1^2 x^4\mathrm{d}x$；　　(2) $\int_0^{\frac{\pi}{4}} \cos x\mathrm{d}x$ 与 $\int_0^{\frac{\pi}{4}} \sin x\mathrm{d}x$；

(3) $\int_0^1 e^x dx$ 与 $\int_0^1 3^x dx$；　　(4) $\int_0^1 x dx$ 与 $\int_0^1 \ln x dx$.

4. 已知 $f(x)=\begin{cases}-x, & x\leqslant 0\\ x, & x>0\end{cases}$，则定积分 $\int_{-1}^{2} f(x)dx$ 可以表示成哪两个定积分之和？

5. 利用定积分性质化简 $\int_{-3}^{-1} f(x)dx+\int_{-1}^{2} f(x)dx$.

6. 设 $\int_{-1}^{1} f(x)dx=5$，求 $\int_{-1}^{1} 2f(x)dx$，$\int_{1}^{-1} f(x)dx$，$\int_{-1}^{1} \frac{1}{3}[f(x)+1]dx$.

7. 估计下列各积分的值.

(1) $\int_1^2 (x^2+1)dx$；　　(2) $\int_{\frac{\pi}{6}}^{\frac{\pi}{3}} \sin x dx$.

8. 请画出曲线 $y=\ln x$ 与 x 轴，直线 $x=1, x=3$ 所围成的曲边梯形图形，并用定积分表示该曲边梯形面积 .

任务六　掌握微积分基本公式

学习目标

（1）理解变上限积分函数的定义 .

（2）掌握牛顿-莱布尼茨公式 .

（3）掌握使用牛顿-莱布尼茨公式求定积分的步骤 .

知识准备

从定义知道，定积分是一个和式的极限，但是直接求和式极限是困难的，为了避免烦琐计算，人们必须寻找计算定积分的简单方法 . 为了解决这一问题，应该进一步研究微分和积分、定积分和不定积分的内在联系 .

一、变上限积分

变上限积分函数

设函数 $f(x)$ 在区间 $[a,b]$ 上可积，对于任意 $x\in[a,b]$，则 $\int_a^x f(x)dx$ 存在 . 这里 x 一方面表示积分变量，另一方面又表示积分上限，为避免混淆，改为用 t 表示积分变量（因定积分值与积分变量用什么字母无关），于是有 $\int_a^x f(t)dt$.

这个积分只与上限有关，因被积函数和下限都已确定，即对于每一个 $x\in[a,b]$，都有一个确定值 $\int_a^x f(t)dt$ 与之对应 . 它是定义在 $[a,b]$ 上的一个函数 . 记为

$$\Phi(x)=\int_a^x f(t)dt, x\in[a,b].$$

式中，$\Phi(x)$ 称为**变上限定积分**，有时又称**变上限积分函数** . 变上限的定积分提供了表达函数的新方法 .

变上限积分函数的几何意义是：

如果 $f(x)>0$，对 $[a,b]$ 上任意 x，都对应唯一一个曲边梯形的面积 $\Phi(x)$，如

图 3.6.1 中的阴影部分．因此变上限积分函数有时又称面积函数．

函数 $\Phi(x)$ 具有如下重要性质．

定理 1（原函数存在定理）　如果函数 $f(x)$ 在 $[a,b]$ 上连续，则它的变上限积分

$$\Phi(x)=\int_a^x f(t)\,\mathrm{d}t$$

就是 $f(x)$ 的一个原函数．

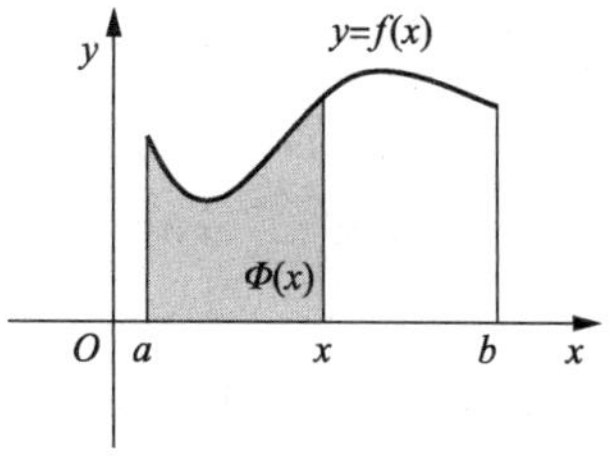

图　3.6.1

二、微积分基本定理

N-L公式

定理 2（微积分基本定理）　设 $f(x)$ 在区间 $[a,b]$ 上连续，$F(x)$ 是 $f(x)$ 在 $[a,b]$ 上的一个原函数，则

$$\int_a^b f(x)\,\mathrm{d}x=F(x)\Big|_a^b=F(b)-F(a).$$

证明　因为 $F(x),\Phi(x)=\int_a^x f(t)\,\mathrm{d}t$ 都是 $f(x)$ 的原函数，

所以 $F(x)-\Phi(x)=C$　（C 为常数，$a\leqslant x\leqslant b$），

即
$$F(x)=\int_a^x f(t)\,\mathrm{d}t+C.$$

令 $x=a$，代入上式，得 $F(a)=\int_a^a f(t)\,\mathrm{d}t+C=C$，

于是
$$F(x)=\int_a^x f(t)\,\mathrm{d}t+F(a),$$

再令 $x=b$，代入上式，得

$$F(b)=\int_a^b f(t)\,\mathrm{d}t+F(a),$$

所以
$$\int_a^b f(t)\,\mathrm{d}t=F(b)-F(a).$$

由于定积分的值与积分变量无关，故得 $\int_a^b f(x)\,\mathrm{d}x=F(b)-F(a)$.

上式称为**牛顿-莱布尼茨**（Newton-Leibniz）**公式**．该公式是 17 世纪后叶由牛顿与莱布尼茨各自独立地提出的，它揭示了定积分与导数的逆运算之间的关系，因此也称微积分基本公式．为了方便使用，牛顿-莱布尼茨公式也可写成下面的形式：

$$\int_a^b f(x)\,\mathrm{d}x=[F(x)]_a^b=F(x)\Big|_a^b$$

牛顿-莱布尼茨公式揭示了定积分与不定积分之间的内在联系，它把求定积分的问题转化为求原函数的问题，给定积分的计算提供了简便而有效的方法．

任务实施

任务 1　设 $\Phi(x)=\int_{\frac{\pi}{4}}^x t^2\sin t\,\mathrm{d}t$，求 $\Phi'(x),\Phi'(0),\Phi'\left(\frac{\pi}{2}\right)$.

[分析]　根据原函数存在定理，对变上限积分求导等于被积函数．

解 $\Phi'(x)=\left[\int_{\frac{\pi}{4}}^{x}t^2\sin t\mathrm{d}t\right]_x'=x^2\sin x$,

$\Phi'(0)=0^2\times\sin 0=0$,

$\Phi'\left(\frac{\pi}{2}\right)=\left(\frac{\pi}{2}\right)^2\times\sin\frac{\pi}{2}=\frac{\pi^2}{4}.$

任务 2 计算 $\int_0^1 x^3\mathrm{d}x$.

[**分析**] 利用牛顿-莱布尼茨公式求解．

解 因为 $\int x^3\mathrm{d}x=\frac{1}{4}x^4+C$，所以

$$\int_0^1 x^3\mathrm{d}x=\frac{1}{4}x^4\Big|_0^1=\frac{1}{4}\times1^4-\frac{1}{4}\times0^4=\frac{1}{4}.$$

定积分例题

任务 3 求 $\int_1^2\left(x+\frac{1}{x}\right)^2\mathrm{d}x$.

[**分析**] 先去掉被积函数的平方，再利用牛顿-莱布尼茨公式求解．

解 $\int_1^2\left(x+\frac{1}{x}\right)^2\mathrm{d}x=\int_1^2\left(x^2+2+\frac{1}{x^2}\right)\mathrm{d}x=\left(\frac{x^3}{3}+2x-\frac{1}{x}\right)\Big|_1^2=4\frac{5}{6}.$

任务 4 求 $\int_0^{\frac{1}{2}}\frac{1}{\sqrt{1-x^2}}\mathrm{d}x$.

[**分析**] 利用牛顿-莱布尼茨公式求解．

解 $\int_0^{\frac{1}{2}}\frac{1}{\sqrt{1-x^2}}\mathrm{d}x=\arcsin x\Big|_0^{\frac{1}{2}}=\arcsin\frac{1}{2}-\arcsin 0=\frac{\pi}{6}-0=\frac{\pi}{6}.$

任务 5 求 $\int_0^1\frac{x^2}{1+x^2}\mathrm{d}x$.

[**分析**] 对被积函数进行变形，再利用牛顿-莱布尼茨公式求解．

解 $\int_0^1\frac{x^2}{1+x^2}\mathrm{d}x=\int_0^1\frac{x^2+1-1}{1+x^2}\mathrm{d}x=\int_0^1\left(1-\frac{1}{1+x^2}\right)\mathrm{d}x$

$$=[x-\arctan x]_0^1=[(1-\arctan 1)-(0-\arctan 0)]=-1-\frac{\pi}{4}.$$

任务 6 求 $\int_{-1}^{1}\sqrt{x^2}\mathrm{d}x$.

[**分析**] 将被积函数写成分段函数，划分区间，再利用牛顿-莱布尼茨公式求解.

解 $\sqrt{x^2}=|x|$在$[-1,1]$上写成分段函数的形式为

$$f(x)=\begin{cases}-x, & -1\leqslant x<0,\\ x, & 0\leqslant x\leqslant 1,\end{cases}$$

$$\int_{-1}^{1}\sqrt{x^2}\mathrm{d}x=\int_{-1}^{0}(-x)\mathrm{d}x+\int_0^1 x\mathrm{d}x=-\frac{x^2}{2}\Big|_{-1}^{0}+\frac{x^2}{2}\Big|_0^1=1.$$

[**解题方法总结**] 利用牛顿-莱布尼茨公式计算定积分是可根据不定积分积分法，求出原函数，再代入积分上下限．

任务训练

1. 填空题.

(1) $\frac{d}{dx}\int_0^1 \sin x^2 dx=$________；　$\frac{d}{dx}\int \sin x^2 dx=$________；

(2) $\frac{d}{dx}\int_0^x \sin t^2 dt=$________；　$\frac{d}{dx}\int_x^0 \sin t^2 dt=$________；

(3) $\int_0^1 x^2 dx=$________；　$\int_1^e \frac{1}{x} dx=$________；

$\int_{-1}^1 \frac{1}{1+x^2} dx=$________；　$\int_0^{\frac{\pi}{4}} \cos x dx=$________.

2. 选择题.

(1) 变上限积分 $\int_a^x f(t)dt$ 是（　　）.

A. $f'(x)$的一个原函数　　B. $f'(x)$的全体原函数

C. $f(x)$的一个原函数　　D. $f(x)$的全体原函数

(2) 若 $\int_0^1 (2x+k)dx=2$，则 $k=$（　　）.

A. 0　　B. -1　　C. 1　　D. $\frac{1}{2}$

(3) 设 $F(x)$是连续函数 $f(x)$在区间$[a,b]$上的一个原函数，下列为牛顿-莱布尼茨公式的是（　　）.

A. $\int_a^b F(x)dx=F(b)-F(a)$　　B. $\int_a^b f(x)dx=F(b)-F(a)$

C. $\int_a^b f(x)dx=f(x)\big|_a^b$　　D. $\int_a^b F(x)dx=F(x)\big|_a^b$

(4) 下列说法正确的是（　　）.

A. 定积分表示被积函数的全体原函数

B. 定积分的结果是一个值

C. 定积分只有一个原函数

D. 定积分的结果是一个函数

(5) $\int_0^1 (x^{10}\cdot e^x)'dx=$（　　）.

A. 0　　B. -1　　C. 1　　D. e

(6) 若 $\int_1^b \ln x dx=1$，则 $b=$（　　）.

A. 0　　B. e　　C. 1　　D. 任意实数

3. 求下列定积分的值.

(1) $\int_0^1 (2^x+x^2)dx$；　(2) $\int_0^1 \frac{x^2-2\sqrt{x}+x}{x}dx$；

(3) $\int_4^9 \sqrt{x}(1+\sqrt{x})dx$；　(4) $\int_0^2 e^x(1-e^{-x})dx$；

(5) $\int_0^{\frac{\pi}{2}} \sin^2 \frac{x}{2} \mathrm{d}x$；

(6) $\int_0^1 2^x \mathrm{e}^x \mathrm{d}x$；

(7) $\int_0^{\pi} |\cos x| \mathrm{d}x$；

(8) $\int_0^2 |x-1| \mathrm{d}x$；

(9) $\int_0^2 \mathrm{e}^{\frac{x}{2}} \mathrm{d}x$；

(10) $\int_0^2 \frac{x}{1+x^2} \mathrm{d}x$；

(11) $\int_1^{\mathrm{e}} \frac{\ln x}{x} \mathrm{d}x$；

(12) $\int_{-1}^{1} (x-1)^3 \mathrm{d}x$.

4. 计算 $\Phi(x)=\int_0^x \sin t^2 \mathrm{d}t$ 在 $x=0, x=\frac{\sqrt{\pi}}{2}$ 处的导数.

任务七 掌握定积分的积分法

学习目标

(1) 了解定积分的换元积分法的原则.

(2) 掌握定积分换元后的上下限.

(3) 掌握定积分的分部积分公式.

知识准备

由于微积分基本定理建立了定积分与不定积分的联系，因而应用微积分基本定理和不定积分的公式便可以解决定积分的计算问题. 与不定积分不同，定积分有上下限，因此处理好积分限是定积分运算的关键.

一、定积分的换元积分法

定理 1 定积分的换元积分公式为

$$\int_a^b f(x)\mathrm{d}x \xlongequal{令\ x=\varphi(t)} \int_\alpha^\beta f(\varphi(t))\varphi'(t)\mathrm{d}t. \tag{1}$$

其中函数 $f(x)$ 在 $[a,b]$ 上连续. $x=\varphi(t)$ 满足下面条件：

(1) $\varphi'(t)$ 在 $[\alpha,\beta]$ 上连续；

(2) 当 t 从 α 变到 β 时，$x=\varphi(t)$ 从 $\varphi(\alpha)=a$ 单调地变到 $\varphi(\beta)=b$.

二、定积分的分部积分法

定理 2 设函数 $u(x)$ 与 $v(x)$ 均在区间 $[a,b]$ 上有连续的导数，则有

$$\int_a^b u\mathrm{d}v = (uv)\big|_a^b - \int_a^b v\mathrm{d}u. \tag{2}$$

式 (2) 称为定积分的分部积分公式，其中 a 与 b 是自变量 x 的下限与上限.

使用该公式时要注意，把先积出来的那一部分代上下限求值，余下的部分继续积分. 这样做比完全把原函数求出来再代上下限简便一些.

任务实施

任务 1 求 $\int_0^3 \frac{x}{\sqrt{1+x}}\mathrm{d}x$.

[分析] 当被积函数中含有 $\sqrt[n]{ax+b}$ 的形式时，则可以用根式代换 .

解 令 $\sqrt{1+x}=t$，则 $x=t^2-1$，$\mathrm{d}x=2t\mathrm{d}t$. 当 $x=0$ 时，$t=1$；当 $x=3$ 时，$t=2$.

$$\int_0^3 \frac{x}{\sqrt{1+x}}\mathrm{d}x=\int_1^2 \frac{t^2-1}{t}\cdot 2t\mathrm{d}t=2\int_1^2 (t^2-1)\mathrm{d}t=2\left[\frac{1}{3}t^3-t\right]_1^2=\frac{8}{3}.$$

任务 2 求 $\int_0^1 \sqrt{1-x^2}\mathrm{d}x$.

[分析] 当被积函数中含有 $\sqrt{a^2-x^2}$，$\sqrt{a^2+x^2}$ 或 $\sqrt{x^2-a^2}$ 时，可用三角代换 .

解 令 $x=\sin t\left(-\frac{\pi}{2}<t<\frac{\pi}{2}\right)$，则 $\mathrm{d}x=\cos t\mathrm{d}t$，当 $x=0$ 时，$t=0$；当 $x=a$ 时，$t=\frac{\pi}{2}$.

$$\begin{aligned}\int_0^1 \sqrt{1-x^2}\mathrm{d}x &= \int_0^{\frac{\pi}{2}} \cos t\cdot\cos t\mathrm{d}t\\ &=\frac{1}{2}\int_0^{\frac{\pi}{2}}(1+\cos 2t)\mathrm{d}t\\ &=\frac{1}{2}\left[t+\frac{1}{2}\sin 2t\right]\Bigg|_0^{\frac{\pi}{2}}=\frac{\pi}{4}.\end{aligned}$$

任务 3 求 $\int_0^{\frac{\pi}{2}} \cos^3 x\sin x\mathrm{d}x$.

[分析] 可利用变量替换方法，也可利用凑微分法.

解　法一 设 $t=\cos x$，则 $\mathrm{d}t=-\sin x\mathrm{d}x$. 当 $x=0$ 时，$t=1$；当 $x=\frac{\pi}{2}$ 时，$t=0$. 于是

$$\int_0^{\frac{\pi}{2}} \cos^3 x\sin x\mathrm{d}x=\int_1^0 t^3\cdot(-\mathrm{d}t)=\int_0^1 t^3\mathrm{d}t=\left[\frac{1}{4}t^4\right]_0^1=\frac{1}{4}.$$

法二

$$\int_0^{\frac{\pi}{2}} \cos^3 x\sin x\mathrm{d}x=-\int_0^{\frac{\pi}{2}} \cos^3 x\mathrm{d}\cos x=\left[-\frac{1}{4}\cos^4 x\right]_0^{\frac{\pi}{2}}=\frac{1}{4}.$$

解法一是变量替换，上下限要改变；解法二是凑微分，变量没有替换，因而上下限不改变 .

注： 在使用定积分的换元公式时，需注意改变积分变量时必须同时改变积分上、下限，简称为换元必换限 . 但如果没有换元则不必改变积分上、下限，简称为不换元则不换限 .

任务 4 证明

(1) 若 $f(x)$ 在 $[-a,a]$ 上连续且为偶函数时，则有 $\int_{-a}^a f(x)\mathrm{d}x=2\int_0^a f(x)\mathrm{d}x$；

(2) 若 $f(x)$ 在 $[-a,a]$ 上连续且为奇函数时，则有 $\int_{-a}^a f(x)\mathrm{d}x=0$.

［分析］ 利用定积分的积分区间可加性求解．

证明 因为$\int_{-a}^{a} f(x)\mathrm{d}x=\int_{-a}^{0} f(x)\mathrm{d}x+\int_{0}^{a} f(x)\mathrm{d}x$.

在$\int_{-a}^{0} f(x)\mathrm{d}x$中，令$x=-t$，则$\mathrm{d}x=-\mathrm{d}t$.

当$x=-a$时，$t=a$；当$x=0$时，$t=0$. 所以

$$\int_{-a}^{0} f(x)\mathrm{d}x=-\int_{-a}^{0} f(-t)\mathrm{d}t=\int_{0}^{a} f(-t)\mathrm{d}t=\int_{0}^{a} f(-x)\mathrm{d}x;$$

$$\int_{-a}^{a} f(x)\mathrm{d}x=\int_{0}^{a} f(-x)\mathrm{d}x+\int_{0}^{a} f(x)\mathrm{d}x=\int_{0}^{a}[f(-x)+f(x)]\mathrm{d}x.$$

（1）若$f(x)$是偶函数，则$f(-x)=f(x)$，那么$f(-x)+f(x)=2f(x)$.

因此
$$\int_{-a}^{a} f(x)\mathrm{d}x=\int_{0}^{a} 2f(x)\mathrm{d}x=2\int_{0}^{a} f(x)\mathrm{d}x.$$

（2）若$f(x)$是奇函数，则$f(-x)=-f(x)$，那么$f(-x)+f(x)=0$.

因此
$$\int_{-a}^{a} f(x)\mathrm{d}x=0.$$

利用上述结论，常可简化计算奇、偶函数在对称于原点区间上的定积分.

任务5 求$\int_{1}^{2} x\ln x\mathrm{d}x$.

［分析］ 利用分部积分法求解．

解 $\int_{1}^{2} x\ln x\mathrm{d}x=\frac{1}{2}\int_{1}^{2}\ln x\mathrm{d}(x^2)=\frac{1}{2}x^2\ln x\Big|_1^2-\frac{1}{2}\int_{1}^{2}x^2\mathrm{d}(\ln x)$

$$=2\ln 2-\frac{1}{2}\int_{1}^{2}x\mathrm{d}x=2\ln 2-\frac{1}{4}x^2\Big|_1^2=2\ln 2-\frac{3}{4}.$$

任务6 求$\int_{0}^{1} x\mathrm{e}^x\mathrm{d}x$.

解 $\int_{0}^{1} x\mathrm{e}^x\mathrm{d}x=\int_{0}^{1}x\mathrm{d}\mathrm{e}^x=x\cdot\mathrm{e}^x\big|_0^1-\int_{0}^{1}\mathrm{e}^x\mathrm{d}x=\mathrm{e}-\mathrm{e}\big|_0^1=1$

任务7 求$\int_{0}^{1}\arctan x\mathrm{d}x$.

［分析］ 利用分部积分法求解．

解 $\int_{0}^{1}\arctan x\mathrm{d}x=[x\arctan x]_0^1-\int_{0}^{1}x\mathrm{d}(\arctan x)$

$$=\frac{\pi}{4}-\int_{0}^{1}\frac{x}{1+x^2}\mathrm{d}x=\frac{\pi}{4}-\frac{1}{2}\int_{0}^{1}\frac{1}{1+x^2}\mathrm{d}(1+x^2)$$

$$=\frac{\pi}{4}-\frac{1}{2}[\ln(1+x^2)]_0^1=\frac{\pi}{4}-\frac{1}{2}\ln 2.$$

［解题方法总结］ 不定积分求解方法技巧同样适用于定积分求解．

任务训练

1. 填空题.

（1）在定积分$\int_{\frac{\pi}{3}}^{\pi}\sin\left(x+\frac{\pi}{3}\right)\mathrm{d}x$中，令$x+\frac{\pi}{3}=u$，则$u$的积分上限是________；

积分下限是________.

（2）在定积分 $\int_{0}^{\frac{\pi}{2}} \sin x \cdot \cos^3 x\mathrm{d}x$ 中，令 $u=$________，则 u 的积分上限是________；积分下限是________.

（3）在定积分 $\int_{-2}^{1} \frac{1}{2+3x}\mathrm{d}x$ 中，令 $u=$________，则 u 的积分上限是________；积分下限是________.

（4）在定积分 $\int_{4}^{9} \frac{\sqrt{x}}{\sqrt{x}-1}\mathrm{d}x$ 中，令 $u=$________，则 u 的积分上限是________；积分下限是________.

（5）在定积分 $\int_{-\sqrt{3}}^{\sqrt{3}} x^3\mathrm{d}x$ 中，因为 $f(x)=x^3$ 是________（奇或偶）函数，所以 $\int_{-\sqrt{3}}^{\sqrt{3}} x^3\mathrm{d}x=$________.

（6）在定积分 $\int_{-1}^{1} x^4|x|\mathrm{d}x$ 中，因为 $f(x)=x^4|x|$ 是________（奇或偶）函数，所以 $\int_{-1}^{1} x^4|x|\mathrm{d}x=$________.

2. 用换元积分法计算下列定积分.

（1）$\int_{\frac{\pi}{3}}^{\pi} \sin\left(x+\frac{\pi}{3}\right)\mathrm{d}x$；　（2）$\int_{-2}^{1} \frac{\mathrm{d}x}{(3+2x)^2}$；

（3）$\int_{\pi}^{\frac{\pi}{2}} \sin\theta \cdot \cos^3\theta\mathrm{d}\theta$；　（4）$\int_{1}^{\mathrm{e}} \frac{\ln x}{x}\mathrm{d}x$；

（5）$\int_{1}^{4} \frac{\sin\sqrt{x}}{\sqrt{x}}\mathrm{d}x$；　（6）$\int_{-1}^{1} 2x \cdot \mathrm{e}^{x^2}\mathrm{d}x$.

3. 用分部积分法计算下列定积分.

（1）$\int_{0}^{1} x \cdot \mathrm{e}^{-x}\mathrm{d}x$；　（2）$\int_{0}^{\frac{\pi}{2}} x\cos x\mathrm{d}x$.

4. 计算下列定积分.

（1）$\int_{1}^{4} \frac{1}{1+\sqrt{x}}\mathrm{d}x$；　（2）$\int_{-2}^{0} \frac{\mathrm{d}x}{x^2+2x+2}$；

（3）$\int_{0}^{\mathrm{e}-1} \ln(1+x)\mathrm{d}x$；　（4）$\int_{0}^{1} x\arctan x\mathrm{d}x$；

（5）$\int_{1}^{\mathrm{e}^2} \frac{\mathrm{d}x}{x\sqrt{1+\ln x}}$；　（6）$\int_{0}^{1} \mathrm{e}^{\sqrt{x}}\mathrm{d}x$.

5. 利用函数的奇偶性求下列定积分.

（1）$\int_{-1}^{1} \frac{x^2\sin^3 x}{(x^4+x^2-5)^2}\mathrm{d}x$；　（2）$\int_{-2\pi}^{2\pi} x^4\sin x\mathrm{d}x$；

（3）$\int_{-\frac{1}{3}}^{\frac{1}{3}} \ln\frac{1+x}{1-x}\mathrm{d}x$；　（4）$\int_{-1}^{1} \mathrm{e}^{|x|}\mathrm{d}x$.

任务八 了解无穷限广义积分

学习目标

（1）了解无穷限广义积分．

（2）掌握无穷限的反常积分计算方法．

知识准备

在前面讨论定积分时都是在积分区间有限，但在很多实际问题中往往需要突破这些限制，考虑无穷区间上的“积分”．因此把定积分的概念推广，就得到了无穷限的广义积分．

一、无穷限广义积分的定义

定义 设函数$f(x)$在区间$[a,+\infty)$上连续，取实数$b>a$，如果极限$\lim\limits_{b\to+\infty}\int_a^b f(x)\mathrm{d}x$存在，则称此极限为函数$f(x)$在无限区间$[a,+\infty)$上的**广义积分**，记为$\int_a^{+\infty} f(x)\mathrm{d}x$，即

$$\int_a^{+\infty} f(x)\mathrm{d}x=\lim_{b\to+\infty}\int_a^b f(x)\mathrm{d}x.$$

这时也称广义积分$\int_a^{+\infty} f(x)\mathrm{d}x$ **收敛**；如果极限不存在，则称广义积分$\int_a^{+\infty} f(x)\mathrm{d}x$ **发散**．

类似地，可定义函数$f(x)$在$(-\infty,b]$上的**广义积分**为

$$\int_{-\infty}^b f(x)\mathrm{d}x=\lim_{a\to-\infty}\int_a^b f(x)\mathrm{d}x \quad (a<b)$$

如果极限$\lim\limits_{a\to-\infty}\int_a^b f(x)\mathrm{d}x$存在，则称广义积分$\int_{-\infty}^b f(x)\mathrm{d}x$ **收敛**；如果极限不存在，则称广义积分$\int_{-\infty}^b f(x)\mathrm{d}x$ **发散**．

函数$f(x)$在$(-\infty,+\infty)$上的**广义积分**为

$$\int_{-\infty}^{+\infty} f(x)\mathrm{d}x=\int_{-\infty}^0 f(x)\mathrm{d}x+\int_0^{+\infty} f(x)\mathrm{d}x.$$

当右端两个广义积分都收敛时，广义积分$\int_{-\infty}^{+\infty} f(x)\mathrm{d}x$才是收敛的，否则是发散的．为记忆方便，将上述的三种无限区间的广义积分形式上写成

$$\int_a^{+\infty} f(x)\mathrm{d}x=F(x)\Big|_a^{+\infty}=F(+\infty)-F(a);$$

$$\int_{-\infty}^b f(x)\mathrm{d}x=F(x)\Big|_{-\infty}^b=F(b)-F(-\infty);$$

$$\int_{-\infty}^{+\infty} f(x)\mathrm{d}x=F(x)\Big|_{-\infty}^{+\infty}=F(+\infty)-F(-\infty).$$

注意： 广义积分的收敛与发散取决于极限 $F(+\infty)$，$F(-\infty)$ 是否存在．

二、无穷限广义积分的计算

1. 用定义计算

$$\int_a^{+\infty} f(x)\,dx=\lim_{b\to+\infty}\int_a^b f(x)\,dx=\lim_{b\to+\infty}[F(x)]_a^b=\lim_{b\to+\infty}F(b)-F(a).$$

2. 直接用牛顿-莱布尼茨公式计算

$$\int_a^{+\infty} f(x)\,dx=[F(x)]_a^{+\infty}=F(+\infty)-F(a)\text{，其中 }F(+\infty)=\lim_{b\to+\infty}F(b).$$

任务实施

任务 1　如图 3.8.1 所示，若求以 $y=\dfrac{1}{x^2}$ 为曲边，$x=2$ 和 x 轴所围成的开口曲边梯形的面积 S.

[分析]　根据定积分几何意义和无穷限广义积分的定义求解．

解　因为这个曲边梯形是“开口”的，其积分的区间是 $[2,+\infty)$，所以不能直接用定积分计算它的面积．

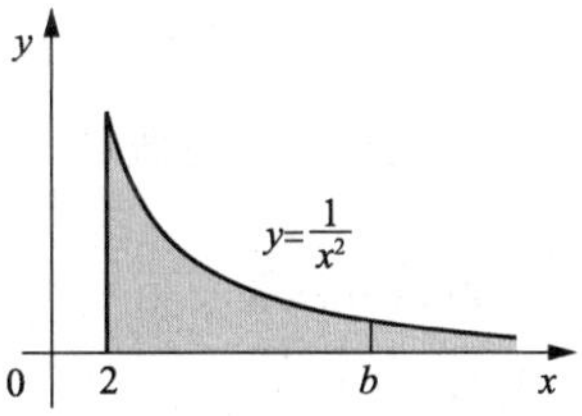

图　3.8.1

如果任意取实数 $b>1$，在有限区间 $[2,b]$ 上，由曲线 $y=\dfrac{1}{x^2}$ 所围成的曲边梯形的面积为

$$\int_2^b \frac{1}{x^2}\,dx=\left(\frac{1}{2}-\frac{1}{b}\right).$$

如图 3.8.1 阴影部分所示，显然，当 $b\to+\infty$ 时，阴影部分曲边梯形面积的极限就是开口曲边梯形的面积，即

$$A=\lim_{b\to+\infty}\int_2^b \frac{1}{x^2}\,dx=\lim_{b\to\infty}\left(\frac{1}{2}-\frac{1}{b}\right)=\frac{1}{2}.$$

任务 2　判断 $\int_0^{+\infty}\sin x\,dx$ 的敛散性.

[分析]　直接用牛顿-莱布尼茨公式计算，极限存在即收敛，不存在即发散．

解　$\int_0^{+\infty}\sin x\,dx=(-\cos x)\big|_0^{+\infty}$.

由于当 $x\to+\infty$ 时，$\cos x$ 没有极限，因此此广义积分发散．

任务 3　判断 $\int_0^{+\infty}e^{-x}dx$ 的敛散性.

[分析]　直接定积分凑微分法计算，极限存在即收敛，不存在即发散．

解　$\int_0^{+\infty}e^{-x}dx=-\int_0^{+\infty}e^{-x}d(-x)=-e^{-x}\big|_0^{+\infty}=0+1=1.$

所以此广义积分收敛．

任务 4　判断 $\int_{-\infty}^{0}xe^{x}dx$ 的敛散性.

［分析］ 直接用定积分分部积分法计算，极限存在即收敛，不存在即发散．

解 $\int_{-\infty}^{0} xe^x dx = \lim\limits_{a\to-\infty}\int_{a}^{0} xe^x dx = \lim\limits_{a\to-\infty}\left[xe^x\Big|_a^0 - \int_a^0 e^x dx\right]$

$$= \lim_{a\to-\infty}\left[-ae^a - e^x\Big|_a^0\right] = \lim_{a\to-\infty}\left[-ae^a - 1 + e^a\right] = -1.$$

所以此广义积分收敛．

注： 显然这里的极限 $\lim\limits_{a\to-\infty}(1-a)e^a$ 是不定式，利用洛必达法则可得其结果为零．

任务 5 判断广义积分 $\int_{-\infty}^{+\infty}\frac{dx}{1+x^2}$ 的敛散性．

［分析］ 先利用积分区间的可加性，再利用牛顿-莱布尼茨公式计算极限存在即收敛，不存在即发散．

解 原式 $= \lim\limits_{a\to-\infty}\int_a^0 \frac{dx}{1+x^2} + \lim\limits_{b\to-\infty}\int_0^b \frac{dx}{1+x^2}$

$$= \lim_{a\to-\infty}\left[\arctan x\right]_a^0 + \lim_{b\to+\infty}\left[\arctan x\right]_0^b = -\left(-\frac{\pi}{2}\right) + \frac{\pi}{2} = \pi.$$

所以此广义积分收敛．

任务训练

1．判断下列广义积分的收敛性．若收敛，求广义积分的值．

（1）$\int_0^{+\infty} e^{-2x} dx$；　　（2）$\int_0^{+\infty}\frac{dx}{1+x^2}$；

（3）$\int_{-\infty}^{1} e^x dx$；　　（4）$\int_1^{+\infty}\frac{dx}{x}$；

（5）$\int_1^{+\infty}\frac{dx}{\sqrt{x}}$；　　（6）$\int_0^{+\infty}\frac{x}{1+x^2}dx$．

2．判断下列广义积分的收敛性．若收敛，求广义积分的值．

（1）$\int_{-\infty}^{+\infty}\frac{dx}{x^2+2x+2}$；　　（2）$\int_{-\infty}^{+\infty}\cos x dx$．

任务九　掌握积分与总经济量

学习目标

（1）掌握求总经济量的微元法．

（2）了解用微元法推导利润公式．

（3）掌握由边际函数求总经济量．

知识准备

积分学讨论的是不定积分和定积分两项内容，不定积分的概念是作为导数的反问题引入的，定积分是作为一种确定和式的极限引入的，下面从这两个角度来讨论积分学在经济分析中的一些应用．

一、求总经济量的微元法

设成本函数 $C_v=C_v(Q)$，其中 C_v 表示产量为 Q 时的可变成本，则边际成本为 $C_v'=C_v'(Q)$，它表示产量为 Q 时，每单位产量所需增加的成本．那么在产量区间 $[a,b]$ 上，所需增加的成本总数是多少？

我们知道，定积分是一种和式的极限，设 $f(Q)$ 表示边际成本，则有

$$C_v=\lim_{\max|\Delta Q_i|\to 0}\sum_{i=1}^{n}f(\xi_i)\Delta Q_i=\int_a^b f(Q)\,\mathrm{d}Q.$$

由此可见，总可变成本 C_v 可以表示为边际成本 $f(Q)$ 的某种和式的极限，是一种无限的积累．

从而，若已知边际成本 $f(Q)$，要求出产量区间 $[a,b]$ 的成本便是

$$\int_a^b f(Q)\,\mathrm{d}Q.$$

用定积分解决实际问题，根据上述分析，可把“划分—代替—求和—取极限”四个步骤简化为两个步骤的“微元法”：

（1）写出部分量的近似表达式．在区间 $[a,b]$ 上任取一个部分区间 $[x,x+\Delta x]$（或记为 $[x,x+\mathrm{d}x]$），设法写出所求经济量 S 在区间 $[x,x+\mathrm{d}x]$ 上的部分量 ΔS 的近似表达式

$$\Delta S=f(x)\,\mathrm{d}x.$$

称为经济量 S 的微分元素（简称微元）．

（2）定限求定积分．当 $\Delta x\to 0$ 时，所有的微元无限相加，就是 $f(x)$ 在区间 $[a,b]$ 上的定积分，即 $\int_a^b f(x)\,\mathrm{d}x$.

二、用微元法推导利润公式

设已知边际收益 MR、边际成本 MC 和固定成本 C_0，若获得最大利润的产量为 Q_0，试求最大利润．

边际利润 ML=MR－MC 是产量 Q 的函数，而边际利润的积累自然就是总利润，这样，最大利润就可视为不均匀地发布在产量区间 $[0,Q_0]$ 上的一个确定的量，因而这是定积分问题．

在区间 $[0,Q_0]$ 上任选一个小的产量区间 $[Q,Q+\mathrm{d}Q]$，在产量由 Q 增加到 $Q+\mathrm{d}Q$ 时，所获利润的微元是 $\mathrm{d}L=(\mathrm{MR}-\mathrm{MC})\mathrm{d}Q$.

在产量区间 $[0,Q_0]$ 上将这些“微利润”无限相加，就是定积分

$$L=\int_0^{Q_0}(\mathrm{MR}-\mathrm{MC})\,\mathrm{d}Q.$$

这是最大毛利润．为了得到最大净利润，需要从毛利润中扣除固定成本 C_0，因而计算最大净利润的公式是

$$L_{净}=\int_0^{Q_0}(\mathrm{MR}-\mathrm{MC})\,\mathrm{d}Q-C_0.$$

三、由边际函数求总经济量

1. 用不定积分表示总经济量

已知总成本函数 $C=C(Q)$，总收益函数 $R=R(Q)$，则边际成本函数和边际收益函数为

$$\mathrm{MC}=\frac{\mathrm{d}C}{\mathrm{d}Q},\ \mathrm{MR}=\frac{\mathrm{d}R}{\mathrm{d}Q},$$

从而得

$$C(q)=\int(\mathrm{MC})\mathrm{d}Q,\ R(q)=\int(\mathrm{RC})\mathrm{d}Q.$$

2. 用定积分表示总经济量

我们知道，变上限的定积分是被积函数的一个原函数，于是，已知边际函数，也可以用变上限的定积分来表示总经济量函数．

由边际成本函数 MC，将得到产量为 Q 时的总成本函数为

$$C=\int_0^q(\mathrm{MC})\mathrm{d}Q+C_0.$$

这里，由于积分下限取 0，因此 C_0 是固定成本，$\int_0^q(\mathrm{MC})\mathrm{d}Q$ 是可变成本．

由上式进一步推得，当产量由 a 个单位变到 b 个单位时，总成本的增加值是 $\int_a^b(\mathrm{MC})\mathrm{d}Q$.

同样，总收益函数可表示为 $R=\int_0^q(\mathrm{MR})\mathrm{d}Q$.

当销售量由 a 个单位变到 b 个单位时，总收益的增加值是 $\int_a^b(\mathrm{MR})\mathrm{d}Q$.

因为边际利润是边际收益与边际收入之差，即 ML＝MR－MC，而边际成本与固定成本无关．因此，边际利润与固定成本也无关，那么利润函数可表示为

$$L_{净}=\int_0^Q(\mathrm{MR}-\mathrm{MC})\mathrm{d}Q-C_0.$$

式中，C_0 是固定成本；$\int_0^Q(\mathrm{MR}-\mathrm{MC})\mathrm{d}Q$ 是毛利润．

任务实施

任务 1　设生产某种产品的固定成本为 50，边际成本和边际收入分别为

$$\mathrm{MC}=Q^2-14Q+111,\ \mathrm{MR}=100-2Q.$$

试求该厂商最大利润．

[分析]　先利用求最值方法求解获得最大利润的产量水平，再用利润函数求最大利润．

解　先确定获得最大利润的产量水平．

令 $L'=\mathrm{ML}=\mathrm{MR}-\mathrm{MC}=0$，即

$$-Q^2+12Q-11=0,$$

解得 $Q=1$，或 $Q=11$（驻点）．

而 $L''=(-Q^2+12Q-11)'=-2Q+12$，$L''(1)=10>0$，$L''(11)=-10<0$，所以 $Q=11$ 是获得最大利润的产量水平．

最大利润为

$$L_{净}=\int_0^{q_0}(\mathrm{MR}-\mathrm{MC})\mathrm{d}Q-C_0=\int_0^{11}(100-2Q)-(Q^2-14Q+111)\mathrm{d}Q-50$$

$$=\int_0^{11}(-Q^2+12Q-11)\mathrm{d}Q-50=\left(-\frac{1}{3}Q^3+6Q^2-11Q\right)\Big|_0^{11}-50$$

$$=111\frac{1}{3}.$$

任务2　设边际成本函数为 $\mathrm{MC}=3q^2-118q+1\ 315$，固定成本是2 000，试确定总成本函数．

[分析]　利用总成本函数求解．

解　总成本函数为

$$C(Q)=\int(\mathrm{MC})\mathrm{d}Q\int(3Q^2-118Q+1\ 315)\mathrm{d}Q$$

$$=Q^3-59Q^2+1\ 315Q+A.$$

固定成本为2 000，即 $C(0)=2\ 000$，于是 $A=2\ 000$.

所以所求的总成本函数为

$$C(Q)=Q^3-59Q^2+1\ 315Q+2\ 000.$$

任务3（最佳停产时间问题）　某公司投资2 000万建成一生产线，投产后，在时刻 t 的追加成本和追加收益分别为 $G(t)=5+2t^{\frac{2}{3}}$（百万元/年），$\phi(t)=17-t^{\frac{2}{3}}$（百万元/年）．试确定该生产线在何时停产便能获得最大利润？最大利润是多少？

[分析]　利用边际成本函数和边际利润函数求解．

解　在这里,追加成本就是总成本对时间 t 的变化率即边际成本，追加收益就是总收益对时间 t 的变化率即边际收益，而 $\phi(t)-G(t)$ 是追加利润，或者说是利润对时间的变化率，即边际利润．

令 $\phi(t)-G(t)=0$，即 $17-t^{\frac{2}{3}}-(5+2t^{\frac{2}{3}})=0$，解得 $t=8$. 此时 $[\phi(t)-G(t)]'\big|_{t=8}=-2t^{\frac{1}{3}}\big|_{t=8}=-4<0$.

故生产线投产8年时可获最大总利润，其值是

$$L_{净}=\int_0^8[\phi(t)-G(t)]\mathrm{d}t-C_0=\int_0^8[(17-t^{\frac{2}{3}})-(5+2t^{\frac{2}{3}})]\mathrm{d}t-20$$

$$=\left(12t-\frac{9}{5}t^{\frac{5}{3}}\right)\Big|_0^8-20=(38.4-20)\text{ 百万元}=18.4\text{ 百万元}$$

即最大利润为1 840万元．

任务训练

1. 工厂生产某种产品 x 单位时边际成本 $\mathrm{MC}=3$，固定成本为1，边际收益 $\mathrm{MR}=9-2x$.

(1) 求总成本函数和总收益函数；

（2）产量为多少时，总利润最大？

（3）在总利润最大的生产量的基础上再多生产一个单位产品，总利润怎样变化？

2. 已知生产某种产品 x 单位时，总收入的变化率 $MR=100-\frac{x}{10}(x\geqslant 0)$，

（1）求生产这种产品 100 个单位时的总收入和平均收入；

（2）求生产了 200 个单位且再生产 100 个单位这种产品时，所增加的总收入是多少.

3. 某产品的需求函数为 $Q=10^{-1.5p}$（p 为价格）.

（1）求 $p=4$ 时的边际需求，并说明其经济意义；

（2）求 $p=4$ 时的需求弹性，并说明其经济意义.

（3）当 p 分别为 4 和 6 时，若价格上涨 1%，总收益将分别变化百分之几？是增加还是减少？

（4）p 为多少时，总收益最大？

任务十　了解利用 MATLAB 求不定积分和定积分

学习目标

1. 了解 MATLAB 软件命令与功能.
2. 掌握用 MATLAB 求积分.

知识准备

通过前面的讨论可以看出积分的运算灵活、复杂，常常面临较大的计算量. 随着计算机辅助分析在高等数学中的应用，可以直接利用 MATLAB 符号数学工具箱中提供的函数 int 来求解不定积分与定积分.

一、MATLAB 软件命令与功能

在 MATLAB 中，int 命令的调用格式见表 3.10.1.

表　3.10.1

命　令	说　明
R=int(S)	用默认的变量求符号表达式 S 的不定积分
R=int(S,a,b)	用默认的变量,求符号表达式 S 在区间[a,b]上的积分数值

注：在 int 命令中，a，b 分别表示积分的下限与上限. a，b 不仅可以是常数变量，也可以是其他数值表达式.

任务实施

任务 1　用 MATLAB 求不定积分 $\int \frac{\sin x+\cos x}{\sqrt[3]{\sin x-\cos x}}dx$.

解 >> syms x;

>> f1=sin(x)+cos(x);f2=(sin(x)-cos(x))^(1/3);

%　定义被积函数的分子 f1、分母 f2

>> f= f1/f2;　　% 定义被积函数 f= f1/f2

>> F=int(f)　　% 求 f= $\int \frac{\sin x+\cos x}{\sqrt[3]{\sin x-\cos x}}dx$ 的不定积分

按【Enter】键，

F =　3/2* (sin(x)-cos(x))^(2/3)

所以 $\int \frac{\sin x+\cos x}{\sqrt[3]{\sin x-\cos x}}dx=\frac{3}{2}\sqrt[3]{(\sin x-\cos x)^2}+C.$

任务 2　用 MATLAB 求不定积分 $\int \frac{\arctan\sqrt{x}}{\sqrt{x}(1+x)}dx.$

解 >> syms x;

>> f1=atan(sqrt(x));f2=sqrt(x)* (1+x);

>> f= f1/f2;

>> F=int(f)

按【Enter】键，

F =atan(x^(1/2))^2

所以 $\int \frac{\arctan\sqrt{x}}{\sqrt{x}(1+x)}dx=(\arctan\sqrt{x})^2+C.$

任务 3　用 MATLAB 求定积分 $\int_1^{e^2}\frac{1}{x\sqrt{1+\ln x}}dx.$

解 >> syms x;

>> f =x* sqrt (1 + log (x));　　% 定义被积函数的分母 f = $x\sqrt{1+\ln x}$

>> f1=1/f;F=int(f1,1,'exp(2)')

% 定义被积函数 $\frac{1}{x\sqrt{1+\ln x}}$；求定积分 $\int_1^{e^2}\frac{1}{x\sqrt{1+\ln x}}dx$

按【Enter】键，定积分的结果如下：

F =2* 3^(1/2)-2

所以 $\int_1^{e^2}\frac{1}{x\sqrt{1+\ln x}}dx=2\sqrt{3}-2.$

注意：'exp(2)'是定义一个符号常数.

任务 4　在 MATLAB 中求定积分 $\int_{-\frac{\pi}{2}}^{\frac{\pi}{2}}\sqrt{\cos x-\cos^3 x}\,dx.$

解 >> syms x;

>> f=sqrt(cos(x)-(cos(x))^(3));

>> F=int(f,-pi/2,pi/2)

按【Enter】键，定积分的结果如下：

```
F =2/3
```

所以 $\int_{-\frac{\pi}{2}}^{\frac{\pi}{2}}\sqrt{\cos x-\cos^3 x}\,dx=\frac{2}{3}$.

任务 5 在 MATLAB 中求定积分 $\int_{-\infty}^{+\infty}\frac{dx}{x^2+2x+2}$.

解
```
>> syms x;
>> f=1/(x^2+2* x+2);
>> F=int(f,x,-inf,inf)
```

按【Enter】键，定积分的结果如下：

```
F =pi
```

所以 $\int_{-\infty}^{+\infty}\frac{dx}{x^2+2x+2}=\pi$.

思考：MATLAB 求不定积分、定积分、无穷积分的方法有何异同？

任务训练

用 MATLAB 命令求下列积分．

(1) $\int\sqrt{x^2+x^3}\,dx$；　(2) $\int e^{2x}\sin x\,dx$；　(3) $\int\frac{1}{x\sqrt{x-2}}\,dx$；

(4) $\int_1^2|2-x|\,dx$；　(5) $\int_{-\infty}^{+\infty}\frac{2}{1+x^2}dx$；　(6) $\int_{-\frac{\pi}{2}}^{\frac{\pi}{2}}\sqrt{1-\cos^2 x}\,dx$.

拓展阅读

莱布尼茨和微积分

在微积分的发展中，德国哲学家、数学家弗里德·威廉·莱布尼茨做出了巨大的贡献．他于 1646 年出生于莱比锡城，从小就自学拉丁文和希腊文，不到 20 岁，就熟练地掌握了一般课本上的数学、哲学知识．青年时代，他开始发展他的“万能算法”；后来，发展出布尔的符号逻辑；1910 年，发展出怀特黑德和罗素的“数学原理”．1672 年，莱布尼茨已经发现微积分的基本原理，给出此学科中的大部分符号，并且做出一些微积分的基本公式．

初等微积分中微分的许多基本原则是莱布尼茨推出的．求两个函数乘积的 n 阶倒数的法则，现在还被称为莱布尼茨法则．有人认为，莱布尼茨最大的贡献不是发明微积分，而是微积分中使用的数学符号，他的微积分符号已被证明是很好的，所以沿用至今．

莱布尼茨与牛顿谁先发明微积分的争论是数学界至今最大的公案．莱布尼茨于 1684 年发表第一篇微分论文，定义了微分概念，采用了微分符号 dx，dy. 1686 年他又发表了积分论文，讨论了微分与积分，使用了积分符号 $\int$. 依据莱布尼茨的笔记本，1675 年 11 月 11 日他便已完成一套完整的微分学．今天普遍的意见是：莱布尼茨与牛顿彼此独立地发现了微积分．牛顿发现在先，而莱布尼茨发表得早．

第二模块

运　筹　学

项目四　认识线性规划

在经营管理、工程管理、信息管理、科学管理等各项管理工作中，往往都需要进行一些比较重要的决策，这时就要进行规划，即在现有的人力、物力和财力等资源条件下，如何合理地加以调配和利用，使得在实现目标的过程中，消耗的资源最少，获得的利益最大.

数学规划就是使用数学方法，使有效资源的运用达到最优化．线性规划(linear programming，LP）是数学规划的一个领域．它研究和求解的变量间的依赖关系是线性的极值问题．目前，它已成为现代经济管理科学化的一种重要基础和方法．本项目简要介绍线性规划的数学模型及解法思路和求解软件，而不对线性规划的理论和解法进行全面、详尽的研究.

数学模型指的是：为了某种目的，用字母、数字及其他数学符号建立起来的等式或不等式以及图表、图像、框图等描述客观事物的特征及其内在联系的数学结构表达式.

项目引入

(1) 某工厂家具车间造 A，B 型两类桌子，每张桌子需木工和漆工两道工序完成．已知木工做一张 A，B 型桌子分别需要 1 h 和 2 h，漆工油漆一张 A，B 型桌子分别需要 3 h 和 1 h；又知木工、漆工每天工作分别不得超过 8 h 和 9 h，而工厂造一张 A，B 型桌子分别获得利润 2 000 元和 3 000 元．试建立工厂每天应生产 A，B 型桌子各多少张，才能获得最大利润的数学模型.

(2) 请用图解法求出上述问题的最优解及最大利润值.

以上两个问题需要用线性规划知识和作图法求解，下面通过本项目的学习来解决这些问题.

项目目标

(1) 理解线性规划的概念，了解线性规划的适用领域.

(2) 掌握线性规划模型的一般形式与标准形式，能够把前者转化为后者，能建立简化问题的线性规划模型.

(3) 能用图解法和 MATLAB 软件命令求线性规划模型的解.

(4) 培养数学应用意识.

任务一　认识线性规划问题的数学模型

学习目标

（1）理解线性规划的概念.

（2）掌握线性规划模型的一般形式与标准形式，能够把前者转化为后者.

（3）能建立简单的线性规划模型.

知识准备

引例 1（生产计划问题）　某工厂生产Ⅰ、Ⅱ两种产品．每件产品的单位利润，所消耗的两种材料数、设备工时及这两种材料、设备工时的限额见表 4. 1. 1.

表　4.1.1

资　源	产　品		
	Ⅰ	Ⅱ	资源限量
设备	1	2	8 台时
材料 A	4	0	16 kg
材料 B	0	4	12 kg
单位利润	2	3	

如何安排生产才能使利润最大？

解　设分别表示两种产品的产量，那么：

（1）总利润可以表示为 $Z=2x_1+3x_2$，我们追求的是它的最大值；

（2）各种限制条件如下：

设备台时限制 $x_1+2x_2\leqslant 8$；

材料 A 的限制 $4x_1\leqslant 16$；

材料 B 的限制 $4x_2\leqslant 12$.

（3）变量非负：$x_1,x_2\geqslant 0$.

将上面的式子组合起来，该问题可表示为

$$\max Z=2x_1+3x_2$$

$$\text{s. t.}\begin{cases}x_1+2x_2\leqslant 8\\4x_1\leqslant 16\\4x_2\leqslant 12\\x_1,x_2\geqslant 0\end{cases}$$

这就是该问题的数学模型，其中 x_1,x_2 的取值代表着生产方案，称为决策变量；$Z=2x_1+3x_2$ 表示产生的利润，称为目标函数；max 代表追求的是最大值；而后面的不等式组，表示达成目标的过程中需要满足的各种条件，称为约束条件.

引例 2（运输问题）　设有两个砖厂 A_1,A_2，产量分别为 23 万块、27 万块，现将其产品联合供应三个施工现场 B_1,B_2,B_3，其需要量分别为 17 万块、18 万块、

15 万块．各产地到各施工现场的单位运价见表 4.1.2.

表 4.1.2

砖厂	工地			
	B_1	B_2	B_3	供应量
A_1	5	14	7	23
A_2	6	18	9	27
需求量	17	18	15	$\sum = 50$

问如何调运才能使总运费最省？

解 设 $x_{ij}(i=1,2;j=1,2,3)$ 表示从 A_i 砖厂运往 B_j 工地的数量，则：

（1）总运费可以表示为

$$Z=5x_{11}+14x_{12}+7x_{13}+6x_{21}+18x_{22}+9x_{23},$$

我们追求的是它的最小值.

（2）注意到需求量恰好等于供应量，各种限制条件如下：

两个砖厂的产量都能运出去：

$$x_{11}+x_{12}+x_{13}=23,\quad x_{21}+x_{22}+x_{23}=27.$$

三个工地的用量都能得到满足：

$$x_{11}+x_{21}=17,\quad x_{12}+x_{22}=18,\quad x_{13}+x_{23}=15.$$

（3）变量非负：$x_{ij}\geqslant 0(i=1,2;j=1,2,3)$.

这样，该问题的数学模型为

$$\min Z=5x_{11}+14x_{12}+7x_{13}+6x_{21}+18x_{22}+9x_{23}$$

$$\text{s.t.}\begin{cases}x_{11}+x_{12}+x_{13}=23\\x_{21}+x_{22}+x_{23}=27\\x_{11}+x_{21}=17\\x_{12}+x_{23}=18\\x_{13}+x_{23}=15\\x_{ij}\geqslant 0(i=1,2;j=1,2,3)\end{cases}.$$

式中，min 表示追求最小值；目标函数是线性函数；约束条件是线性等式.

以上两个问题的共同特征是：

（1）一组决策变量 x 表示一个方案，一般 x 大于等于零.

（2）约束条件是线性等式或不等式.

（3）目标函数是线性的多元函数，求目标函数的最大值或最小值.

一、线性规划模型

一般地，求线性目标函数在线性约束条件下的最大值或最小值的问题，统称为**线性规划问题**.

决策变量、约束条件、目标函数是线性规划问题的三要素.

线性规划的数学模型的一般形式如下：

$$\min(\max) Z = c_1x_1 + c_2x_2 + \cdots + c_nx_n \tag{1}$$

$$\text{s. t.} \begin{cases} a_{11}x_1 + a_{12}x_2 + \cdots + a_{1n}x_n \leqslant (\text{或} =, \text{或} \geqslant) b_1 \\ a_{21}x_1 + a_{22}x_2 + \cdots + a_{2n}x_n \leqslant (\text{或} =, \text{或} \geqslant) b_2 \\ \cdots\cdots \\ a_{m1}x_1 + a_{m2}x_2 + \cdots + a_{mn}x_n \leqslant (\text{或} =, \text{或} \geqslant) b_m \\ x_1, x_2, \cdots, x_n \geqslant 0 \end{cases} \tag{2}$$

式（1）为目标函数，表示将要优化的目标，min 表示追求目标最小化，max 表示追求目标最大化；式（2）为约束条件，表示实现目标时受到的各种约束.

这个数学模型还可以等价地表述为下列更为简洁的矩阵形式：

$$\min(\max) Z = \boldsymbol{cx}$$

$$\text{s.t.} \begin{cases} \boldsymbol{AX} \geqslant (\text{或} =, \text{或} \leqslant) \boldsymbol{b} \\ x_1, x_2, \cdots, x_n \geqslant 0 \end{cases}$$

其中，Z 为目标函数；

$\boldsymbol{c} = (c_1, c_2, \cdots, c_n)$ 为价值系数向量；

$\boldsymbol{A} = \begin{pmatrix} a_{11} & a_{12} & \cdots & a_{1n} \\ a_{21} & a_{22} & \cdots & a_{2n} \\ \vdots & \vdots & & \vdots \\ a_{m1} & a_{m2} & \cdots & a_{mn} \end{pmatrix}$ 为约束矩阵；

$\boldsymbol{x} = \begin{pmatrix} x_1 \\ x_2 \\ \vdots \\ x_n \end{pmatrix}$ 为决策变量向量；$\boldsymbol{b} = \begin{pmatrix} b_1 \\ b_2 \\ \vdots \\ b_m \end{pmatrix}$ 为右侧常数向量.

满足线性规划所有的约束条件的任意一组决策变量的取值，都称为该线性规划的一个可行解，所有可行解构成的集合称为该线性规划的可行域．使线性规划的目标函数达到最优值（最大值或最小值）的任一可行解，称为该线性规划的一个最优解.

二、建立线性规划模型的一般步骤

1. 确定决策变量

确定决策变量就是确定优化的内容和对象．决策变量是不同方案赖以区分的根据，一般地，不同的决策变量表示着不同的方案．为此，必须研究问题的性质，规定问题的界限.

2. 确定目标函数

优化的目标是经济管理工作者选择的标准，线性规划模型中的目标函数是决策变量的线性函数，反映“目标”与“决策变量”之间的关系.

3. 确定约束条件

线性规划模型的约束条件，是指决策过程中所受到的限制，或要求达到的一些最低限度的标准．它们是决策变量的线性等式或不等式.

任务实施

任务1（配料问题） 某专业养鸡场将粗豆粉、玉米和石灰石三种饲料混合用来养鸡，每天需要混合饲料100 kg，其中至少应含0.8%但不超过1.2%的钙，至少含22%的蛋白质，三种饲料的营养成分及价格见表4.1.3. 问应如何混合饲料，才能使总成本最低？

表 4.1.3

配　料	营养成分		单价/(元/kg)
	钙	蛋白质	
粗豆粉	0.002	0.50	0.40
玉米	0.001	0.09	0.30
石灰石	0.38	0	0.12

[分析] 如何混合饲料即是问总量为100 kg的混合饲料中粗豆粉、玉米、石灰石各需要多少，并且豆粉、玉米、石灰石三种配料所含钙或蛋白质的总量应满足一定的比例．因此以豆粉、玉米、石灰石三种配料的数量为决策变量建立目标函数和约束条件．

解 确定决策变量：设 x_1,x_2,x_3 分别表示生产100 kg混合饲料时需用的粗豆粉、玉米、石灰石的数量.

确定目标函数：以最低成本为目标，故目标函数为

$$Z=0.40x_1+0.30x_2+0.12x_3,$$

追求它的最小值.

确定约束条件：生产此种混合饲料，其营养成分应符合要求，即其中至少应含0.8%但不超过1.2%的钙，至少含22%的蛋白质.

得线性规划模型为：

$$Z=0.40x_1+0.30x_2+0.12x_3$$

$$\begin{cases} x_1+x_2+x_3=100 \\ 0.002x_1+0.001x_2+0.38x_3\leqslant 100\times 1.2\% \\ 0.002x_1+0.001x_2+0.38x_3\geqslant 100\times 0.8\% \\ 0.50x_1+0.09x_2\geqslant 100\times 22\% \\ x_1,x_2,x_3\geqslant 0 \end{cases}$$

从上述例子可以看出，利用线性规划模型解决经济优化问题，大致可归纳为两类：一类是在有限的资源（人力、材料、设备、资金等）的条件下，如何合理地利用它们，使得完成的任务最多，所获得的收益最大；另一类是在某一任务提出之后，在已有条件下如何进行统筹安排，使之以最少的人力、物力和财力的耗费，达到规定的任务指标.

数言数语

俗话说：“国有国法，家有家规．”我们生活在社会这个大家庭中，为了每个人都各安其所，就要有各种行为准则来约束我们的行为．张居正说：“天下之事，不难于立法，而难于法之必行；不难于听言，而难于言之必行．”所以，我们在生活中的一言一行都应该自觉遵守规章制度，向他人释放正能量．

任务训练

1. 什么是线性规划？它的数学模型的特点是怎样的？

2. 某工厂生产甲、乙两种产品．这两种产品分别要经过 A、B 两道工序加工．设每件产品在每道工序上加工所需的机时以及生产每件产品可获得的利润见表 4.1.4，试建立如何安排生产才能使利润最大的数学模型．

表　4.1.4

工　序	产　品		可用机时
	甲	乙	
A	2	4	70
B	3	2	90
单位利润/元	7	10	

3. 某工厂家具车间造 A,B 型两类桌子，每张桌子需木工和漆工两道工序完成．已知木工做一张 A,B 型桌子分别需要 1 h 和 2 h，漆工油漆一张 A,B 型桌子分别需要 3 h 和 1 h；又知木工、漆工每天工作分别不得超过 8 h 和 9 h，而工厂造一张 A,B 型桌子分别获得利润 2 000 元和 3 000 元，试建立工厂每天应生产 A,B 型桌子各多少张，才能获得最大利润的数学模型．

4. 已知甲、乙两煤矿每年的产量分别为 200 万 t 和 260 万 t，需经过东车站和西车站两个车站运往外地．东车站每年最多能运 280 万 t 煤，西车站每年最多能运 360 万 t 煤，甲煤矿运往东车站和西车站的运费价格分别为 1 元/ t 和 1.5 元/t，乙煤矿运往东车站和西车站的运费价格分别为 0.8 元/t 和 1.6 元/t. 试建立煤矿应怎样安排调运方案，才能使总运费最少的数学模型．

5. 现有一批钢筋每根长度均为 10 m，要求用它们来截取 3 m 长和 4 m 长的短钢筋各 100 根，问怎样的截法最好？试建立数学模型．

6. 设某铁路局调度所需昼夜值班，该所每天各时间段（每 4 h 为一时间段）所需的值班人数见表 4.1.5，这些值班人员在某一时段开始上班后要连续工作 8 h，问该调度所至少需要多少名工作人员才能满足值班的需要？试建立数学模型．

表　4.1.5

班　次	时　间　段	所需人数
1	6:00—10:00	19
2	10:00—14:00	24

续表

班　次	时 间 段	所需人数
3	14:00—18:00	19
4	18:00—22:00	16
5	22:00—2:00	13
6	2:00—6:00	9

7. 一饲养场饲养动物出售，每只动物每天至少需要700 g蛋白质，30 g矿物质，100 mg维生素．现有四种饲料可供选用，各种饲料每千克营养成分含量及单价见表4.1.6：四种饲料各采购多少，才能使总费用最少？

表 4.1.6

营养成分	饲　料				需要量
	Ⅰ	Ⅱ	Ⅲ	Ⅳ	
蛋白质	3	2	1	5	700 g
矿物质	1	0.5	0.2	2	30 g
维生素	0.5	1	0.3	2.5	100 mg
单价/(元/kg)	0.8	1.2	0.6	2	

任务二　了解线性规划问题的图解法

学习目标

（1）了解图解法适用问题.

（2）掌握图解法解题步骤，能用图解法求两个决策变量的线性规划问题的最优解.

（3）理解图解法解题原理.

知识准备

一、两个决策变量的线性规划问题的图解法

两个决策变量的线性规划问题，可以借助于平面直角坐标系来求解：

（1）以两个决策变量为两条坐标轴建立直角坐标系.

（2）以约束条件作出可行域，可行域对应于平面直角坐标系中的凸多边形（可能是封闭的，也可能是不封闭的）.

（3）目标函数可以先任意设定它等于某个值（比如0），作出相应的直线（称为目标函数的等值线）.

（4）通过上下平移来使目标函数值变大或变小，直到与可行域找到合适的交点，使目标函数值达到最大或最小.

数言数语

求解线性规划问题是在可行域中求最优，而可行域中有无穷多个点，要把无穷多个点对应的目标值都求出来是不可能的，更不要说进行比较了．图解法求解步骤中，根据目标函数确定目标函数值的等值线，是利用等值线将杂乱无章的无穷多个点的函数值的比较问题，变成了无穷多等值线的比较问题，起到了化零为整、化无序为有序的作用，使得比较成为可能．

二、线性规划的图解法的启示

图解法虽然只能用来求解至多三个决策变量的线性规划问题，但它的解题思路和几何上直观得到的一些概念判断，对多变量的线性规划问题的解法有很大启示：

（1）求解线性规划问题时，解的情况有：唯一最优解；无穷多最优解；无界解；无可行解．

（2）若线性规划问题的可行域存在，则可行域是一个凸集（类似于凸多边形），顶点个数只有有限个．这些顶点对应的可行解称为基本可行解，基本可行解中的变量称为基变量．可以证明：基本可行解中基变量的个数不会超过约束方程的个数．

（3）若可行域非空且有界，则必有最优解；若可行域无界，则可能有最优解，也可能无最优解．

（4）可以证明：线性规划问题如果存在最优解，一定可以在基本可行解中找到．

针对以上四点启示，得到一般线性规划问题的解题思路：

先找出可行域的任一顶点（称为初始基本可行解），计算该点处的目标函数值．比较周围相邻顶点的目标函数值是否比这个优（看追求的是最大值还是最小值），如果为否，则该顶点就是最优解的点或最优解的点之一，否则转到比这个点的目标函数值更优的另一顶点，重复上述过程，直到找到最优解为止．

这就是线性规划问题的一般解法——单纯形法的解题思想．

单纯形法是针对多变量线性规划问题的常用解法，它理论较为烦琐，人工计算时计算量很大，本书打算跳过这些理论，直接使用数学软件进行求解（很多软件具有这一功能，如 MATLAB、LINGO、WinQSB 等，本书将着重介绍 MATLAB）．其实这些数学软件求解线性规划问题的部分，主要都是根据单纯形法的原理编制的．

任务实施

任务 1　用图解法求线性规划问题．

$$\max Z = 2x_1 + 3x_2$$

$$\text{s. t.}\begin{cases} x_1 + 2x_2 \leqslant 8 \\ 4x_1 \leqslant 16 \\ 4x_2 \leqslant 12 \\ x_1, x_2 \geqslant 0 \end{cases}$$

线性规划问题的图解法

［分析］　这是仅有两个决策变量的线性规划问题，可用图解法．其关键是建立坐标系、画出可行域、作出等值线．以 x_1 为横轴，x_2 为纵轴建立直角坐标系．由

$x_1 \geqslant 0$，$x_2 \geqslant 0$ 知可行域在坐标系的第一象限中．画出直线：$x_2 = -\frac{1}{2}x_1 + 4$；$x_1 = 4$；$x_2 = 3$ 和 $x_1 = 0, x_2 = 0$. 可行域即是这五条直线围成的多边形 $ABCDO$. 令 Z 任取一值得目标等值线.

解　在直角坐标系中作出可行域(满足所有约束条件的变量的集合，即图 4.2.1 中的 $OABCD$ 区域；可行域内的每一点，都是线性规划问题的一个可行解).

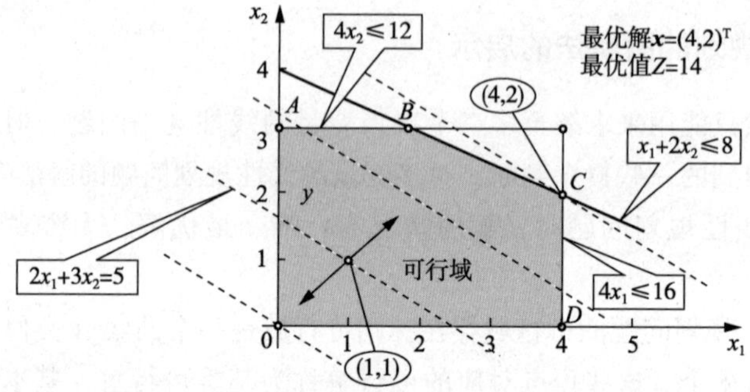

图　4.2.1

作目标函数 $Z = 2x_1 + 3x_2$ 的等值线（如 $2x_1 + 3x_2 = 0, 2x_1 + 3x_2 = 5, 2x_1 + 3x_2 = 8, 2x_1 + 3x_2 = 14$ 等，图 4.2.1 中用虚线表示，同一条等值线上，每一点对应的目标函数值都是相等的）.

可以看出，当目标函数的等值线平移到两直线 $x_1 + 2x_2 = 8, 4x_1 = 16$ 的交点时，目标函数值最大．即，最优解为 $x_1 = 4, x_2 = 2$，它所对应的最优目标函数值是 $Z = 14$. 这是线性规划问题有唯一最优解的情况.

任务 2　用图解法求线性规划问题.

$$\max Z = 2x_1 + 4x_2$$

$$\text{s. t.}\begin{cases} x_1 + 2x_2 \leqslant 8 \\ 4x_1 \leqslant 16 \\ 4x_2 \leqslant 12 \\ x_1, x_2 \geqslant 0 \end{cases}$$

[分析]　本任务与任务 1 相比，约束条件完全相同，只改变了目标函数的一个系数，因此重新作目标函数的等值线即可.

解　在图4.2.1 中，重新作目标函数的等值线，可以看出，该等值线与可行域的边界 BC 平行，并且当目标函数的等值线平移到与 BC 重合时，目标函数值最大．即，线段 BC 上的每一点都是最优解．例如，$x_1 = 2, x_2 = 3$；$x_1 = 4, x_2 = 2$；$x_1 = 3, x_2 = 2.5$ 等，它们所对应的最优目标函数值都是 $Z = 16$，如图 4.2.2 所示．这是线性规划问题有多重最优解的情况.

任务 3　用图解法求线性规划问题.

$$\max Z = x_1 + 2x_2$$

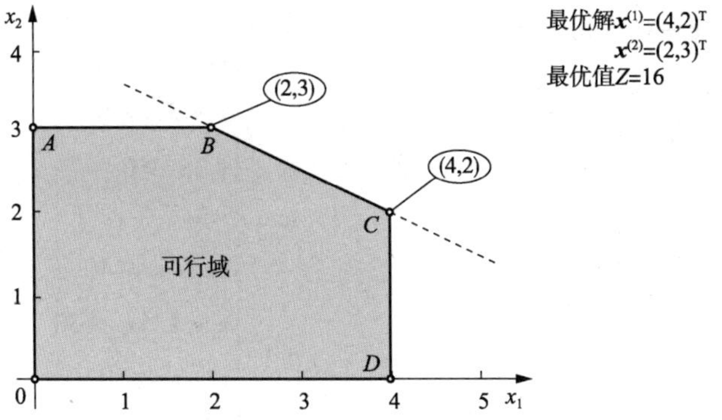

图 4.2.2

$$\text{s. t.}\begin{cases}3x_1+x_2\geqslant 6\\ x_1+x_2\geqslant 4\\ x_1+3x_2\geqslant 6\\ x_1,x_2\geqslant 0\end{cases}$$

解 画出可行域,如图 4.2.3 所示，发现它是一个无界集（不封闭区域）. 当目标函数的等值线在可行域中平移时，无法得到最优值，因此，该问题无最优解.

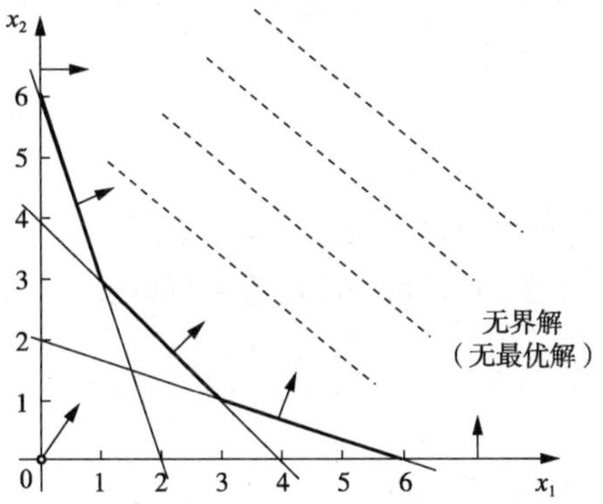

图 4.2.3

注意：本任务如果改为求最小值，将有最优解（请思考为什么）.

由此，关于线性规划图解法可得如下几点结论：

（1）可行域是有界或无界的凸多边形；

（2）若线性规划问题存在最优解，它一定可以在可行域的顶点得到；

（3）若两个顶点同时得到最优解，则其连线上的所有点都是最优解；

（4）还可能出现无最优解的情况.

任务训练

1. 线性规划的图解法的步骤是怎样的？从线性规划的图解法能得到什么启示？

2. 用图解法解下列线性规划问题：

（1）$\max Z=2x_1+3x_2$　　（2）$\min Z=x_1+2x_2$

$$\text{s.t.}\begin{cases}2x_1+x_2\leqslant 40\\x_1+1.5x_2\leqslant 30\\x_1,x_2\geqslant 0\end{cases}$$

$$\text{s.t.}\begin{cases}3x_1+x_2\geqslant 6\\x_1+x_2\geqslant 4\\x_1+3x_2\geqslant 6\\x_1,x_2\geqslant 0\end{cases}$$

（3）$\max Z=x_1+2x_2$

$$\text{s.t.}\begin{cases}3x_1+x_2\geqslant 6\\x_1+x_2\geqslant 4\\x_1+3x_2\geqslant 6\\x_1,x_2\geqslant 0\end{cases}$$

（4）$\max Z=10x_1+x_2$

$$\text{s.t.}\begin{cases}2x_1+x_2\leqslant 40\\x_1+1.5x_2\leqslant 30\\x_1+x_2\geqslant 50\\x_1,x_2\geqslant 0\end{cases}$$

任务三　掌握 MATLAB 求解线性规划问题命令

超过三个变量的线性规划问题不可能再用图解法求解，理论上讲可以用单纯形法进行求解，但过程烦琐，计算量很大．随着软件技术的飞速发展，很多数学软件可以解决这一问题，如 MATLAB、LINGO 等，这里主要介绍用 MATLAB 数学软件求解线性规划问题，它极大地提高了计算效率.

学习目标

1. 掌握线性规划问题的求解命令及各种调用格式.
2. 熟练运用线性规划问题的求解命令解答 LP 问题.

知识准备

一、MATLAB 软件命令与功能

在 MATLAB 工具箱中，线性规划问题的标准形式是

$$\min z=cx$$

$$\text{s.t.}\begin{cases}Ax\leqslant b\\\text{Aeq}\cdot x=\text{beq}\\\text{lb}\leqslant x\leqslant \text{ub}\end{cases}$$

用于求解上述问题的命令是 linprog( )，根据线性规划问题的条件，其主要运用格式见表 4.3.1.

表　4.3.1

命　令	说　明
x=linprog(c,A,b)	求解 min(c * x)，约束条件为 Ax<=b
x=linprog(c,A,b,Aeq,beq)	同上，但增加约束条件 AeqX=beq；当 Ax<=b 不存在时，则令 A=[ ],b=[ ]

续表

命　　令	说　　明
x=linprog(c,A,b,Aeq,beq, lb,ub)	同上,但增加上界、下界约束条件 lb<=X<=ub
[x,fval]=linprog(…)	同上,返回最优解 x 及 x 处目标函数值 fval

任务实施

任务 1　用 MATLAB 软件解线性规划问题.

$$\max Z=2x_1+3x_2$$

$$\text{s.t.}\begin{cases}x_1+2x_2\leqslant 8\\4x_1\leqslant 16\\4x_2\leqslant 12\\x_1,x_2\geqslant 0\end{cases}$$

[分析]　使用软件命令求解线性规划问题，关键将线性规划模型转化为 MATLAB 工具箱中线性规划的标准型．原问题标准化后为

$$\min(-Z)=-2x_1-3x_2$$

$$\text{s.t.}\begin{cases}x_1+2x_2\leqslant 8\\x_1\leqslant 4\\x_2\leqslant 3\\x_1,x_2\geqslant 0\end{cases}$$

解
```
>> c=[-2 -3]; A=[1 2;1 0;0 1];b=[8;4;3];
% 定义价值系数矩阵 c,约束矩阵 A,常数矩阵 b
>> [x,fval]=linprog(c,A,b)      % 求解线性规划 min(c* x)在约束条件下的极小值
x =
      4.0000
      2.0000
fval =
      -14.0000
```

则 $\max Z=-\text{fval}=14$

所以，最优解为 $x_1=4,x_2=2$，最大值为 $Z=14$.

任务 2　用 MATLAB 软件解线性规划问题.

$$\min Z=2x_1-2x_2-x_4$$

$$\text{s.t.}\begin{cases}x_1+x_2+x_3=5\\-x_1+x_2+x_4=6\\6x_1+2x_2+x_5=21\\x_j\geqslant 0,\ j=1,2,\cdots,5\end{cases}$$

[分析]　本题线性规划模型已是 MATLAB 工具箱中线性规划的标准型，可直接

编写程序，调用命令.

解

```
>> c=[2 -2 0 -1 0]; A=[]; b=[];Aeq=[1 1 1 0 0;-1 1 0 1 0;6 2 0 0 1];
beq=[5;6;21];
LB=[0;0;0;0;0];UB=[];[x,fval]=linprog(c,A,b,Aeq,beq,LB,UB)
%  定义价值系数矩阵 c,约束矩阵 A,常数矩阵 b,约束方程 Aeq,beq,约束变量下界、上界 LB,UB,求解线性规划 min(c* x)在约束条件 A* X<=b,AeqX=beq,LB<=X<=UB 下的极小值
x =
     0.0000
     5.0000
     0.0000
     1.0000
    11.0000
fval =
   -11.0000
```

所以，最优解为 $x_1=0,x_2=5,x_3=0,x_4=1,x_5=11$，最小值为-11.

任务3 用 MATLAB 软件解线性规划问题.

$$\max Z=2x_1+4x_2$$

$$\text{s. t.}\begin{cases}-x_1+2x_2\leqslant 4\\ x_1+2x_2\leqslant 10\\ x_1+x_2\leqslant 2\\ x_1,x_2\geqslant 0\end{cases}$$

［分析］ 本题线性规划模型中目标函数是求最大值，非标准形式，约束条件已是标准形式，因此只需将原题中目标函数改为 $\min(-Z)=-2x_1-4x_2$，约束条件不变即可.

解

```
>> c=[-2 -4];A=[-1 2;1 2;1 1];b=[4;10;2];Aeq=[];beq=[];LB=
[0;0];UB=[];
    % 定义矩阵 c,A,b,Aeq,beq,LB,UB
>>[x,fval]=linprog(c,A,b,Aeq,beq,LB,UB)
% 求解线性规划 min(c* x)在约束条件 AeqX=beq,LB<=X<=UB 下的最小值
x =
    0.0000
    2.0000
fval =
   -8.0000
```

所以最优解为 $x_1=0,x_2=2$，最大值为 $\max Z=2x_1+4x_2=$ -fval=8.0000.

任务训练

试用 MATLAB 求解线性规划问题：

（1）$\max Z=x_1+2x_2+4x_3$

$$\text{s. t.}\begin{cases}x_1\leqslant 2\\x_1+x_2+2x_3\leqslant 4\\3x_2+4x_3\leqslant 6\\x_1,x_2,x_3\geqslant 0\end{cases}$$

（2）$\min Z=-x_1-2x_2-3x_3+x_4$

$$\text{s. t.}\begin{cases}x_1+2x_2+3x_3=15\\2x_1+x_2+5x_3=20\\x_1+x_2+x_3+x_4=10\\x_1,x_2,x_3,x_4\geqslant 0\end{cases}$$

（3）$\max Z=2x_1+x_2+x_3$

$$\text{s. t.}\begin{cases}4x_1+2x_2+2x_3\geqslant 4\\2x_1+4x_2\leqslant 20\\4x_1+8x_2+2x_3\leqslant 16\\x_1,x_2,x_3\geqslant 0\end{cases}$$

（4）$\max Z=4x_1+5x_2+x_3$

$$\text{s. t.}\begin{cases}3x_1+2x_2+x_3\geqslant 18\\2x_1+x_2\leqslant 4\\x_1+x_2-x_3+x_4=5\\x_1,x_2,x_3,x_4\geqslant 0\end{cases}$$

（5）$\max Z=6x_1+5x_2+x_3+7x_4$

$$\text{s. t.}\begin{cases}x_1+2x_2+6x_3+9x_4\leqslant 260\\8x_1-5x_2+2x_3-x_4\geqslant 150\\7x_1+x_2+x_3=30\\x_1-x_2\geqslant 0\\x_3-x_4\geqslant 0\\x_1,x_2\geqslant 0,10\leqslant x_3\leqslant 20,x_4\text{无约束}\end{cases}$$

任务四　了解线性规划应用实例

在各项管理工作中，线性规划是定量分析技术当中有着广泛的应用的技术之一，本任务的应用案例着重叙述问题的提出、变量的确定，以及阐明如何得出目标函数和约束条件，并用 MATLAB 软件给出解答．通过这些案例，希望提高读者建立线性规划模型的技巧，并能推广到更广泛的应用领域；同时，希望大家领悟到借助软件完成的求解过程要比建立数学模型容易得多.

学习目标

(1) 能建立简化的实际问题的线性规划模型.

(2) 根据模型编写正确的解题程序.

(3) 培养数学应用意识.

知识准备

利用数学规划（包括线性规划）解决实际问题的一般步骤为：

(1) 明确问题. 通过调查和分析，弄清问题所在、要求目标、限制条件、假设前提、可能的各种解决方案等，在此基础上把问题明确表达出来.

(2) 建立模型. 模型是客观事物的一种映像，它既要反映实际，又要进行抽象而高于实际. 建模是一种创造性活动，包括拟定变量和参数，建立目标函数和正确写出约束条件.

(3) 模型求解. 根据模型的性质和结构选用适宜的方法求解，如果没有合适的现成方法，也可用随机模拟或构造启发式方法等手段寻求问题的“近似解”.

(4) 解的检验. 检查求解过程有无错误，结果是否与现实一致. 如出现问题还要分析问题所在，必要时修改模型和解法.

(5) 解的实施. 对实际问题来说，求出的解往往就是某种决策方案，要考虑具体实施中可能遇到的问题，以及实施中需要的修改.

任务实施

任务 1 生产计划问题.

某电车厂制造三种车辆：甲、乙和丙. 三种车辆的利润各为 270 元、400 元、450 元. 每辆车的电池需要量如下：甲 1 套，乙 2 套，丙 3 套. 装在车上的充电发动机需要量如下：甲 2 台，乙 2 台，丙 3 台. 设该厂仓库中有 100 套电池和 120 台充电发动机，并且本周内不可能再提供这些货物，为了获得最大的利润，该厂本周的产品组合应该怎样安排?

[分析] 本问题分两步解答. 第一步建立数学模型. 求一周的产品组合安排问题即是求甲、乙、丙三种车在多个约束条件下的生产台数，使利润最大. 因此目标函数为利润函数，每种车型需要的电池数量、充电发动机数量以及电池、充电发动机库存数量构成约束条件. 第二步是求解，可使用 MATLAB 软件求解.

解 设本周制造甲车 x_1 台，乙车 x_2 台，丙车 x_3 台，则本周利润为

$$Z=270x_1+400x_2+450x_3$$

由题意得规划模型如下：

$$\max Z=270x_1+400x_2+450x_3$$

$$\text{s. t.}\begin{cases}x_1+2x_2+3x_3\leqslant 100\\2x_1+2x_2+3x_3\leqslant 120\\x_1,x_2,x_3\geqslant 0\end{cases}$$

在 MATLAB 中输入命令如下：

```
>> c=[270 400 450];
   A=[1 2 3;2 2 3];
   b=[100;120];
   Aeq=[];beq=[];
   VLB=[0;0;0];VUB=[];
   [x,fval]=linprog(-c,A,b,Aeq,beq,VLB,VUB)
```

运行结果：

```
x =
   20.0000
   40.0000
    0.0000
fval =
  -2.1400e+004
```

则本周应生产甲车辆 20 台，乙车辆 40 台，丙车辆 0 台即可获得最大利润 21 400 元.

任务 2 厂址选择问题.

考虑 A、B、C 三地，每地都出产一定的原料，也消耗一定数量的产品（见表 4.4.1），已知制成每吨产品需 3 t 原料，各地之间的距离为 A—B 为 150 km，A—C 为 100 km，B—C 为 200 km，假定每万吨原料运输 1 km 的运价是 5 000 元，每万吨产品运输 1 km 的运价是 6 000 元，由于地区条件的差异，在不同地点建厂的生产费用也不同．问在哪些地方建厂，规模多大，才能使总费用最小？另外，由于其他条件限制，在 B 处建厂的规模（生产的产品数量）不能超过 5 万 t.

表 4.4.1

地　点	年产原料/万 t	年销产品/万 t	生产费用/(万元/万 t)
A	20	7	150
B	16	13	120
C	24	0	100

［分析］ 本问题分两步解答．第一步建立数学模型．问在哪些地方建厂，即 A、B、C 三个地点全建立厂还是部分地点建立厂；规模多大指原料生产量和产品生产量、销售量多少；总费用包括生产费用，原材料运输费，产品运输费用，目标函数即为总费用=生产费用+原材料运输费+产品运输费最小．$A\to B$ 表示 A 地到 B 地，$A\to B$ 每万吨 1 km 的运价是 5 000 元，即每吨原料运输 1 km 的运价是 $\frac{5\ 000}{10\ 000}=0.5$ 元，由 $A\to B$ 每吨原料运输费=距离×单价=150×0.5=75(元)且 $A\to B$ 每吨原料运输费=$B\to A$ 每吨原料运输费．同理，$A\to C$ 每吨原料运输费=50(元)，$B\to C$ 每吨原料运输费=100(元)．产品费用=本地生产本地销售的产品生产费+本地生产外地销售的产品生产费+产品运输费．以 A 地为例，A 地产品费用$=150y_{11}+150y_{12}+90y_{12}=150y_{11}+$

$240y_{12}$，C 地的产品本地不销售只能全部外销．每个地区的年产原料量、年销产品量构成约束条件．第二步是求解，可使用 MATLAB 软件求解．

解 设 x_{ij}为由 i 地运到 j 地的原料数量(万吨)，y_{ij}为由 i 地运到 j 地的产品数量(万吨)，$i, j=1,2,3$（分别对应 A,B,C 三地）．根据题意，可以建立目标函数为包括原料运输费用、产品运输费用和生产费用（万元））的数学模型，如图 4.4.1 所示．

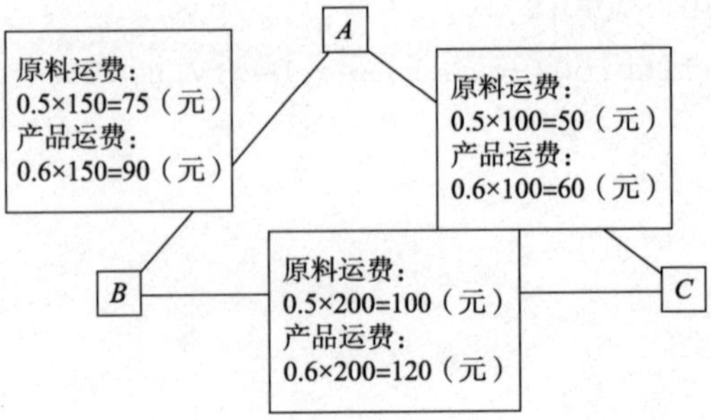

图 4.4.1

$$\min Z=[(75x_{12}+50x_{13})+(75x_{21}+100x_{23})+(50x_{31}+100x_{32})]+[(150y_{11}+240y_{12})+(210y_{21}+120y_{22})+(160y_{31}+220y_{32})]$$

$$\text{s. t.}\begin{cases}(x_{12}+x_{13})-(x_{21}+x_{31})+(3y_{11}+3y_{12})\leqslant 20\\(x_{21}+x_{23})-(x_{12}+x_{32})+(3y_{21}+3y_{22})\leqslant 16\\(x_{31}+x_{32})-(x_{13}+x_{23})+(3y_{31}+3y_{32})\leqslant 24\\y_{21}+y_{22}\leqslant 5\\y_{11}+y_{21}+y_{31}=7\\y_{12}+y_{22}+y_{32}=13\\x_{ij}\geqslant 0,\ j=1,2,3;i\neq j,y_{ij}\geqslant 0,i=1,2,3,\ j=1,2\end{cases}$$

```
>> c=[75,50,75,100,50,100,150,240,210,120,160,220];  % 定义价值系数矩阵 c
>> A=[1,1,-1,0,-1,0,3,3,0,0,0,0;-1,0,1,1,0,0,0,0,3,3,0,0;0,-1,0,-1,1,1,0,0,0,0,3,3;0,0,0,0,0,0,0,0,1,1,0,0];  % 定义不等式约束矩阵 A
>> b=[20;16;24;5];    % 定义不等式约束常数矩阵 b
>> Aeq=[0,0,0,0,0,0,1,0,1,0,1,0;0,0,0,0,0,0,0,1,0,1,0,1];beq=[7;13];
% 定义等式约束矩阵 A,等式约束常数矩阵 beq
>> lb=zeros(12,1);  % 定义下界
>> [x,fval]=linprog(c,A,b,Aeq,beq,lb)  % 求解线性规划 min(c*x)在约束条件 A* X<=b,AeqX=beq,lb<=X<=ub 下的最小值
x =
    0.0000
    0.0000
```

```
    1.0000
    0.0000
    0.0000
    0.0000
    7.0000
    0.0000
    0.0000
    5.0000
    0.0000
    8.0000
fval=3.4850e+003
```

因此，要使总费用最小，需要 B 向 A 运送 1 万 t 原料，A、B、C 三地建厂规模分别为 7 万 t、5 万 t、8 万 t，最小费用为 3 485 万元.

任务 3 季节性产品调匀问题.

某大型企业，生产的产品品种规格众多，且具有季节性（大体上 1~6 月为淡季，7~12 月为旺季），表 4.4.2 是该企业各季节对生产能力的需求及可利用的生产能力.

表 4.4.2

时　期	预测需求量/万 h	企业能力/万 h	
		固定时间	加班时间
第一季度	24	28	12
第二季度	29	28	12
第三季度	34	28	14
第四季度	48	28	14
总计	135	112	52

其中，固定时间和加班时间都可用来生产，而加班时间的劳动力成本比较高.

因为前一季度生产的产品，后一季度都能卖出去，所以把问题中的变量作表 4.4.3 所示的规定.

表 4.4.3

每小时的劳动成本	季　度			
	第一季度	第二季度	第三季度	第四季度
第一季度：固定时间	X_1	X_2	X_3	X_4
加班时间	X_5	X_6	X_7	X_8
第二季度：固定时间		X_9	X_{10}	X_{11}
加班时间		X_{12}	X_{13}	X_{14}
第三季度：固定时间			X_{15}	X_{16}
加班时间			X_{17}	X_{18}
第四季度：固定时间				X_{19}
加班时间				X_{20}

考虑到：（1）固定时间和加班时间每小时的劳动成本不同；（2）在不同时间内产品存储 1 h 的成本．下面是各个 X 变量的单位成本.

X_1，40元； X_2，45元； X_3，50元； X_4，55元； X_5，60元；

X_6，65元； X_7，70元； X_8，75元； X_9，40元； X_{10}，45元；

X_{11}，50元； X_{12}，60元； X_{13}，65元； X_{14}，70元； X_{15}，40元；

X_{16}，45元； X_{17}，60元； X_{18}，65元； X_{19}，40元； X_{20}，60元.

试从以上数据，列出使劳动总成本最低的数学模型.

［**分析**］ 本题中劳动总成本指付给劳动者的工资总额，它由固定工作时间内的工资总额和加班工资总额两部分构成，形成目标函数．每个季度的固定时间和加班时间构成约束条件.

解

确定变量：设 x_j 为固定时间或加班时间第 j 序列的劳动力预测数.

目标函数：劳动力成本最低，即

$$\min Z = 40x_1 + 45x_2 + 50x_3 + 55x_4 + 60x_5 + 65x_6 + 70x_7 + 75x_8 + 40x_9 + 45x_{10} + 50x_{11} + 60x_{12} + 65x_{13} + 70x_{14} + 40x_{15} + 45x_{16} + 60x_{17} + 65x_{18} + 40x_{19} + 60x_{20}$$

约束条件：

第一季度可用固定时间的约束 $x_1 + x_2 + x_3 + x_4 \leqslant 28$

第一季度可用加班时间的约束 $x_5 + x_6 + x_7 + x_8 \leqslant 12$

第二季度可用固定时间的约束 $x_9 + x_{10} + x_{11} \leqslant 28$

第二季度可用加班时间的约束 $x_{12} + x_{13} + x_{14} \leqslant 12$

第三季度可用固定时间的约束 $x_{15} + x_{16} \leqslant 28$

第三季度可用加班时间的约束 $x_{17} + x_{18} \leqslant 14$

第四季度可用固定时间的约束 $x_{19} \leqslant 28$

第四季度可用加班时间的约束 $x_{20} \leqslant 14$

第一季度可用预测需求量的约束 $x_1 + x_5 = 24$

第二季度可用预测需求量的约束 $x_2 + x_6 + x_9 + x_{11} = 29$

第三季度可用预测需求量的约束 $x_3 + x_7 + x_{10} + x_{13} + x_{15} + x_{17} = 34$

第四季度可用预测需求量的约束 $x_4 + x_8 + x_{11} + x_{14} + x_{16} + x_{18} + x_{19} + x_{20} = 48$

把以上式子组合起来，就是本例的线性规划数学模型.

求解过程请读者试着用 MATLAB 来完成．

任务训练

人力资源管理类问题

1. 人员安排问题.

某商场对售货员的需求情况见表 4.4.4，为保证售货人员充分休息，每周工作五天，休息两天，并要求休息的两天是连续的．问应如何安排售货人员的作息，使其既能满足工作需要又使配备的售货人员的人数最少．

表　4.4.4

时　　间	需售货员人数	时　　间	需售货员人数
星期一	300	星期五	480
星期二	300	星期六	600
星期三	350	星期日	550
星期四	400		

2. 环保计划问题.

某城市空气污染比较严重，市政府准备制订一个减少污染的计划，要求每年减少碳氢化合物排放量 50 万 t，二氧化碳 60 万 t，固体尘埃 80 万 t. 研究部门提供的各种减排方案的减排量与成本之间的关系见表 4.4.5.

表　4.4.5

减排效果/万 t	技术方案			
	减少机动车数量	安装除硫除尘器	提高能源利用率	关闭高污染工厂
碳氢化合物	60	30	70	45
二氧化硫	55	70	65	55
固体尘埃	70	100	80	70
成本/万元	1 500	3 000	2 500	2 000

试确定各种减排方案在减排计划中所占的比例，使满足减排指标的同时总成本最小.

3. 投资问题.

某投资公司在第一年有 200 万元资金，每年都有如下的投资方案可供考虑采纳：“假设第一年投入一笔资金，第二年又继续投入此资金的 50%，那么到第三年就可回收第一年投入资金的一倍金额.” 试制定投资策略，使投资公司第六年所掌握的资金最多.

4. 生产计划中产品搭配问题.

某企业生产 A、B、C、D 四种产品，由Ⅰ、Ⅱ、Ⅲ、Ⅳ、Ⅴ车间加工而成，生产数据和经营资料见表 4.4.6.

表　4.4.6

车　　间	单位产品的工时定额/h				可用工时/(h/月)
	产品 A	产品 B	产品 C	产品 D	
Ⅰ车间	0.03	0.15	0.05	0.10	400
Ⅱ车间	0.06	0.12	—	0.10	400
Ⅲ车间	0.05	0.10	0.05	0.12	500
Ⅳ车间	0.04	0.20	0.03	0.12	450
Ⅴ车间	0.02	0.06	0.02	0.05	400
销售趋势	400~600	<500	1 500~3 000	100~1 000	
单件利润	4	10	5	6	

已知产品 B 和产品 D 使用的金属板下月的最大供应量为 2 000 m^2，产品 B 每个需 2 m^2，产品 D 每个需 1.2 m^2. 现要求拟定一个最大利润的月生产计划.

拓展阅读

华罗庚

华罗庚（1910—1985），数学家，中国科学院院士，是中国解析数论、矩阵几何学、典型群、自守函数论等多方面研究的创始人和开拓者. 他为中国数学的发展做出了无与伦比的贡献，被誉为“中国现代数学之父”.

华罗庚作为当代科学巨匠和誉满中外的著名数学家，一生致力于数学研究和发展，并以科学家的博大胸怀提携后进和培养人才，以高度的历史责任感投身科普和应用数学推广，为数学科学事业的发展做出了卓越贡献，为祖国现代化建设付出了毕生精力.

项目五　认识运输问题与指派问题

本项目讨论的运输问题和指派问题，其模型具有相似的数学结构，是一种特殊的线性规划模型．许多决策模型都属于该类，其内容丰富，求解方法独特．

项目引入

(1) 某建筑公司有三个存储某种物资的料库，供应四个工地的需要，三个料库的供应量和四个工地的需要量以及各料库到各工地的单位物资的运价（元/t）见表 5.1.1，求出运费最低的调运方案．

表 5.1.1

料库	工地				供应量
	Ⅰ	Ⅱ	Ⅲ	Ⅳ	
A	3	11	6	10	700
B	1	9	2	8	400
C	7	4	10	5	900
需求量	300	600	500	600	2 000

(2) 某企业拟将四种产品配置到四个车间生产，四个车间的单位产品成本（元/件）见表 5.1.2，求最优生产配置方案．

表 5.1.2

车间	产品			
	B_1	B_2	B_3	B_4
A_1	58	69	180	260
A_2	75	50	150	230
A_3	65	70	170	250
A_4	82	55	200	280

以上两个问题需要用表上作业法解决运输问题，和匈牙利法求解指派问题，下面通过本项目的学习来解决这些问题．

项目目标

(1) 了解运输问题及其数学模型，掌握求解运输问题的表上作业法．

(2) 了解指派问题及其数学模型，掌握求解指派问题的匈牙利解法．

(3) 培养勤于思考、综合考虑问题的能力，养成科学严谨的学习态度和善于提炼生活中数学原型的习惯．

任务一 了解运输问题及其数学模型

在经济计划工作中，经常遇到物资的调运问题，如煤、钢材、粮食、木材等，在不同的地点有若干生产基地，需要将这些物资运送到各消费地区去．根据现有的运输网，应如何组织调运，才能既满足消费地区的需要，又使总的运费最小．

学习目标

（1）理解运输问题的概念．

（2）掌握运输问题的基本数学模型．

（3）理解表上作业法基本思路．

知识准备

一、运输问题的数学模型

运输问题一般可以表述为：设某物资有 m 个产地 $A_1,A_2,\cdots,A_m$，各产地的产量分别是 $a_1,a_2,\cdots,a_m$；有 n 个销地 $B_1,B_2,\cdots,B_n$，各销地的销量分别是 $b_1,b_2,\cdots,b_n$；c_{ij}表示把物资从产地 A_i 运往销地 B_j 的单位运价．问怎样调运才能使总运费最小．

m 个产地，n 个销地的运输问题，可用图 5.1.1 表示.

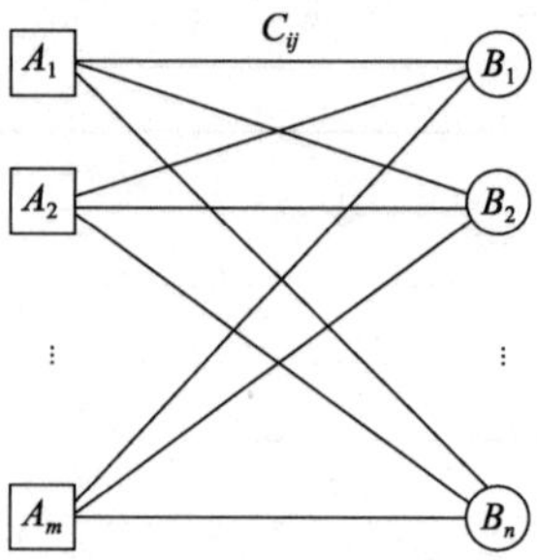

图 5.1.1

为清楚起见，把上述问题表示成运输表 5.1.3.

表 5.1.3

产地	销地				产量
	B_1	B_2	$\cdots$	B_n	
A_1	c_{11}	c_{12}	$\cdots$	c_{1n}	a_1
A_2	c_{21}	c_{22}	$\cdots$	c_{2n}	a_2
$\vdots$	$\cdots$	$\cdots$	$\cdots$	$\cdots$	$\vdots$
A_m	c_{m1}	c_{m2}	$\cdots$	c_{mn}	a_m
销量	b_1	b_2	$\cdots$	b_n	$\sum_{i+1}^{m} a_i = \sum_{j+1}^{n} b_j$

设 x_{ij}为从产地 A_i 运往销地 B_j 的运输量，可得到下列一般运输问题的模型：

$$\min Z = \sum_{i=1}^{m}\sum_{j=1}^{n} c_{ij}x_{ij}$$

$$\text{s.t.}\begin{cases}\sum\limits_{j=1}^{n} x_{ij}=a_i & (i=1,2,\cdots,m)\\ \sum\limits_{i=1}^{m} x_{ij}=b_j & (j=1,2,\cdots,n)\\ x_{ij}\geqslant 0 & (i=1,2,\cdots,m;\ j=1,2,\cdots,n)\end{cases}$$

其中 $\sum_{i=1}^{m} a_i = \sum_{j=1}^{n} b_j$.

运输问题的数学模型具有下述特点：

(1) 约束条件系数矩阵的元素为 0 或 1；

(2) 约束条件系数矩阵的每一列有两个非零元素，这对应于每一个变量在前 m 个约束条件中出现一次，在后 n 个约束条件中出现一次；

(3) 对于产销平衡运输问题，所有约束条件都是等式约束，各产地产量之和等于各销地销量之和；

(4) 可以证明：运输问题的基本可行解中，基变量的个数为 $m+n-1$.

运输问题可能有如下变化：

(1) 有时目标函数求最大，如求利润最大或营业额最大等；

(2) 当某些运输线路上的能力有限制时，须在模型中直接加入约束条件（等式或不等式约束）；

(3) 产销不平衡时，可加入假想的产地（销大于产时）或销地（产大于销时），转化为平衡问题.

从以上运输问题的特点可以看出，它是线性规划问题中的一类具有特殊性质的问题，虽然它也可以用线性规划的通用解法——单纯形法来求解，但是由于它具有自身的特殊性，创造出一种专门用来求解运输问题的简便方法——表上作业法，可直接在表上完成求解过程.

二、表上作业法的思路

运输表包含产销表和运价表，它们可以分开绘制，也可以绘制在同一张表中.

产销表见表 5.1.4.

表　5.1.4

产　地	销　地				产　量
	B_1	B_2	…	B_n	
A_1					a_1
A_2					a_2
⋮					⋮
A_m					a_m
销量	b_1	b_2	…	b_n	

运价表见表 5.1.5.

表　5.1.5

产　地	销　地			
	B_1	B_2	…	B_n
A_1	c_{11}	c_{12}	…	c_{1n}
A_2	c_{21}	c_{22}	…	c_{2n}
⋮	…	…	…	…
A_m	c_{m1}	c_{m2}	…	c_{mn}

表上作业法往往需要把产销表和运价表绘制在同一表中，并且给每一格的运输量 x_{ij} 留出空位，见表 5.1.6.

表 5.1.6

产地	销地				产量
	B_1	B_2	…	B_n	
A_1	x_{11} c_{11}	x_{12} c_{12}	…	x_{1n} c_{1n}	a_1
A_2	x_{21} c_{21}	x_{22} c_{22}	…	x_{2n} c_{2n}	a_2
⋮	…	…	…	…	⋮
A_m	x_{m1} c_{m1}	x_{m2} c_{m2}	…	x_{mn} c_{mn}	a_m
销量	b_1	b_2	…	b_n	

表上作业法求解运输问题的基本思路是：首先要找出一个初始方案（初始基本可行解），一般情况下，这个方案不会是最优的，还需要按照某种准则加以判别，并由此对初始方案进行调整、改进，直到求出最优方案为止.

注意：

(1) m 个产地、n 个销地的运输问题的基本可行解中，应该含有 $m+n-1$ 个基变量；

(2) 在运输表中，基变量（基本可行解中的变量）所对应的格子称为数字格，而非基变量所对应的格子称为空格.

任务实施

任务 1 某公司从两个产地 A_1,A_2 将物品运往三个销地 B_1，B_2，B_3，各产地的产量、各销地的销量和各产地运往各销地每件物品的运费见表 5.1.7，问：应如何调运可使总运输费用最小？

表 5.1.7

产地	销地			产量
	B_1	B_2	B_3	
A_1	6	4	6	200
A_2	6	5	5	300
销量	150	150	200	共计 500

[分析] 这是典型的产销平衡的运输问题：总产量 = 总销量 = 500.

解 设 $x_{ij}(i=1,2;\ j=1,2,3)$ 为从产地 A_i 运往销地 B_j 的运输量.

以总运费为目标函数，即

$$Z=6x_{11}+4x_{12}+6x_{13}+6x_{21}+5x_{22}+5x_{23}$$

追求它的最小值.

约束条件需要考虑两个方面：首先，两个产地的产品都能运出去，即

$$x_{11}+x_{12}+x_{13}=200 \quad 和 \quad x_{21}+x_{22}+x_{23}=300.$$

其次，3个销地的销量都能够得到满足，即

$$x_{11}+x_{21}=150, \quad x_{12}+x_{22}=150 \quad 和 \quad x_{13}+x_{23}=200$$

各运量为非负，即 $x_{ij} \geqslant (i=1,2;\ j=1,2,3)$

组合起来就得到本问题的数学模型：

$$\min Z=6x_{11}+4x_{12}+6x_{13}+6x_{21}+5x_{22}+5x_{23}$$

$$\text{s. t.}\begin{cases} x_{11}+x_{12}+x_{13}=200 \\ x_{21}+x_{22}+x_{23}=300 \\ x_{11}+x_{21}=150 \\ x_{12}+x_{22}=150 \\ x_{13}+x_{23}=200 \\ x_{ij} \geqslant 0 \quad (i=1,2;\ j=1,2,3) \end{cases}$$

任务2　有三台机床 A_1, A_2, A_3，加工三种零件 B_1, B_2, B_3，计划第 i 台机床的生产任务为 a_i 个零件 $(i=1,2,3)$，第 j 种零件的需求量为 $b_j (j=1,2,3)$，第 i 台机床加工第 j 种零件需要时间 c_{ij} 见表 5.1.8，问：应如何安排生产任务，使总的加工时间最少？

表　5.1.8

机　床	零　件			生产任务
	B_1	B_2	B_3	
A_1	5	2	3	50
A_2	6	4	1	60
A_3	7	3	4	40
需求量	70	30	50	共计 150

[**分析**]　任务2的情况，表面上看好像与运输问题没多大关系，但其模型的结构与任务1运输问题数学模型形式相同，都属于产销平衡的运输问题.

解　设 $x_{ij}(i=1,2,3;\ j=1,2,3)$ 为第 i 台机床加工第 j 种零件的数量. 显然，总任务量等于总需求量.

以总加工时间为目标函数，约束条件考虑供需平衡. 则此问题的数学模型为

$$\min Z=5x_{11}+2x_{12}+3x_{13}+6x_{21}+4x_{22}+x_{23}+7x_{31}+3x_{32}+4x_{33}$$

$$\text{s. t.}\begin{cases} x_{11}+x_{12}+x_{13}=50 \\ x_{21}+x_{22}+x_{23}=60 \\ x_{31}+x_{32}+x_{33}=40 \\ x_{11}+x_{21}+x_{31}=70 \\ x_{12}+x_{22}+x_{32}=30 \\ x_{13}+x_{23}+x_{33}=50 \\ x_{ij} \geqslant 0 \quad (i=1,2,3;\ j=1,2,3) \end{cases}$$

任务训练

1. 试叙述运输问题数学模型的特征．

2. 求解运输问题的表上作业法的基本思路是什么？

3. 某公司下属三个工厂（甲厂、乙厂、丙厂），生产同类产品，供应不同地区的三个城市（A 城、B 城、C 城），工厂的供应量、城市的需求量以及各工厂到不同城市的单位运价见表 5.1.9.

表 5.1.9

工厂	城市			供应量
	A 城	B 城	C 城	
甲厂	8	6	7	6 000
乙厂	4	3	5	4 000
丙厂	7	4	6	10 000
需求量	5 000	7 500	7 500	

为使得总运费最小，试建立相应的数学模型．

4. 某玩具公司生产三种新型玩具，每月供应市场分别为 1 000 件、1 500 件、2 000 件，它们分别被甲、乙、丙三个百货商店销售．已知每月百货商店此类玩具预期销售均为 1 500 件，由于经营方面原因，各商店销售不同玩具的盈利额不同（见表 5.1.10），又知丙商店要求供应 C 玩具 1 000 件，而拒绝进 A 玩具．求满足上述条件下使总盈利额最大的供销分配方案，试建立数学模型．

表 5.1.10

玩具	百货商店			可供量
	甲	乙	丙	
A	5	4	—	1 000
B	16	8	9	1 500
C	12	10	11	2 000

5. 已知运输问题的数学模型如下，试绘制出它的运输表．

$$\max Z=3x_{11}+x_{12}+3x_{13}+6x_{21}+4x_{22}+5x_{23}+7x_{31}+3x_{32}+x_{33}$$

$$\text{s. t.}\begin{cases}x_{11}+x_{12}+x_{13}=70\\x_{21}+x_{22}+x_{23}=60\\x_{31}+x_{32}+x_{33}=20\\x_{11}+x_{21}+x_{31}=40\\x_{12}+x_{22}+x_{32}=55\\x_{13}+x_{23}+x_{33}=50\\x_{ij}\geqslant 0\quad(i=1,2,3;\ j=1,2,3)\end{cases}$$

任务二　掌握运输问题初始调运方案的编制

学习目标

（1）掌握左上角法安排运输问题初始调运方案，并理解其优劣势．

（2）掌握最小元素法安排运输问题初始调运方案，并理解其优劣势．

（3）掌握沃格尔法安排运输问题初始调运方案，并理解其优劣势．

知识准备

一、左上角法

左上角法（又称西北角法）的基本过程是：优先从运价表的左上角（西北角）的变量赋值，给出尽可能大的运量，当行或列分配完毕后，划去相应的行或列，再给表中余下部分的左上角赋值，依此类推，直到右下角每个格子的运量分配完毕．

二、最小元素法

最小元素法的基本思想是：运价最小的线路优先安排运量，然后次小，直到给出初始基本可行解为止．

最小元素法的一般步骤是：

（1）找出运价表中最小的元素，在运量表内对应的格子填入允许取得的最大数，若某行（列）的产量（销量）已满足，则把运价表中该运价所在行（列）划去；

（2）找出未划去的运价中的最小数值，按此办法进行下去，直至得到一个基本可行解为止．

应当指出，应用最小元素法编制初始调运方案，这里的最小系指局部而言，就整体考虑的运费不见得一定是最小的．

三、沃格尔法

沃格尔法的基本思想：汲取最小元素法的优点，并对其进行了改进，考虑各行和各列产地到销地的最小运价和次小运价之间的差额，优先安排差额大的行或列中的运价最小格．

沃格尔法的一般步骤是：

（1）从运价表中分别计算出各行和各列的最小运费和次最小运费的差额（又称罚数），并在运输表的右边增加列、下边增加行，将罚数填入．

（2）对最大罚数做记号√，再从罚数最大的行或列中找出最小运价，确定供需关系和供需数量．当产地或销地中有一方数量供应完毕或得到满足时，划去运价表中对应的行或列．

（3）重复步骤（1）和步骤（2），直到找出初始解为止．

任务实施

任务1 某公司有三个生产同类产品的加工厂 A_1,A_2,A_3，其产品有四个销售点 B_1,B_2,B_3,B_4，各加工厂的产量和各销售点的销量以及各产地运往各销地每件物品的运费见表5.2.1，问：应如何调运可使总运输费用最小？请用三种方法分配初始调运方案．

表 5.2.1

产地	销地				产量
	B_1	B_2	B_3	B_4	
A_1	4	12	4	11	16
A_2	2	10	3	9	10
A_3	8	5	11	6	22
销量	8	14	12	14	共计48

[分析] 三种方法分别为左上角法、最小元素法和沃格尔法，分别按照这三种方法的基本步骤进行初始调运方案分配．

左上角法

对于任务1，先画出类似表5.1.6那样的运输表，见表5.2.2. 各 x_{ij} 处留下空位，其左上角的空格是 (A_1,B_1)，先在 (A_1,B_1) 格中填入 $x_{11}=\min(a_1,b_1)=\min(16,8)=8$，因 B_1 的销量已满足，划去 B_1 列，A_1 的可供量变为 $16-8=8$.

表 5.2.2

产地	销地				产量
	B_1	B_2	B_3	B_4	
A_1	8　4	12	4	11	16
A_2	2	10	3	9	10
A_3	8	5	11	6	22
销量	8	14	12	14	48

在运输表尚未划去的部分中，左上角格子变为 (A_1,B_2)，由于 $\min(a_1-8,b_2)=\min(8,14)=8$，故在 (A_1,B_2) 格中填入8，因 A_1 的可供量已用完，划去 A_1 行，B_2 的需求量由 $b_2=14$ 变为 $14-8=6$. 这时 (A_2,B_2) 是运输表剩下部分的左上角格子，因 $\min(a_2,b_2-8)=6$，在 (A_2,B_2) 中填入数字6，并划去 B_2 列．如此继续，在 (A_2,B_3) 格中填入4，在 (A_3,B_3) 格中填入8，最后在 (A_3,B_4) 格中填入14，并同时划去 A_3 行和 B_4 列，见表5.2.3. 整个寻求初始调运方案的过程都在表中完成．

表　5.2.3

产地	销　地				产量
	B_1	B_2	B_3	B_4	
A_1	4 **8**	12 **8**	4	11	16
A_2	2	10 **6**	3 **4**	9	10
A_3	8	5	11 **8**	6 **14**	22
销量	8	14	12	14	48

至此，令空格处的非基变量为零，得到了该运输问题的一个初始调运方案：

$$x_{11}=8,x_{12}=8,x_{22}=6,x_{23}=4,x_{33}=8,x_{34}=14,\text{其余 } x_{ij}=0.$$

即由 A_1 运 8 个单位物品至 B_1，运 8 个单位物品至 B_2；由 A_2 运 6 个单位物品至 B_2，4 个单位物品至 B_3；由 A_3 运 8 个单位物品至 B_3，14 个单位物品至 B_4，总运输费用

$$z=8\times4+8\times12+6\times10+4\times3+8\times11+14\times6=372.$$

下面针对任务 1，利用最小元素法编制初始调运方案：

最小元素法

首先，在运价表中找出最小的数值（若几个同为最小，任取其中一个），A_2B_1 格为最小，数值为 $c_{21}=2$，这表示先将 A_2 产品供应给 B_1 运费是最便宜的，故给 c_{21} 所对应的变量 x_{21} 以尽可能大的数值．显然 $x_{21}=\{8,10\}=8$. 在表中的 A_2B_1 格填上 8，见表 5.2.4. 此时，B_1 列被满足，已不需要 A_1 和 A_3 再向它供货，故运输表中的第一列数字已不起作用，因此将原表中的第一列划去．

表　5.2.4

产地	销　地				产量
	B_1	B_2	B_3	B_4	
A_1	4	12	4 **10**	11 **6**	16
A_2	2 **8**	10	3 **2**	9	10
A_3	8	5 **14**	11	6 **8**	22
销量	8	14	12	14	48

然后，在运价表中未划去的元素中找最小运价 A_2B_3 格 的 $c_{23}=3$，让 A_2 尽量供应满足 B_3 的需要．由于 A_2 的 10 已经供应了 8 给 B_1，最多只能供应 2 给 B_3，于是在运输表的 A_2B_3 格中填上“2”；相应地由于 A_2 所生产的产品已经全部供应完毕，因此，在运价表中 A_2 同行的运价也不再起作用，所以也将它们划去．

仿照上面的做法，一直做下去，到最后在运价表中只有 A_1B_4 格对应的运价 6 没有划掉，而 B_4 尚有 6 需求，为了满足供需平衡，所以最后在平衡表上对应 A_1B_4 处应填入 6. 至此，令空格处的非基变量为零，得到了该运输问题的一个初始调运

方案：

$$x_{21}=8, x_{23}=2, x_{13}=10, x_{32}=14, x_{34}=8, x_{14}=6, \text{其余 } x_{ij}=0.$$

即由 A_1 运 10 个单位物品至 B_3，运 6 个单位物品至 B_4；由 A_2 运 8 个单位物品至 B_1，2 个单位物品至 B_3；由 A_3 运 14 个单位物品至 B_2，8 个单位物品至 B_4. 总运输费用

$$z=8\times2+2\times3+10\times4+14\times5+8\times6+6\times11=246$$

这一方案显然比左上角法得出的方案要优出很多，见表 5. 2. 4.

下面针对任务 1，利用沃格尔法编制初始调运方案.

首先，给运输表增加一行和一列，以便于各行（列）罚数的填入. 分别计算出各行和各列的最小运费和次最小运费的差额（即罚数），并填入该表的最右列和最下行. 对最大罚数 5 做记号√，并在它所处的 B_2 列中找出最小的运价 5，在此格中填入尽可能大的运量 14，此时 B_2 列的销量已得到满足，将 B_2 列划去，见表 5. 2. 5.

表 5.2.5

产地	销地				产量	行罚数
	B_1	B_2	B_3	B_4		
A_1	4	12	4	11	16	0
A_2	2	10	3	9	10	1
A_3	8	**14** 5	11	6	22	1
销量	8	14	12	14		
列罚数	2	5√	1	3		

然后在剩下的空格中，继续计算各行各列的罚数，并给行罚数和列罚数增加格子，将罚数填入其中，此时有两个最大的罚数，即 B_1 列和 A_3 行，都是 2，不妨选择 A_3 行，在此行中找出最小的运价 6，在相应的格中填入尽可能大的运量 8，此时 A_3 行的产量已得到满足，将 A_3 行划去.

重复上面的步骤，直到每行每列的产量和销量都得到满足，见表 5. 2. 6.

表 5.2.6

产地	B_1	B_2	B_3	B_4	产量	行罚数			
A_1	4	12	12 4	4 11	16	0	0	0	7√
A_2	8 2	10	3	2 9	10	1	1	1	6
A_3	8	14 5	11	8 6	22	1	2√	—	—
销量	8	14	12	14					
列罚数	2	5√	1	3					
	2	—	1	2					
	2√	—	1	2					
	—	—	1	2					

如此，得到了该运输问题的一个初始调运方案：

$$x_{13}=12, x_{14}=4, x_{21}=8, x_{24}=2, x_{32}=14, x_{34}=8，其余 x_{ij}=0.$$

该方案的总运费：

$$Z=(12\times4)+(4\times11)+(8\times2)+(2\times9)+(14\times5)+(8\times6)=244.$$

一般地，用以上三种方法编制出的调运方案，优劣的排序通常是：①沃格尔法；②最小元素法；③左上角法．其原因在于方案制定时确定基变量的原则（填入数字格的原则）不同，左上角法不考虑单位运价，只按照供需平衡进行编排；最小元素法需要考虑单位运价尽可能小的问题，但只是考虑局部运输费用最小；而沃格尔法是在考虑了各行、列元素的最大差值条件下再按最小元素确定基变量，相当于在考虑可能出现的二次分配的条件下再考虑局部最小，所以得到的初始基本可行解要更优一些．用沃格尔法编制出的调运方案，往往很接近于最优方案，因此又称近似最优解，有时在时间紧迫而且不是特别苛求的情况下，可以作为最优方案的替代方案．

注：

（1）编制初始调运方案时，每次填完数，一般只能满足某一行或某一列，此时只划去一行或一列，只有最后一个元素例外（同时划去一行和一列）．

（2）也有特殊情况，如果在最后一个元素之前，当填上一个数后，行、列同时被满足（称为退化现象）时，也只能任意划去一行（列）．但为了保证数字格为$m+n-1$个，需要在某些格子填入0，其位置不能任意确定，而要根据相应的规则，在后面的步骤中来确定．

数言数语

编制初始调运方案的最小元素法只考虑了局部运费最小，沃格尔法则找出了行、列元素的最大差值再按最小元素确定基变量，可以看出，沃格尔法更接近最优解，这就是哲学中“整体与局部”的思想．今后在面对复杂的选择时，应当树立全局观念，立足整体，统筹全局，选择最佳方案，实现整体的最优目标，从而达到整体功能大于局部功能之和的效果．

任务训练

1. 运输问题的初始调运方案有哪些编制方法？试分别叙述它们的编制过程．

2. 解释沃格尔法中罚数的含义．

3. 某建筑公司有三个存储某种物资的料库，供应四个工地的需要，三个料库的供应量和四个工地的需要量以及各料库到各工地的单位物资的运价（元/t）见表5.2.7.

（1）用左上角法编制初始调运方案．

（2）用最小元素法编制初始调运方案．

（3）用沃格尔法编制初始调运方案．

（4）分别求出三种调运方案的总运费，进行比较，哪一个方案更优？

表　5.2.7

料库	工　地				供应量
	Ⅰ	Ⅱ	Ⅲ	Ⅳ	
A	3	11	6	10	700
B	1	9	2	8	400
C	7	4	10	5	900
需求量	300	600	500	600	2 000

任务三　认识产销平衡的运输问题

产销平衡，或称供需平衡，是指产量（供应量）等于销量（需求量）的运输问题．相较于产销不平衡的运输问题，产销平衡的运输问题处理起来相对简单．

前面介绍的几种运输方案的编制方法，只是得到了一个基本可行解的初始方案，一般来说，它还不是总运费最少的最优运输方案，还需要对初始调运方案进行检验，当判断它不是最优方案时，则对其进行调整，直至获得最优方案为止．

学习目标

（1）掌握求检验数闭回路法对基本可行解调运方案进行优化．

（2）运用表上作业法求解运输问题．

知识准备

一、求检验数的闭回路法

闭回路：是指运输表的基本可行解调运方案中从某一空格（初始格）出发，沿同行或同列前进，当遇到一个数字格时可转90°继续前进，按此方法进行下去，直到回到初始格的一个封闭的折线称为一条闭回路．

理论上可以证明：

（1）一个基本可行解的调运方案中不应该有以数字格为始点的闭回路．

（2）每一个空格有且只有一条闭回路．

求检验数的闭回路法

检验数：在调运方案的各个空格为始点所形成的闭回路上，做单位物资的调运调整，可以计算出相应的运费是增加还是减少．把计算出来的每条闭回路上调整单位运量而使运费发生变化的增减值，称为检验数．

检验数的具体求法是：设 x_{ij} 表示一个非基变量，以 x_{ij} 所在的空格作为起点，沿顺时针（或逆时针）方向作出闭回路，将所有奇数点对应的 c_{ij} 值取正号，将所有偶数点对应的 c_{ij} 值取负号，求其代数和，即为 x_{ij} 所对应的空格的检验数．这样求检验数的方法称为闭回路法．

空格的检验数意味着：（1）当某空格的检验数为负数时，在以此空格为始点所形成的闭回路上，做单位物资的调运调整，将减少若干单位的运费成本；（2）如果某空格的检验数是正数，那么在以它为始点所形成的闭回路上，做单位物资的调运调整，只会使运费有不同程度的增加．

由此可知：当检验数中有负数时，方案有改进的余地，须继续运算；当检验数全为非负数时，已经得到最优方案．

二、表上作业法的一般步骤

求解运输问题的过程都是在表格中完成，因此称为表上作业法，其一般步骤是：

第一步：根据实际问题绘制出运输表（包含产销量和单位运价），把每格的运价移到右上角，为后续填入运量腾出空位，然后编制出一个初始调运方案，即初始基本可行解.

第二步：根据闭回路法计算各空格的检验数.

第三步：如果检验数全为非负，则可判定调运方案为最优，解题结束．否则需对该方案进行调整，即改进基本可行解.

第四步：对检验数为负数的空格，作为换入变量（空格变为数字格），以它作为第一个顶点，对闭回路上的顶点依次编号，找偶数点中的最小运输量，闭回路上奇数顶点运量加上此数，偶数顶点运量减去此数，得出新的调运方案.

第五步：继续对新方案进行检验、调整，每调整一次得到的新方案，其对应的运费需比前一方案优一些（特殊情况也可以相等），如此经过若干次调整改进，直至得到最优方案为止．

注意：

(1) 如果多个空格（非基变量）的检验数为负，任一个都可作为换入变量．一般以检验数 $\lambda_{ij}<0$ 中最小的对应变量作为换入变量．

(2) 在最优解中，如果有某非基变量的检验数为 0，则说明该运输问题有多重最优解．

(3) 迭代过程中，若某一格填数时需同时划去一行和一列，此时出现退化．为保证 $m+n-1$ 个非空格，需在上述的行或列中填入数字0（它的位置是在对应的同时划去的那行或那列的所有空格中对应单位运价最小的任一空格）.

任务实施

任务 1　某公司有三个生产同类产品的加工厂 A_1,A_2,A_3，其产品有四个销售点 B_1,B_2,B_3,B_4，各加工厂的产量和各销售点的销量以及各产地运往各销地每件物品的运费和用最小元素法安排的初始调运方案见表 5.3.1，找出各空格的闭回路，并求出每个空格的检验数．

闭回路法例题

表　5.3.1

产地	销　地				产量
	B_1	B_2	B_3	B_4	
A_1	4	12	**10** 4	**6** 11	16

续表

产地	销地				产量
	B_1	B_2	B_3	B_4	
A_2	2 **8**	10	3 **2**	9	10
A_3	8	5 **14**	11	6 **8**	22
销量	8	14	12	14	48

［**分析**］ 对所有空格分别构造闭回路，再计算每个空格的检验数.

解 如表5.3.2，A_1B_1 格的闭回路为：$(1,1)\to(1,3)\to(2,3)\to(2,1)\to(1,1)$，其检验数为：$\lambda_{11}=4-4+3-2=1$.

其余各空格的闭回路及检验数分别为：

A_1B_2 格：闭回路$(1,2)\to(1,4)\to(3,4)\to(3,2)\to(1,2)$

检验数 $\lambda_{12}=12-11+6-5=2$

A_2B_2 格：闭回路$(2,2)\to(3,2)\to(3,4)\to(1,4)\to(1,3)\to(2,3)\to(2,2)$

检验数 $\lambda_{22}=10-5+6-11+4-3=1$

A_2B_4 格：闭回路$(2,4)\to(1,4)\to(1,3)\to(2,3)\to(2,4)$

检验数 $\lambda_{24}=9-11+4-3=-1$

A_3B_1 格：闭回路$(3,1)\to(2,1)\to(2,3)\to(1,3)\to(1,4)\to(3,4)\to(3,1)$

检验数 $\lambda_{31}=8-2+3-4+11-6=10$

A_3B_3 格：闭回路$(3,3)\to(3,4)\to(1,4)\to(1,3)\to(3,3)$

检验数 $\lambda_{33}=11-6+11-4=12$

表 5.3.2

产地	销地				产量
	B_1	B_2	B_3	B_4	
A_1	4	12	4 10	11 6	16
A_2	2 8	10	3 2	9	10
A_3	8	5 14	11	6 8	22
销量	8	14	12	14	48

为了看得清楚，可将算出来的检验数填入表 5.3.3 中.

表 5.3.3

产　地	销　地			
	B_1	B_2	B_3	B_4
A_1	1	2	—	—

续表

产　地	销　地			
	B_1	B_2	B_3	B_4
A_2	—	1	—	-1
A_3	10	—	12	—

任务 2　调整调运方案.

任务 2 对任务 1 进行优化调整，直至得出最优调运方案.

[分析]　对检验数为负数的空格，作为换入变量（空格变为数字格），以它作为第一个顶点，对闭回路上的顶点依此编号，找偶数点中的最小运输量，闭回路上奇数顶点运量加上此数，偶数顶点运量减去此数，得出新的调运方案.

解　观察发现 A_2B_4 格的检验数-1 是唯一的负数，这意味着：在以空格 A_2B_4 格为始点所形成的闭回路上，做单位物资的调运调整，可以减少 1 个单位的成本，而其他空格的检验数都是正数，如果在以它们为始点所形成的闭回路上，做单位物资的调运调整，只会使运费有不同程度的增加. 因此，以 x_{24} 为换入变量，以(A_2,B_4)为第一个奇数顶点，对闭回路上顶点依此编号找偶数点中最小运输量（发现是 $x_{23}=2$），闭回路上奇数顶点运量加上此数，偶数顶点运量减去此数，得出新的调运方案，见表 5.3.4.

将检验数为负的回路调整至最优解

表　5.3.4

产地	销　地				产量
	B_1	B_2	B_3	B_4	
A_1	(4)	(12)	**12** (4)	**4** (11)	16
A_2	**8** (2)	(10)	(3)	**2** (9)	10
A_3	(8)	**14** (5)	(11)	**8** (6)	22
销量	8	14	12	14	48

重新计算检验数，见表 5.3.5.

表　5.3.5

产　地	销　地			
	B_1	B_2	B_3	B_4
A_1	0	2	—	—
A_2	—	2	1	—
A_3	9	—	12	—

这时，空格的检验数全为非负，方案没有改进的余地，为最优方案. 最优调运方案为：

$$x_{13}=12, x_{14}=4, x_{21}=8, x_{24}=2, x_{32}=14, x_{34}=8，其余\ x_{ij}=0.$$

该方案的总运费为

$$Z=[(12\times4)+(4\times11)+(8\times2)+(2\times9)+(14\times5)+(8\times6)]\text{元}=244\text{ 元}.$$

本任务只经过一次调整就得到最优方案，是因为问题比较简单，数据量也不大，而且初始方案也比较接近最优方案．如果是大型的运输问题，往往需要多次调整，才能达到最优．

必须说明：以上用闭回路法求出的最优调运方案与任务 2 中沃格尔法求出的方案是一样的，这只是巧合，并不意味着用沃格尔法求出的一定是最优方案，其实，用沃格尔法求出的方案一般比较接近于最优方案（因此也称近似最优解），在运气好的情况下，才能恰好得到最优解．

数言数语

在用表上作业法求解运输问题时，步骤较多，过程较烦琐，更多情况是需要经过数次调整才能得到最优解，因此需要保持充分的耐心和细心，切勿操之过急，才能求出正解．

任务训练

1. 在运输问题的表上作业法中，什么是空格？什么是数字格？

2. 什么是闭回路？怎样用闭回路法求检验数？检验数的正或负意味着什么？

3. 表上作业法的一般步骤是怎样的？

4. 已知运输问题的供需关系表及运价表见表 5.3.6.（1）用最小元素法求出初始调运方案；（2）用闭回路法改进调运方案，求出最优解．

表 5.3.6

产地	销地				产量
	B_1	B_2	B_3	B_4	
A_1	3	2	7	6	50
A_2	7	5	2	3	60
A_3	2	5	4	5	25
销量	60	40	20	15	

5. 对表 5.3.7 所示的运输问题：（1）用左上角法求出初始调运方案；（2）用表上作业法求出最优方案；（3）用沃格尔法给出近似最优解．

表 5.3.7

产地	销地				产量
	B_1	B_2	B_3	B_4	
A_1	18	14	17	12	100
A_2	5	8	13	15	100
A_3	17	7	12	9	150
销量	50	70	60	80	

任务四　认识产销不平衡的运输问题

不平衡的运输问题是指总产量（或供应量）不等于总销量（或需求量）的运输问题．前面所讨论的运输问题都要求总产量等于总销量，因而也称平衡的运输问题．而在实际问题中，产销量往往是不平衡的，为了利用表上作业法求解，就往往需要把不平衡的运输问题转化成平衡的运输问题．其基本思路是引入松弛变量，相当于增加一个虚拟的产地或销地．

学习目标

（1）认识供大于求的运输问题，会转化为产销平衡的运输问题并用表上作业法求出最优解．

（2）认识求大于供的运输问题，会转化为产销平衡的运输问题并用表上作业法求出最优解．

知识准备

一、供大于求的运输问题，即 $\sum_{i=1}^{m} a_i > \sum_{j=1}^{n} b_j$

由于总产量大于总销量，某些产地的产量调运不出去，即调运量小于其产量；由此可以建立供过于求的运输问题的数学模型：

$$\min Z = \sum_{i=1}^{m} \sum_{j=1}^{n} c_{ij} x_{ij}$$

$$\text{s. t.} \begin{cases} \sum_{j=1}^{n} x_{ij} \leqslant a_i \quad (i=1,2,\cdots,m) \\ \sum_{i=1}^{m} x_{ij} = b_j \quad (j=1,2,\cdots,n) \\ x_{ij} \geqslant 0 \quad (i=1,2\cdots m;\ j=1,2,\cdots n) \end{cases}$$

由于产品供大于求，应考虑把多余的物资就地存储，即增加一个虚拟销地 B_{n+1}，虚拟销地 B_{n+1} 的总销量为 $b_{n+1} = \sum_{i=1}^{m} a_i - \sum_{j=1}^{n} b_j$.

令 $x_{i,n+1}$ 是从产地 A_i 到虚拟销地 B_{n+1} 的调运量，它相当于产地 A_i 的存储量，不需花运费，因而运价为 0，即 $c_{i,n+1}=0$.

在这个意义下即把不平衡运输问题化为了平衡运输问题．

供过于求运输问题的运价表见表 5.4.1.

表　5.4.1

产地	销　地					产量
	B_1	B_2	…	B_n	B_{n+1}	
A_1	c_{11}	c_{12}	…	c_{1n}	0	a_1

续表

产地	销地					产量
	B_1	B_2	…	B_n	B_{n+1}	
A_2	c_{21}	c_{22}	…	c_{2n}	0	a_2
⋮	…	…	…	…	…	⋮
A_m	c_{m1}	c_{m2}	…	c_{mn}	0	a_m
销量	b_1	b_2	…	b_n	b_{n+1}	

注意：用最小元素法求初始调运方案时，最后一列的零运价最后考虑．

供过于求运输问题的平衡模型为：

$$\min Z = \sum_{i=1}^{m}\sum_{j=1}^{n+1} c_{ij}x_{ij}$$

$$\text{s. t.}\begin{cases}\sum\limits_{j=1}^{n+1} x_{ij}=a_i & (i=1,2,\cdots,m)\\ \sum\limits_{i=1}^{m} x_{ij}=b_j & (j=1,2,\cdots,n+1)\\ x_{ij}\geqslant 0\end{cases}$$

二、求大于供的运输问题，即 $\sum\limits_{i=1}^{m} a_i < \sum\limits_{j=1}^{n} b_j$

由于总产量小于总销量，某些销地的需求得不到满足，即调入量小于其销量；由此可以建立供不应求的数学模型．

$$\min Z = \sum_{i=1}^{m}\sum_{j=1}^{n} c_{ij}x_{ij}$$

$$\text{s. t.}\begin{cases}\sum\limits_{j=1}^{n} x_{ij}=a_i & (i=1,2,\cdots,m)\\ \sum\limits_{i=1}^{m} x_{ij}\leqslant b_j & (j=1,2,\cdots,n)\\ x_{ij}\geqslant 0 & (i=1,2,\cdots,m;\ j=1,2,\cdots,n)\end{cases}$$

由于供不应求，则应设想一个虚拟产地 A_{m+1}，并让虚拟产地 A_{m+1}来供给销地 B_j所需物资差额．虚拟产地 A_{m+1}的产量为：

$$a_{m+1} = \sum_{j=1}^{n} b_j - \sum_{i=1}^{m} a_i.$$

由于销地实际上不能从虚拟产地 A_{m+1}得到供应，故其运价应该是高额的，令

$$c_{(m+1)j}=M,$$

其中 M 是一个充分大（远大于各 c_{ij}）的正数．

供不应求运输问题运价表见表 5.4.2.

表　5.4.2

产地	销地				产量
	B_1	B_2	…	B_n	
A_1	c_{11}	c_{12}	…	c_{1n}	a_1
A_2	c_{21}	c_{22}	…	c_{2n}	a_2
⋮	…	…	…	…	⋮
A_m	c_{m1}	c_{m2}	…	c_{mn}	a_m
A_{m+1}	M	M	…	M	a_{m+1}
销量	b_1	b_2	…	b_n	

这样，供不应求运输问题的平衡模型为：

$$\min Z = \sum_{i=1}^{m+1}\sum_{j=1}^{n} c_{ij}x_{ij}$$

$$\text{s. t.}\begin{cases}\sum\limits_{j=1}^{n} x_{ij}=a_i & (i=1,2,\cdots,m+1)\\ \sum\limits_{i=1}^{m+1} x_{ij}\leqslant b_j & (j=1,2,\cdots,n)\\ x_{ij}\geqslant 0 & (i=1,2,\cdots,m+1;\ j=1,2,\cdots,n)\end{cases}$$

任务实施

任务1　某公司下属有三个造纸厂A_1、A_2和A_3，其纸的产量分别是5 t、8 t、6 t，有四个集中用户B_1、B_2、B_3和B_4，其所需用量分别为2 t、4 t、5 t和4 t，每个造纸厂到个用户的单位运价见表5.4.3，问如何组织运输，才能使总运费最少？

表　5.4.3

产地	销地				产量
	B_1	B_2	B_3	B_4	
A_1	15	20	30	17	5
A_2	25	30	16	10	8
A_3	18	19	25	20	6
销量	2	4	5	4	

[分析]　由于总产量19 t大于总需求量15 t，故本问题是个产销不平衡问题，增设虚拟销地B_5，其需求量为19－15＝4(t)，各产地到B_5的单位运价均为0，这样就得到了一个产销平衡的运输问题，其运价表见表5.4.4.

表　5.4.4

产地	销地					产量
	B_1	B_2	B_3	B_4	B_5	
A_1	15	20	30	17	0	5
A_2	25	30	16	10	0	8
A_3	18	19	25	20	0	6
销量	2	4	5	4	4	

解 应用表上作业法求解该问题,得最终的运输表见表 5.4.5.

表 5.4.5

产地	销地					产量
	B_1	B_2	B_3	B_4	B_5	
A_1	**2** 15	20	30	**1** 17	**2** 0	5
A_2	25	30	**5** 16	**3** 10	0	8
A_3	18	**4** 19	25	20	**2** 0	6
销量	2	4	5	4	4	

则最优方案为：$x_{11}=2, x_{14}=1, x_{23}=5, x_{24}=3, x_{32}=4$，其余 $x_{ij}=0$，总费用为$Z=233$.

其中，产地 A_1 和 A_3 各有 2 t 货物没有运出去 .

任务 2 某公司三个工厂生产同一产品的产量、四个销售点的销量及单位运价见表 5.4.6，问如何组织运输，才能使总运费最少？

表 5.4.6

产地	销地				产量
	B_1	B_2	B_3	B_4	
A_1	4	12	4	11	9
A_2	2	10	3	9	5
A_3	8	5	11	6	9
销量	6	5	7	8	

[分析] 产量为 $8+5+9=23$，销量为 $6+5+7+8=26$，这是求大于供的运输问题，要想转化为平衡问题，则应虚设一个产地 A_4，其虚拟的产量为原问题供需的差额 $26-23=3$，并为其设定高额的运价 M，不妨设 $M=100$.

解 应用表上作业法求解该问题,最终的运输表见表 5.4.7.

表 5.4.7

产地	销地				产量
	B_1	B_2	B_3	B_4	
A_1	**1** 4	12	**7** 4	**1** 11	9
A_2	**5** 2	10	3	9	5
A_3	8	**5** 5	11	**4** 6	9
A_4	100	100	100	**3** 100	3
销量	6	5	7	8	

得最优调运方案为 $x_{11}=1, x_{13}=7, x_{14}=1, x_{21}=5, x_{32}=5$，$x_{34}=4, x_{44}=3$，其中 $x_{44}=3$ 是虚拟的，并没有真实的产生运费，因此总费用为：

$$z=1\times4+7\times4+1\times11+5\times2+5\times5+4\times6=102$$

任务训练

1. 不平衡的运输问题有哪些？分别怎样把它们转化为平衡的运输问题？

2. 某公司从两个产地 A_1、A_2 将物品运往三个销地 B_1、B_2、B_3，各产地的产量、各销地的销量和各产地运往各销地每件物品的运费见表 5.4.8，问：应如何调运可使总运输费用最小？

表 5.4.8

产地	销 地			产 量
	B_1	B_2	B_3	
A_1	6	4	6	300
A_2	6	5	5	300
销量	150	150	200	

3. 已知某物资的供需双方情况及运价见表 5.4.9，求最优调运方案．

表 5.4.9

供应	需 求				供应量
	B_1	B_2	B_3	B_4	
A_1	2	11	3	4	7
A_2	10	3	5	9	5
A_3	7	8	1	2	7
需求量	2	3	4	6	

4. 已知有三个采石场，供应三个工程段，供需双方情况及运价见表 5.4.10，求最优调运方案．

表 5.4.10

供应	需 求			采石场生产能力（供应量）
	A 段	B 段	C 段	
W 厂	40	80	80	56
X 厂	160	240	160	82
Y 厂	80	160	240	77
工程段需求量	82	102	61	

任务五 认识指派问题

在实际工作中，管理者经常要面临分派任务的问题．比如，现在有若干项任务要完成，可供选择的人员是确定的，由于每个人员的特点和能力不同，完成各项任务的效益（或成本）也不同，那么如何分配任务，才能使完成各项任务的总效益最高（或总成本最少）？这类问题就是指派问题．

指派问题又称分配问题或配置问题，是资源合理配置或最优匹配问题，一般可表述为：在满足特定指派要求条件下，使指派方案总体效果最佳．

例如，有若干项工作需要分配给若干人（或部门）来完成，使总成绩最好；有若干项合同需要选择若干投标者来承包，使总成本最低；有若干班级需要安排在若干教室里上课，使总距离最短；等等．

学习目标

(1) 理解指派问题．

(2) 会用匈牙利解法求出标准指派问题的最优解．

(3) 会将指派问题变异情况转化为标准指派问题．

知识准备

一、引例

某商业公司计划装修五间新的店面．为了尽早建成营业，商业公司决定由五家装修公司分别承包．已知装修公司 A_i 对店面 B_j 的装修造价（万元）为 $c_{ij}(i, j=1,2,\cdots,5)$，见表 5.5.1. 商业公司对五家装修公司怎样分配任务，才能使得总的装修费用最少？

表 5.5.1

装修公司	店面				
	B_1	B_2	B_3	B_4	B_5
A_1	12	7	9	7	9
A_2	8	9	6	6	6
A_3	7	17	12	14	9
A_4	15	14	6	6	10
A_5	4	10	7	10	9

解 五间店面由五家装修公司装修，一方面一家装修公司只能承建一间店面，另一方面一间店面只能由一家装修公司承建．店面和装修公司是一一对应的．

引入 0-1 变量 $x_{ij}=\begin{cases}0, \text{不指派第 } i \text{ 公司装修第 } j \text{ 店面} \\ 1, \text{指派第 } i \text{ 公司装修第 } j \text{ 店面}\end{cases} \quad (i, j=1,2,3,4,5)$

表 5.5.2 中的各 x_{ij} 的取值反映了各装修队与店面的配对情况．

表 5.5.2

装修公司	店面				
	B_1	B_2	B_3	B_4	B_5
A_1	x_{11}	x_{12}	x_{13}	x_{14}	x_{15}

续表

装修公司	店　面				
	B_1	B_2	B_3	B_4	B_5
A_2	x_{21}	x_{22}	x_{23}	x_{24}	x_{25}
A_3	x_{31}	x_{32}	x_{33}	x_{34}	x_{35}
A_4	x_{41}	x_{42}	x_{43}	x_{44}	x_{45}
A_5	x_{51}	x_{52}	x_{53}	x_{54}	x_{55}

（1）每家装修公司 A_i 只能选择一间店面，那么行相加 =1，即 $\sum_{j=1}^{5} x_{ij}=1, i=1,2,3,4,5$.

（2）每间店面 B_j 只能选择一家装修公司，那么列相加 =1，即 $\sum_{i=1}^{5} x_{ij}=1$，$j=1,2,3,4,5$.

（3）目标函数为总装修费用，即 $z=\sum_{i=1}^{5}\sum_{j=1}^{5} c_{ij}x_{ij}$（$c_{ij}$表示第 i 公司装修第 j 店面的造价，见表 5.5.2），要求它的最小值.

这样，就得到本问题的数学模型：

$$\min z=\sum_{i=1}^{5}\sum_{j=1}^{5} c_{ij}x_{ij}$$

$$\text{s. t.}\begin{cases}\sum_{i=1}^{5} x_{ij}=1, & j=1,2,3,4,5\\ \sum_{j=1}^{5} x_{ij}=1, & i=1,2,3,4,5\\ x_{ij}=0,1, & i,\ j=1,2,3,4,5\end{cases}$$

二、标准指派问题

标准指派问题指的是：有 n 个人和 n 件事，已知第 i 个人做第 j 件事的费用为 c_{ij}（$c_{ij}\geqslant 0, i, j=1,2,\cdots,n$），要求确定人和事之间的一一对应的指派方案，使完成这 n 件事的总费用最小.

为建立数学模型，引入 0-1 变量

$$x_{ij}=\begin{cases}0,\text{不指派第 } i \text{ 个人做第 } j \text{ 项工作}\\ 1,\text{指派第 } i \text{ 个人做第 } j \text{ 项工作}\end{cases}\quad (i,\ j=1,2,\cdots,n)$$

则标准指派问题的数学模型为

$$\min z=\sum_{i=1}^{n}\sum_{j=1}^{n} c_{ij}x_{ij}$$

$$\text{s. t.}\begin{cases}\sum_{i=1}^{n} x_{ij}=1, & j=1,2,\cdots,n\\ \sum_{j=1}^{n} x_{ij}=1, & i=1,2,\cdots,n\\ x_{ij}=0,1, & i,\ j=1,2,\cdots,n\end{cases}$$

其中矩阵 $\boldsymbol{C}=(c_{ij})$ 称为效率矩阵（有时又称成本矩阵或系数矩阵）.

标准的指派问题的数学模型具有运输问题数学模型的特征，是特殊的运输问题，同时，由于它的决策变量是 0-1 变量，又称特殊的 0-1 规划问题.

1965 年匈牙利数学家 Edmonds 提出了解指派问题的一种算法，后人习惯上称之为匈牙利解法.

三、匈牙利解法

匈牙利解法的条件是：问题求最小值，人数与工作数一一对应及效率非负．即标准指派问题.

匈牙利解法依据以下原理：

(1) 若从指派问题的效率矩阵 $\boldsymbol{C}=(c_{ij})$ 的某行（或某列）各元素分别减去（或加上）一个常数 k，得到一个新的矩阵 $\boldsymbol{C}'=(c'_{ij})$，则以 $\boldsymbol{C}$ 和 $\boldsymbol{C}'$ 为效率矩阵的两个指派问题有相同的最优解．（因为这种变化不影响约束方程组，而只是使目标函数值减少（或增加）了常数 k，所以，最优解并不改变）

(2) 若矩阵 $\boldsymbol{C}$ 的元素可分为"0"与"非 0"两部分，则覆盖零元素的最少直线数等于位于不同行不同列的零元素（称为独立零元素）的最大个数.

对于指派问题，由于系数矩阵均非负，故若能在系数矩阵中找到 n 个位于不同行和不同列的零元素（独立的零元素），则对应的指派方案总费用为零，从而一定是最优的.

匈牙利解法的步骤如下：

第一步：变换系数矩阵．对系数矩阵中的每行元素分别减去该行的最小元素；再对系数矩阵中的每列元素分别减去该列中的最小元素．若某行或某列已有 0 元素，就不必再减了（不能出现负元素）.

第二步：在变换后的系数矩阵中确定独立 0 元素（试指派）．若独立 0 元素已有 n 个，则已得出最优解；若独立 0 元素的个数少于 n 个，转第三步.

确定独立 0 元素的方法：当 n 较小时，可用观察法、或试探法；当 n 较大时，可按下列顺序进行：

(1) 从只有一个 0 元素的行（列）开始，给这个 0 元素加圈，记作○，然后划去○所在的列（行）的其他 0 元素，记作 ϕ.

(2) 重新观察剩下的 0 元素，给只有一个 0 元素的列（行）的 0 加圈，然后划去其所在行（列）的 0 元素，记作 ϕ.

(3) 反复进行，直到系数矩阵中的所有 0 元素都被圈去或划去为止.

(4) 如遇到行或列中 0 元素都不止一个，可任选其中一个 0 元素加圈，同时划去同行和同列中的其他 0 元素．被划圈的 0 元素即是独立的 0 元素.

第三步：作最少数目的直线，覆盖所有 0 元素（目的是确定系数矩阵的下一个变换，产生更多的 0 元素），可按下述方法进行：

(1) 对没有○的行打"√"号；

(2) 在已打"√"号的行中，对 ϕ 所在列打"√"号；

(3) 在已打"√"号的列中，对○所在的行打"√"号；

(4) 重复 (2)和(3)，直到再也找不到可以打“√”号的行或列为止；

(5) 对没有打“√”的行划一横线，对打“√”的列划一纵线，这样就得到覆盖所有 0 元素的最少直线数．

第四步：继续变换系数矩阵，目的是增加独立 0 元素的个数．方法是在未被直线覆盖的元素中找出一个最小元素，然后在打“√”行各元素中都减去这一元素，而在打“√”列的各元素都加上这一最小元素，以保持原来 0 元素不变，并且消除负元素．得到新的系数矩阵，返回第二步．

数言数语

从匈牙利解法的步骤中可以看出，虽然效率矩阵经过多次变换，但最终与原矩阵具有相同的最优解．这告诉我们，认识一个事物时，只要抓住事物的本质，就不会被纷繁复杂的表象迷惑，就能真正地认识事物．

四、指派问题的变异情况

在实际应用中，常会遇到各种非标准形式的指派问题，如追求最大值、人数与任务数不相等以及不可接受的配置（某人不能接受某项工作）等．通常的处理方法是对效率矩阵通过适当变换，使其转化为标准指派问题，然后用匈牙利解法求解．

(1) 最大化指派问题

设最大化指派问题系数矩阵 $\boldsymbol{C}$ 中最大元素为 M. 令矩阵 $\boldsymbol{B}=\{b_{ij}\}$，其中 $b_{ij}=M-c_{ij}$，则以 $\boldsymbol{B}$ 为系数矩阵的最小化指派问题和以 $\boldsymbol{C}$ 为系数矩阵的原最大化指派问题有相同的最优解．

(2) 人数和事数不等的指派问题

若人少事多，则添上一些虚拟的“人”．这些虚拟的人作各事的费用系数可取 0，理解为这些费用实际上不会发生．若人多事少，则添上一些虚拟的“事”．这些虚拟的事被各人做的费用系数同样也取 0.

(3) 一个人可做几件事的指派问题

若某个人可做几件事，则可将该人看作相同的几个人来接受指派．这几个人作同一件事的费用系数当然都一样．

(4) 某事一定不能由某人做的指派问题

若某事一定不能由某个人做，则可将相应的费用系数取做足够大的数 M.

任务实施

任务 1　用匈牙利解法，求出知识准备中引例的最优分派方案．

[分析]　根据匈牙利解法的步骤求出最优解．

解　第一步：列出系数矩阵，找出系数矩阵每行的最小元素，并分别从每行中减去最小元素，此时，每行中都出现了 0 元素，巧合的是，每列中也都出现了 0 元素，因此不必对列进行同样的运算：

指派问题的
匈牙利解法

$$\begin{pmatrix} 12 & 7 & 9 & 7 & 9 \\ 8 & 9 & 6 & 6 & 6 \\ 7 & 17 & 12 & 14 & 9 \\ 15 & 14 & 6 & 6 & 10 \\ 4 & 10 & 7 & 10 & 9 \end{pmatrix} \longrightarrow \begin{pmatrix} 5 & 0 & 2 & 0 & 2 \\ 2 & 3 & 0 & 0 & 0 \\ 0 & 10 & 5 & 7 & 2 \\ 9 & 8 & 0 & 0 & 4 \\ 0 & 6 & 3 & 6 & 5 \end{pmatrix}$$

第二步：确定独立 0 元素

$$\longrightarrow \begin{pmatrix} 5 & (0) & 2 & 0 & 2 \\ 2 & 3 & 0 & (0) & 0 \\ (0) & 10 & 5 & 7 & 2 \\ 9 & 8 & (0) & 0 & 4 \\ 0 & 6 & 3 & 6 & 5 \end{pmatrix}$$

独立 0 元素的个数为 $m=4$，而矩阵的阶数为 $n=5$，进入下一步.

第三步：作最少的直线覆盖所有的 0 元素，目的是确定系数矩阵的下一个变换.

$$\longrightarrow \begin{pmatrix} \not5 & \textcircled{0} & 2 & \not0 & 2 \\ \not2 & 3 & \not0 & \textcircled{0} & \not0 \\ \textcircled{0} & 10 & 5 & 7 & 2 \\ \not9 & 8 & \textcircled{0} & \not0 & 4 \\ \not0 & 6 & 3 & 6 & 5 \end{pmatrix} \begin{matrix} \\ \\ \checkmark \\ \\ \checkmark \end{matrix}$$
$$\checkmark$$

第四步：对上述矩阵进行变换，目的是增加独立 0 元素的个数. 方法是在未被直线覆盖的元素中找出一个最小元素，然后在相应的行各元素中都减去这一元素，而在划线的列的各元素都加上这一最小元素，以保持原来 0 元素不变. 得到新的系数矩阵.

$$\longrightarrow \begin{pmatrix} 7 & (0) & 2 & 0 & 2 \\ 4 & 3 & 0 & (0) & 0 \\ 0 & 8 & 3 & 5 & (0) \\ 11 & 8 & (0) & 0 & 4 \\ (0) & 4 & 1 & 4 & 3 \end{pmatrix} \text{(独立 0 元素达到 5 个)}$$

$$\xrightarrow{\text{最优方案}} \begin{pmatrix} 0 & 1 & 0 & 0 & 0 \\ 0 & 0 & 0 & 1 & 0 \\ 0 & 0 & 0 & 0 & 1 \\ 0 & 0 & 1 & 0 & 0 \\ 1 & 0 & 0 & 0 & 0 \end{pmatrix}$$

最优指派方案为：派第 1 公司装修第 2 店面，第 2 公司装修第 4 店面，第 3 公司装修第 5 店面，第 4 公司装修第 3 店面，第 5 公司装修第 1 店面，最小费用为

$$7+6+9+6+4=32(\text{万元}).$$

任务 2 某企业拟将四种产品配置到四个车间生产，四个车间的单位产品成本（元/件）见表 5.5.3，求最优生产配置方案.

表　5.5.3

车　间	产　品			
	B_1	B_2	B_3	B_4
A_1	58	69	180	260
A_2	75	50	150	230
A_3	65	70	170	250
A_4	82	55	200	280

[分析]　根据匈牙利解法的步骤求出最优解．

解　第一步:列出成本矩阵，找出成本矩阵每行的最小元素，并分别从每行中减去最小元素，然后找出成本矩阵每列的最小元素，并分别从每列中减去最小元素：

$$\begin{pmatrix} 58 & 69 & 180 & 260 \\ 75 & 50 & 150 & 230 \\ 65 & 70 & 170 & 250 \\ 82 & 55 & 200 & 280 \end{pmatrix} \longrightarrow \begin{pmatrix} 0 & 11 & 122 & 202 \\ 25 & 0 & 100 & 180 \\ 0 & 5 & 105 & 185 \\ 27 & 0 & 145 & 225 \end{pmatrix} \longrightarrow \begin{pmatrix} (0) & 11 & 22 & 22 \\ 25 & 0 & (0) & 0 \\ 0 & 5 & 5 & 5 \\ 27 & (0) & 45 & 45 \end{pmatrix}$$

第二步：作最少的直线覆盖所有的0元素，目的是确定系数矩阵的下一个变换．

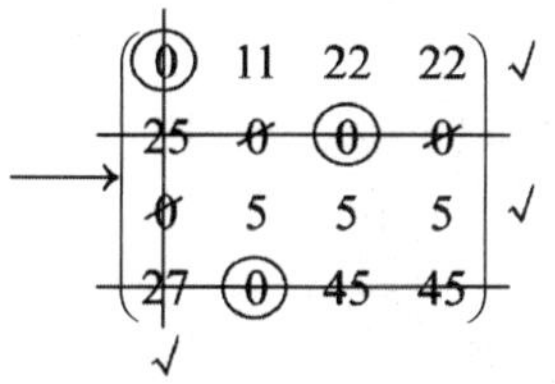

这里，所得直线数为3（等于4时才能达到最优解）．

第三步：对上述矩阵进行变换，目的是增加独立0元素的个数．方法是在未被直线覆盖的元素中找出一个最小元素（这里是5），然后在相应的行各元素中都减去这一元素，而在划线的列的各元素都加上这一最小元素，以保持原来的0元素不变（消除负元素）：

$$\longrightarrow \begin{pmatrix} 0 & 6 & 17 & 17 \\ 30 & 0 & 0 & 0 \\ 0 & 0 & 0 & 0 \\ 32 & 0 & 45 & 45 \end{pmatrix}$$

第四步：覆盖所有0元素最少需要4条直线，表明矩阵中存在4个不同行不同列（独立）的0元素，可找出两种情况：

$$\begin{pmatrix} (0) & 6 & 17 & 17 \\ 30 & 0 & (0) & 0 \\ 0 & 0 & 0 & (0) \\ 32 & (0) & 45 & 45 \end{pmatrix} \quad 或 \quad \begin{pmatrix} (0) & 6 & 17 & 17 \\ 30 & 0 & 0 & (0) \\ 0 & 0 & (0) & 0 \\ 32 & (0) & 45 & 45 \end{pmatrix}$$

令对应的变量为1，其余变量为0，得到两个最优解：

$$\begin{pmatrix} 1 & & & \\ & & 1 & \\ & & & 1 \\ & 1 & & \end{pmatrix} \text{和} \begin{pmatrix} 1 & & & \\ & & & 1 \\ & & 1 & \\ & 1 & & \end{pmatrix}$$

任务 3 人事部门欲安排四人到四个不同的岗位工作，每个岗位一人，经考核四人在不同岗位的成绩见表 5.5.4，如何安排他们的工作才能使总成绩最好？

表 5.5.4

人员	工作			
	B_1	B_2	B_3	B_4
A_1	85	92	73	90
A_2	95	87	78	95
A_3	82	83	79	90
A_4	86	90	80	88

[分析] 本题是要求目标函数的最大值，属于指派问题的变异情况，需要先将题目中给出的数据进行处理，转化为标准的指派问题再根据匈牙利解法的步骤求出最优解．

解 令 $M=\max\{c_{ij}\}=95, b_{ij}=95-c_{ij}\geqslant 0$，则

$$B=\begin{pmatrix} 10 & 3 & 22 & 5 \\ 0 & 8 & 17 & 0 \\ 13 & 12 & 16 & 5 \\ 9 & 5 & 15 & 7 \end{pmatrix}$$

原问题求最大值转化为求新问题的最小值，利用匈牙利算法，求解过程为：

$$B=\begin{pmatrix} 10 & 3 & 22 & 5 \\ 0 & 8 & 17 & 0 \\ 13 & 12 & 16 & 5 \\ 9 & 5 & 15 & 7 \end{pmatrix} \longrightarrow \begin{pmatrix} 7 & 0 & 19 & 2 \\ 0 & 8 & 17 & 0 \\ 8 & 7 & 11 & 0 \\ 4 & 0 & 10 & 2 \end{pmatrix}$$

$$\longrightarrow \begin{pmatrix} 7 & (0) & 9 & 2 \\ (0) & 8 & 7 & 0 \\ 8 & 7 & 1 & (0) \\ 4 & 0 & (0) & 2 \end{pmatrix} \longrightarrow \begin{pmatrix} & 1 & & \\ 1 & & & \\ & & & 1 \\ & & 1 & \end{pmatrix}$$

最优分配方案为：A_1 人员到 B_2 岗，A_2 到 B_1 岗，A_3 到 B_4 岗，A_4 到 B_3 岗，总成绩为 $92+95+90+80=357$.

任务训练

1. 什么是标准的指派问题？它的决策变量有什么特征？试叙述标准指派问题的匈牙利算法的一般步骤．

2. 指派问题有哪些变异的情况？分别如何转化为标准指派问题？

3. 四个工作小组完成四项不同的工作的成本见表 5.5.5，试确定最优分派方案．

表 5.5.5

小组	工作			
	B_1	B_2	B_3	B_4
A_1	19	10	16	20
A_2	14	12	9	16
A_3	12	15	11	13
A_4	18	10	14	17

4. 某大型工程有五个工程项目 $B_j(j=1,2,3,4,5)$，决定向社会公开招标，有五家建筑能力相当的建筑公司分别获得中标承建．已知建筑公司 $A_i(i=1,2,3,4,5)$ 的报价 c_{ij}（百万元）见表 5.5.6，问该部门应该怎样分配建造任务，才能使总的建造费用最小？

表 5.5.6

公司	工程				
	B_1	B_2	B_3	B_4	B_5
A_1	4	8	7	15	12
A_2	7	9	17	14	10
A_3	6	9	12	8	7
A_4	6	7	14	6	10
A_5	6	9	12	10	6

5. 6 名员工在 6 个工作岗位上的工作效率以百分数表示，见表 5.5.7. 求使总效率最高的任务分配方案．

表 5.5.7

员工	岗位					
	B_1	B_2	B_3	B_4	B_5	B_6
A_1	92	73	80	85	97	99
A_2	75	75	98	91	86	82
A_3	80	94	90	91	99	80
A_4	79	97	96	82	80	88
A_5	84	76	94	88	93	72
A_6	76	92	74	86	73	88

任务六　了解运输问题和指派问题应用实例

学习目标

（1）用表上作业法求出运输问题最优解．

（2）用匈牙利法求出指派问题最优解．

任务实施

一、运输问题实例

任务 1 设某公司有三个仓库 A_1、A_2、A_3，共同存有某种物资，库存量分别为 15 t、18 t、17 t，三个仓库一起向 B_1、B_2、B_3 三个销售地供货，三地需求量分别为 18 t、12 t、16 t. 各仓库到各销地的运输距离（公里）见表 5.6.1. 问：应如何调运这些物资，才能在满足需求的前提下使总运输吨公里数最小？

产消不平衡且出现退化例题

表 5.6.1

仓库	销地			库存量
	B_1	B_2	B_3	
A_1	5	9	2	15
A_2	3	4	7	18
A_3	6	2	8	17
需求量	18	12	16	

[分析] 由于总供应量 50 t 大于总需求量 46 t，故本问题是供大于求的运输问题，增设虚拟销地 B_4，其需求量为 $50-46=4(\mathrm{t})$，这样就得到了一个供需平衡的运输问题.

解 其运价表见表5.6.2.

表 5.6.2

仓库	销地				库存量
	B_1	B_2	B_3	B_4	
A_1	5	9	2	0	15
A_2	3	4	7	0	18
A_3	6	2	8	0	17
销量	18	12	16	4	50

应用表上作业法求解该问题，得最终的运输表见表 5.6.3.

表 5.6.3

仓库	销地				库存量
	B_1	B_2	B_3	B_4	
A_1	[5]	[9]	**15** [2]	[0]	15
A_2	**18** [3]	[4]	**0** [7]	[0]	18
A_3	[6]	**12** [2]	**1** [8]	**4** [0]	17
销量	18	12	16	4	50

这里出现了退化的情况（基变量 $x_{23}=0$），最优方案为

$$x_{13}=15, x_{21}=18, x_{32}=12, x_{33}=1, x_{34}=4，其余 x_{ij}=0，总费用为 Z=116.$$

任务 2 设有三个煤矿供应四个电厂的发电用煤．假定各个煤矿的年产量、各个电厂的备用煤量以及单位运价见表 5.6.4．试求运费最省的煤炭调拨方案．

表 5.6.4

煤矿	电厂				产量
	Ⅰ	Ⅱ	Ⅲ	Ⅳ	
A	16	13	22	17	50
B	14	13	19	15	60
C	19	20	23	—	50
最低需要量	30	70	0	10	
最高需求量	50	70	30	不限	

[分析] 这是一个产销不平衡的运输问题，总产量 160 个单位．四个电厂的年最低需求为 110 个单位，小于产量 160. 根据现有产量，第四个电厂每年最多能再多获得 50 个单位的供应量，因此，最高总需求为 210 个单位，大于产量 160. 为了求得平衡，增加一个假想的煤矿 D，其年产量为 50 个单位，见表 5.6.5.

表 5.6.5

煤矿	电厂				产量
	Ⅰ	Ⅱ	Ⅲ	Ⅳ	
A	16	13	22	17	50
B	14	13	19	15	60
C	19	20	23	—	50
最低需要量	30	70	0	10	
最高需求量	50	70	30	(60)	

由于各电厂的需求量包含两个部分，如电厂 I，其最低需求 30 个单位不能由虚拟产地 D 供应，如要供应，其运价是一个任意大的正数 M；而另一部分 20 个单位可以满足也可以不满足，因此可由虚拟产地 D 供应，其运价为 0；其他电厂的需求量也可类似处理；从而可得到一个平衡的运输问题（单位运价表与产销平衡表，即表 5.6.6）.

表 5.6.6

煤矿	电厂						产量
	Ⅰ	Ⅰ′	Ⅱ	Ⅲ	Ⅳ	Ⅳ′	
A	16	16	13	22	17	17	50
B	14	14	13	19	15	15	60
C	19	19	20	23	M	M	50
D	M	0	M	0	M	0	50
销量	30	20	70	30	10	50	

利用表上作业法可以求得上述问题的最优方案，见表 5.6.7.

表 5.6.7

煤矿	电厂						产量
	Ⅰ	Ⅰ′	Ⅱ	Ⅲ	Ⅳ	Ⅳ′	
A			50				50
B			20		10	30	60
C	30	20	0				50
D				30		20	50
销量	30	20	70	30	10	50	

总运费为：$z=2\ 460$.

二、指派问题实例

任务 3 某大型工程有五个工程项目，决定向社会公开招标，有三家建筑能力相当的建筑公司分别获得中标承建．已知建筑公司 $A_i(i=1,2,3)$ 对项目 B_j 的报价为 c_{ij}（百万元），见表 5.6.8，可允许每家建设公司承建一项或两项工程．求使总费用最少的指派方案．

表 5.6.8

公司	工程				
	B_1	B_2	B_3	B_4	B_5
A_1	4	8	7	15	12
A_2	7	9	17	14	10
A_3	6	9	12	8	7

[分析] 建筑公司最由于本题并不是一个标准的指派问题，因此先根据已知条件将本题转化为标准指派问题后再用匈牙利解法进行求解．

解 由于每家建筑公司最多可以承建两项,因此可把每家建筑公司看成两家建筑公司，其系数矩阵为

$$\begin{array}{c} \begin{matrix} B_1 & B_2 & B_3 & B_4 & B_5 \end{matrix} \\ \begin{pmatrix} 4 & 8 & 7 & 15 & 12 \\ 4 & 8 & 7 & 15 & 12 \\ 7 & 9 & 17 & 14 & 10 \\ 7 & 9 & 17 & 14 & 10 \\ 6 & 9 & 12 & 8 & 7 \\ 6 & 9 & 12 & 8 & 7 \end{pmatrix} \begin{matrix} A_1 \\ A_1' \\ A_2 \\ A_2' \\ A_3 \\ A_3' \end{matrix} \end{array}$$

上面的系数矩阵有六行五列，为了使“人”和“事”的数目相同，引入一件虚拟的事 B_6，使之成为标准指派问题的系数矩阵：

$$
\begin{array}{c}
\begin{matrix} B_1 & B_2 & B_3 & B_4 & B_5 & B_6 \end{matrix} \\
\begin{pmatrix}
4 & 8 & 7 & 15 & 12 & 0 \\
4 & 8 & 7 & 15 & 12 & 0 \\
7 & 9 & 17 & 14 & 10 & 0 \\
7 & 9 & 17 & 14 & 10 & 0 \\
6 & 9 & 12 & 8 & 7 & 0 \\
6 & 9 & 12 & 8 & 7 & 0
\end{pmatrix}
\begin{matrix} A_1 \\ A_1' \\ A_2 \\ A_2' \\ A_3 \\ A_3' \end{matrix}
\end{array}
$$

然后，用匈牙利解法求解．可得最优方案为：

$$
\begin{pmatrix}
1 & & & & & \\
 & & 1 & & & \\
 & 1 & & & & \\
 & & & & & 1 \\
 & & & 1 & & \\
 & & & & 1 &
\end{pmatrix}.
$$

即第一建筑公司承建第一、三项工程，第二建筑公司承建第二项工程，第三建筑公司承建第四、五项工程．费用最省为 $4+7+9+8+7=35$(百万元)．

数言数语

通过本任务学习可以看到，当遇到产销不平衡的运输问题和指派问题的变异情况时，都用到了数学基本思想方法中的“转化思想”：把未知的问题转化成已知问题，再用已学的方法来求解．类似地，“转化思想”可以运用到生活中去，当生活中遇到了一个新的问题，如果能尝试着将它转化成已经解决过的问题，那这个新的问题也就能迎刃而解了．

任务训练

1. 某公司销售某种型号的汽车，它有三个仓库 A_1、A_2、A_3 和三个准备供应的城市 B_1、B_2、B_3，三个仓库的供应量和三个城市的需求量以及每辆汽车所能获得的利润见表 5.6.9 所示，求最优调运方案．

表　5.6.9

供　应	需　求			供应量
	B_1	B_2	B_3	
A_1	2	5	8	9
A_2	9	10	7	10
A_3	6	5	4	12
需求量	8	14	9	31

2. 某公司从两个产地 A_1、A_2 将物品运往三个销地 B_1、B_2、B_3，各产地的产量、各销地的销量和各产地运往各销地每件物品的运费见表 5.6.10，问：应如何调运可使

总运输费用最小？

表 5.6.10

产　地	销　地			产　量
	B_1	B_2	B_3	
A_1	6	4	6	200
A_2	6	5	5	300
销量	250	200	200	

3. 某田径队准备从五名队员中挑选四名组成 4×100 m 接力队．根据平时的资料，各队员担任各个棒次的成绩见表 5.6.11. 应如何挑选队员，才能使预期的比赛成绩最佳？

表 5.6.11

队　员	棒　次			
	一	二	三	四
A	12.0	11.6	11.5	11.2
B	12.3	11.7	11.6	11.1
C	11.9	11.4	11.5	11.0
D	11.8	11.6	11.7	11.2
E	12.1	11.7	11.5	11.1

4. 某商业集团计划在市内四个地点投资四个专业超市，考虑的商品有电器、服装、食品、家具及计算机五个类别．通过评估，家具超市不能放在第三个点，计算机超市不能放在第四个点，不同类别的超市投放到各点的年利润（万元）预测值见表 5.6.12. 请问如何作出投资决策使总利润最大？

表 5.6.12

超　市	地　点			
	1	2	3	4
电器	120	300	360	400
服装	80	350	420	260
食品	150	160	380	300
家具	90	200	—	180
计算机	220	260	270	—

拓展阅读

陈景润

陈景润是我国著名的数学家，他 1933 年 5 月出生于福建省福州市．1963 年，陈景润在《数学学报》上发表了题为《圆内整点问题》的论文，改进了华罗庚的结果，因而得到华罗庚的赏识，被调到了中国科学院原数学研究所任研究员．此后，陈景润认真研究中外数学家的优秀成果，在若干数论问题上得到了重要的结果，并开始向“哥德巴赫猜想”发起挑战．1973 年他在《中国科学》发表了“1+2”的详细证明并改进了 1966 年宣布的数值结果，立即在国际数学界引起了轰动，被公认为是对哥德巴赫猜想研究的重大贡献，是筛法理论的光辉顶点，他的成果被国际数学界称为“陈氏定理”．

由于陈景润在哥德巴赫猜想的研究中取得了举世瞩目的成就，他获得了国家自然科学奖一等奖．

陈景润持之以恒、潜心钻研、勇于攻关的精神，激励千千万万中国青年走上了攀登科学高峰的道路．

项目六　掌握图与网络方法

人们在从事各种活动时，为了反映一些关系，常常需要画出各种各样的示意图．例如，铁路交通图、电网分布图、上水道及下水道分布图；又如，公司的各部门关系图、大型联赛各球队交锋关系图等．

图的理论和方法，就是从形形色色的具体的图及有关的实际问题中，抽象出它们共同的东西，从中找出规律，以便再应用到解决具体的问题当中．

图与网络分析是近几十年来运筹学领域中发展迅速而且十分活跃的一个分支．由于它对实际问题的描述，具有直观性，故广泛应用于自然科学、社会科学，以及现代经济管理科学等许多科学领域．

项目引入

（1）某小区各楼栋间须安装供水管道，楼栋之间可以安装供水管道的距离如图 1 所示，试求距离最短的管道安装路线．

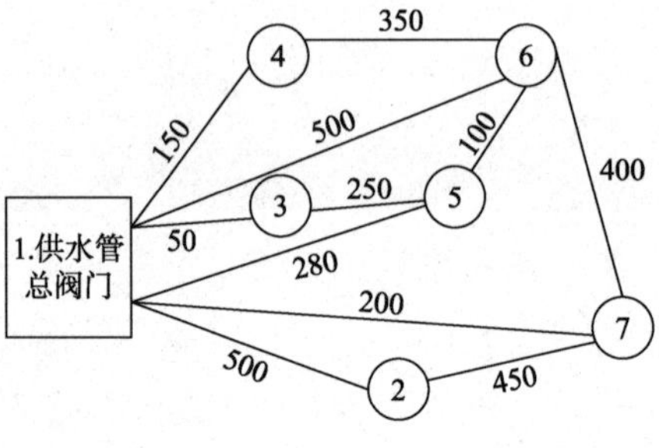

图　1

（2）物流公司要将一批货用汽车从广州运到上海，图 2 是两城市之间的公路网络图，试寻找广州至上海间的最短路线．

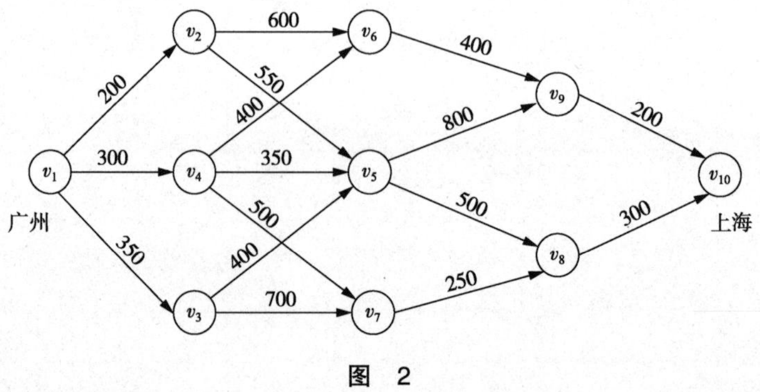

图　2

(3) 图 3 是连接某产品产地 v_1 和销地 v_7 的交通图，弧 (v_i,v_j) 表示从 v_i 到 v_j 的运输线，弧旁的数字表示这条运输线的最大通过能力 c_{ij}. 现要求制定一个运输方案，使从 v_1 运送到 v_7 的产品数量最多.

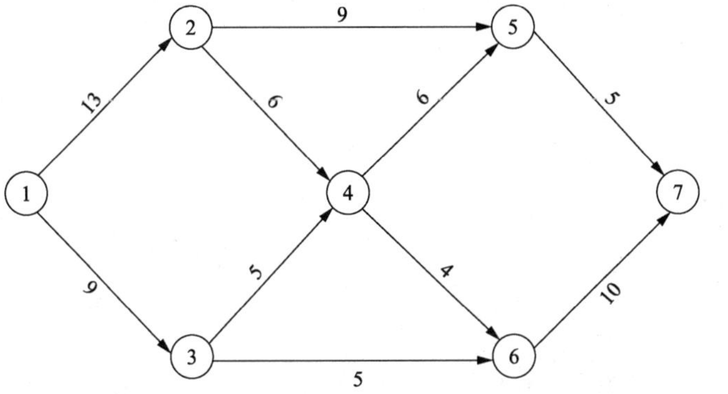

图　3

以上三个问题需要用到求最小生成树知识，求最短路知识和求最大流知识，下面通过本项目的学习来解决这些问题.

项目目标

(1) 理解图与网络的基本概念，掌握最小生成树的求解方法及实际应用.

(2) 掌握最短路问题和最大流问题的求解方法及实际应用.

(3) 掌握旅行售货员与中国邮路问题的求解方法.

(4) 培养养成面对烦琐图例事物，学会去枝存干、抓住本质，寻求更优的解决问题方法.

任务一　了解图与网络的基本概念

学习目标

(1) 掌握图的基本要素.

(2) 掌握无向图和有向图的相关概念.

(3) 掌握网络的相关概念.

知识准备

一、图的概念

引例 1　为了反映 A 市与周边城市的铁路交通网分布情况，画出铁路交通图(见图 6.1.1)：用点表示车站，点与点的连线表示两地之间有铁路相连.

引例 2　为了反映甲、乙、丙、丁、戊 5 家企业的业务往来关系，可以用点表示企业，在这两个点之间划一条线，表示两个企业间存在业务往来. 如果还要反映供需关系，可以用带箭头的线（有向线）表示，箭尾为供货方，箭头为需求方，如图6.1.2所示.

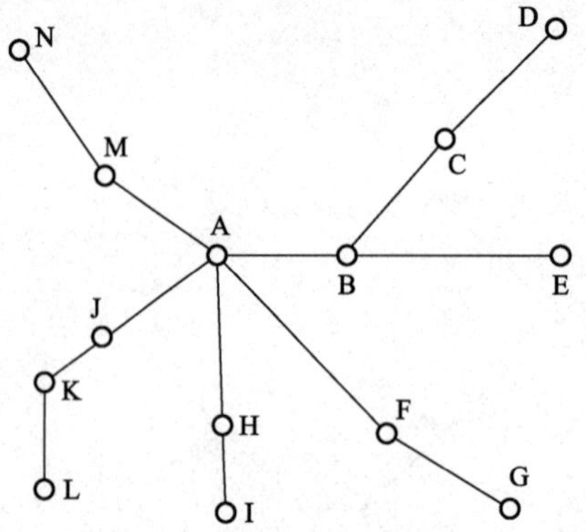

图 6.1.1

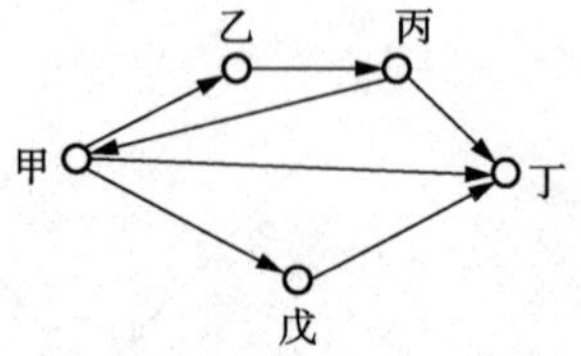

图 6.1.2

以上两个引例，前者是具体的地形图，后者是抽象的关系图，它们的共同特点是：都反映了研究对象之间的关系.

通常，用点表示要研究的对象，用线表示对象之间某种特定的关系. 因此可以说，图是反映对象间关系的一种工具.

图的基本要素是：点以及点与点之间的连线.

二、无向图

图是由表示具体事物的点（顶点）的集合 $V=\{v_1,v_2,\cdots,v_n\}$ 和表示事物之间关系的边的集合 $E=\{e_1,e_2,\cdots,e_m\}$ 所组成，且 E 中元素 e_k 是由 V 中的无序元素对 $[v_i,v_j]$ 表示，即 $e_k=[v_i,v_j]$，这类图可以记为 $G=(V,E)$，并称之为**无向图**.

多重边与环：具有相同端点的多条边称为多重边或平行边；两个端点落在一个顶点的边称为环.

多重图和简单图：含有多重边的图称为多重图；无环也无多重边的图称为简单图.

顶点的次：对于顶点 v_i，v_i 作为边的端点的次数称为点 v_i 的次，又称度. 其中环的两个端点重合要计算两次.

奇点与偶点：次为奇数的点称为奇点；次为偶数的点称为偶点.

回路：若干条边依次首尾相接，第一条边的起点与最后一条边的终点重合，称为回路.

通路：若干条边依次首尾相接，称为从第一条边的起点到最后一条边的终点的通路.

若回路中的边都不相同，则称为**简单回路**；若回路中的边和顶点都互不相同，则称为**初等回路或圈**.

在实际问题中，只用图来描述对象间的关系往往还不够，与图联系在一起的，通常还有与点或边有关的某些数量指标，通常称之为“**权**”.

赋权图：设图 $G=(V,E)$ 中，对任意一条边 $e\in E$，如果相应都有一个权值 $w(e)$，

则称 G 为赋权图或无向网络．$w(e)$ 称为边 e 的权．

图 6.1.3 是一个赋权图．

$e_1=[v_1,v_2], w(e_1)=1; e_2=[v_1,v_3], w(e_2)=4;$

$e_3=[v_2,v_3], w(e_3)=2; e_4=[v_3,v_5], w(e_4)=3;$

等等．

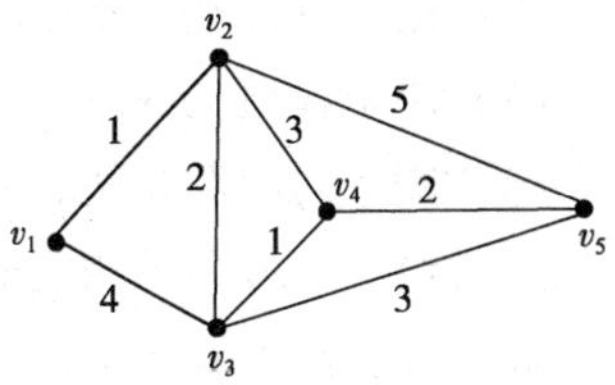

图　6.1.3

可见，赋权图不仅指出了各点之间的邻接关系，而且也表示各点之间的数量关系．这种数量关系不仅仅是距离，有时还可以是其他含义，如容量、时间、流量、费用等．

正因为如此，作图时赋权图中各边的长短与权值大小不必成比例．

三、有向图

在很多实际问题中，事物之间的联系是带有方向性的．如图 6.1.4 所示，v_1 表示某一水系的发源地，v_7 表示这个水系的入海口，图中的箭头则表示各支流的水流方向，它是水系流向图．

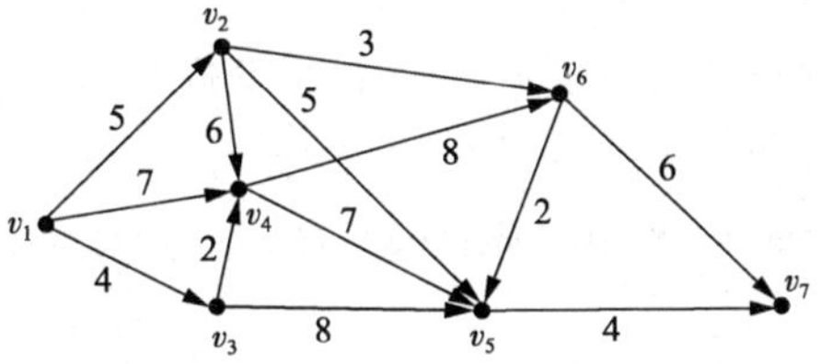

图　6.1.4

图 6.1.4 中的边是有方向的，称这类图为**有向图**．图中有方向的边称为**弧**（在图中用带有箭头的线表示）．有向图可记为 $G=(V,A)$，其中 V 是顶点的集合，A 是弧的集合．

设在有向图 $G=(V,A)$ 中对任意一条弧 $a_{ij}\in A$，如果相应都有一个权值 $w(a_{ij})$，则称 G 为赋权有向图．$w(a_{ij})$ 称为弧 a_{ij} 的权，简记为 w_{ij}（权通常可以表示距离、费用、时间和容量等）．

例如，图 6.1.1 中，$(v_1,v_2),(v_1,v_3)$，(v_2,v_5) 等都是 A 中的元素，$w_{12}=5, w_{13}=4, w_{25}=5$.

在实际工作中，有很多问题的可行解方案都可以通过一个赋权有向图表示，例如，物流渠道的设计、物资运输路线的安排、排水管道的铺设、资金的流向等，所以赋权图被广泛应用于解决工程技术及科学管理等领域的最优化问题．

通常称赋权图为网络，赋权有向图为有向网络，赋权无向图为无向网络．

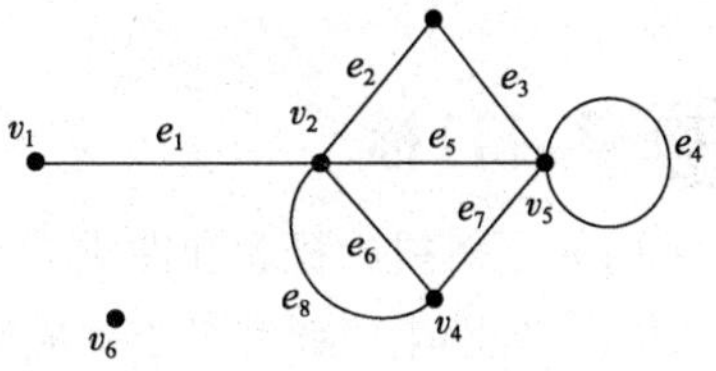

图　6.1.5

任务实施

任务 1　仔细观察图 6.1.5，回答下列问题：

(1) 图中有几条边、几个顶点？是不是多重图？

(2) 图中有没有多重边和环？如果有，分别是什么？

(3) 图中各顶点的次分别是多少？

(4) 图中的奇点和偶点分别有哪些？

[分析] 掌握图的相关概念．

解 (1) 图中有8条边、6个顶点，因为含有多重边，所以是多重图；

(2) e_6 与 e_8 是多重边，e_4 是一个环；

(3) v_1 至 v_6 的次分别为1,5,2,3,5,0；

(4) 图中的奇点为 v_1,v_2,v_4,v_1，偶点为 v_3,v_6.

注意 (1) 图 $G=(V,E)$ 中，所有点的次之和是边数的两倍．

(2) 任一图 $G=(V,E)$ 中，奇点的个数为偶数．

任务训练

1. 图的两个要素是什么？根据你的认识，列举出图的一些例子．

2. 确定校园里面你认为重要的几个地点（如宿舍、教室、图书馆、运动场、食堂等），画出它们之间的交通网络图．

3. 指出下列各组概念之间的区别：(1) 多重边与环；(2) 多重图与简单图；(2) 回路与通路；(3) 图与网络．

4. 找出图6.1.6中的 (1) 多重边；(2) 环；(3) 包含 e_3 的回路；(4) 顶点 v_2 到 v_4 的3条通路．

5. 如果有向图6.1.7表示某联赛中5个球队的交锋情况，箭头所指的为负方，试用表格表示各队的胜负情况．

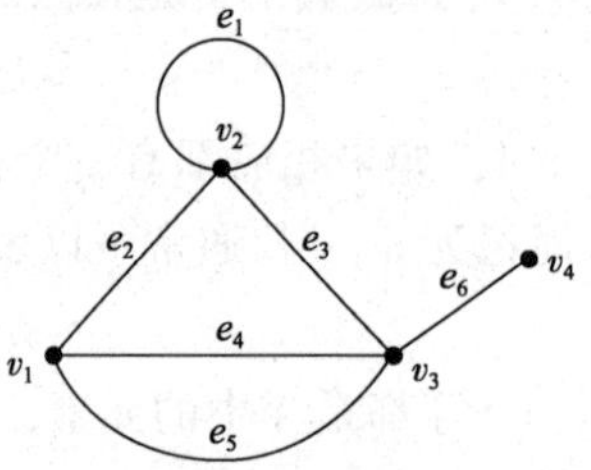

图 6.1.6

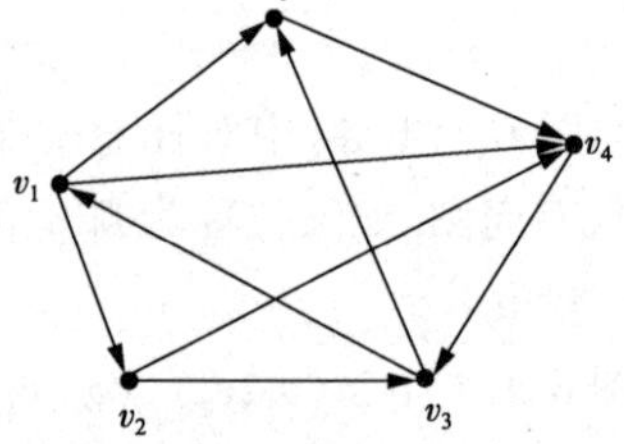

图 6.1.7

任务二 认识树及最小生成树

学习目标

(1) 了解树的概念和性质．

(2) 理解生成树和最小生成树的概念．

(3) 掌握求解最小生成树的两种方法及实际应用．

知识准备

一、树与树的性质

例 1 某企业的组织机构如图 6.2.1 所示.

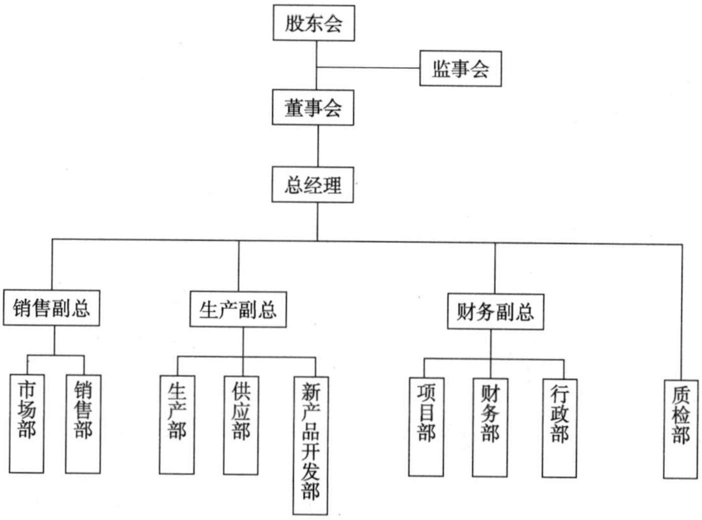

图 6.2.1

这些关系可以用图 6.2.2 表示，它呈树枝的形状，“树”的名称由此而来.

把一个无回路（圈）的连通无向图称为**树**.

可以证明，树具有如下性质：

（1）必连通，但无回路；

（2）n 个顶点的树必有 $n-1$ 条边；

（3）树连通，但去掉任意一条边，必变为不连通；

（4）树无回路，但在不相邻顶点连一条边，恰得一回路（圈）.

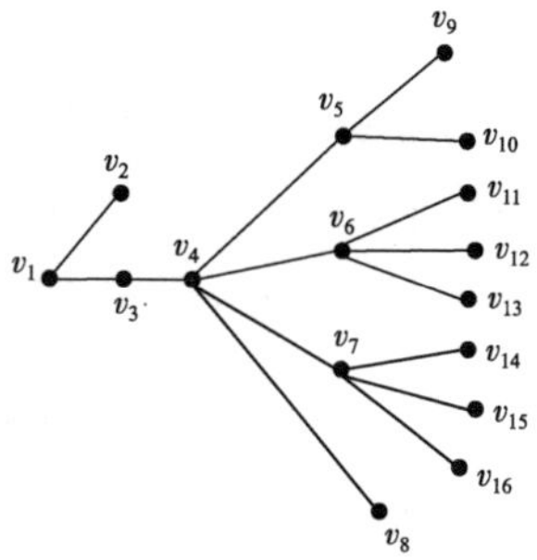

图 6.2.2

类似组织机构、家谱、学科分支、因特网、通信网络、供电供水网络等，都能表示为一个树图.

二、生成树与最小生成树

对于图 G，若存在一棵树 T，满足 $V(G)=V(T), E(T)\subset E(G)$，则称 T 是 G 的**生成树**. 即与图 G 顶点相同的树，称为 G 的**生成树**.

显然，图 G 连通的充分必要条件为 G 有生成树.

一个连通图的生成树的个数通常是不唯一的.

赋权图的具最小权的生成树称为**最小生成树**.

图 6.2.3 中，(b)、(c)、(d) 都是 (a) 的生成树，其中 (d) 是 (a) 的最小生成树.

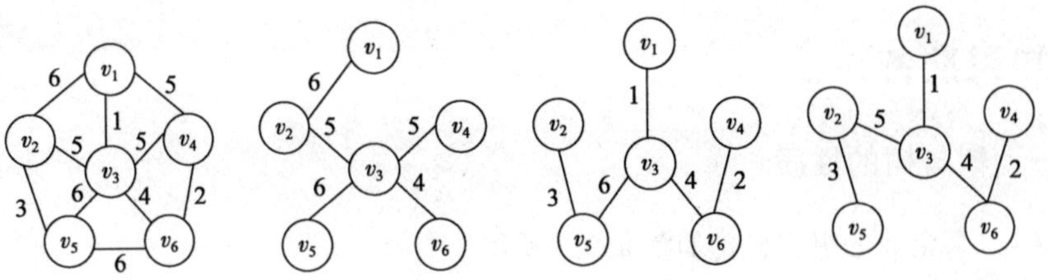

（a）网络　（b）权值26　（c）权值16　（d）权值15

图 6.2.3

最小生成树的常用算法有破圈法和避圈法．

破圈法求最小生成树

三、破圈法

破圈法的基本思路是：先在图中任取一圈，去掉圈中最长边，然后重复这一步骤，直到无圈为止，就得到最小生成树．破圈法又称减边法．

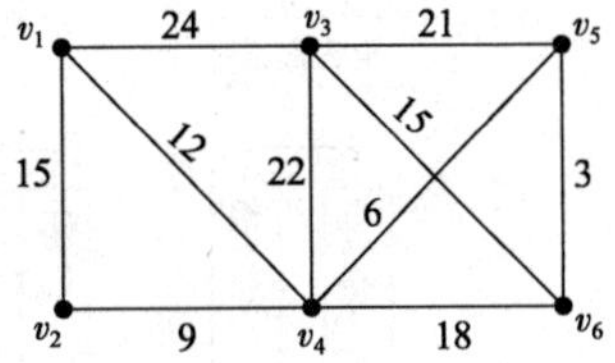

图 6.2.4

例 2 用破圈法求图 6.2.4 的最小生成树．

解 第一步：在图 6.2.4 中任取一个圈，如$\{v_1, v_3, v_4\}$，去掉最长边$[v_1, v_3]$，得图 6.2.5（a）；

第二步：在图 6.2.5（a）中任取一个圈，如$\{v_1, v_2, v_4\}$，去掉最长边$[v_1, v_2]$，得图 6.2.5（b）；

第三步：在图 6.2.5（b）中取一个圈，如$\{v_3, v_5, v_6, v_4\}$，去掉最长边$[v_3, v_4]$，得图 6.2.5（c）；

第四步：在图 6.2.5（c）中取一个圈，如$\{v_3, v_5, v_6\}$，去掉最长边$[v_3, v_5]$，得图 6.2.5（d）；

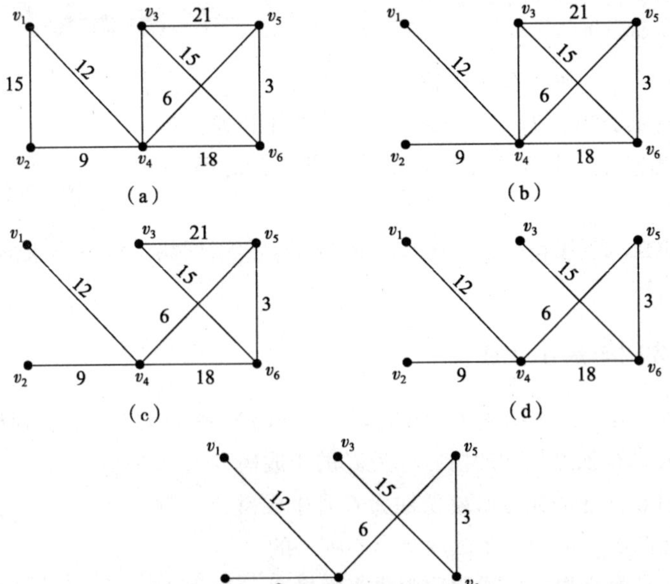

图 6.2.5

第五步：在图 6.2.5（d）中取一个圈，只剩$\{v_4, v_5, v_6\}$，去掉最长边$[v_4, v_6]$，得图 6.2.5（e）；此时已没有圈，计算停止.

图 6.2.5（e）就是图 6.2.4 的最小生成树，最小权值总和为 45.

四、避圈法

避圈法的基本思路是：先去掉图的所有边，然后根据边的长度按升序添加，加边的过程中应避免形成圈，当所有点都联通时就得到最小生成树. 避圈法又称加边法.

例 3　用避圈法求图 6.2.4 的最小生成树.

解　去掉所有边得图6.2.6（a），首先添加最短边$[v_5, v_6]$，再添加次短边$[v_4, v_5]$，依次进行下去，添加时应避免形成圈，最后所有的点都联通起来，得到最小生成树 6.2.6（f）.

避圈法求最小生成树

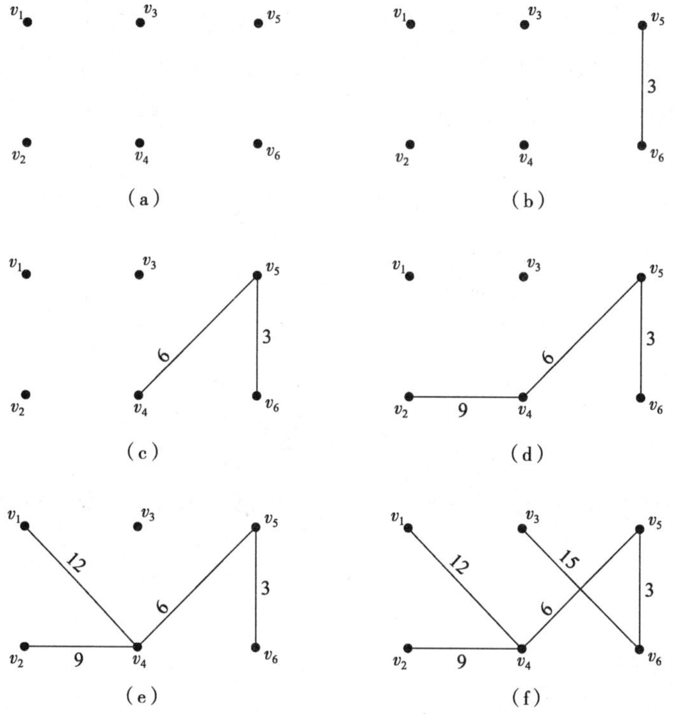

图　6.2.6

数言数语

破圈法和避圈法虽基本思路不同但都能求出最小生成树，可见求解一个问题的方法往往不是唯一的. 这启发我们不要满足于一个标准答案，更要主动思考、积极探索，在巨人的肩膀上成就新的辉煌.

任务实施

任务 1　某小区各楼栋间须安装供水管道，图 6.2.7 是楼栋之间可以安装供水管道的距离图，试求距离最短的管道安装路线.

[分析]　这是最小树生成树的问题，可用破圈法和避圈法求解.

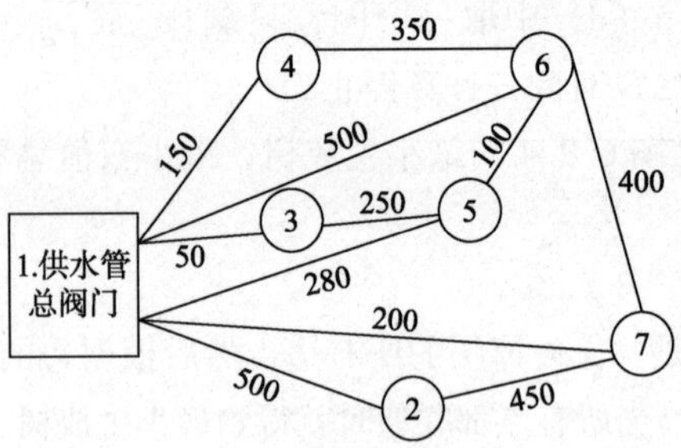

图　6.2.7

解　下面用避圈法求解,连接的方法如下：

先去掉所有的边，按边长的由小到大依次连接①—③，⑤—⑥，①—④，①—⑦，③—⑤；再接下去连接①—⑤时发现会与已连接的边形成圈，故放弃连接；连接④—⑥时也会遇到同样的问题，也放弃连接，最后连接②—⑦就完成了一棵生成树．

图 6.2.8 所示就是各楼栋之间供水管道的最小生成树．按此方案架设，总共需要 1 200 m 水管．

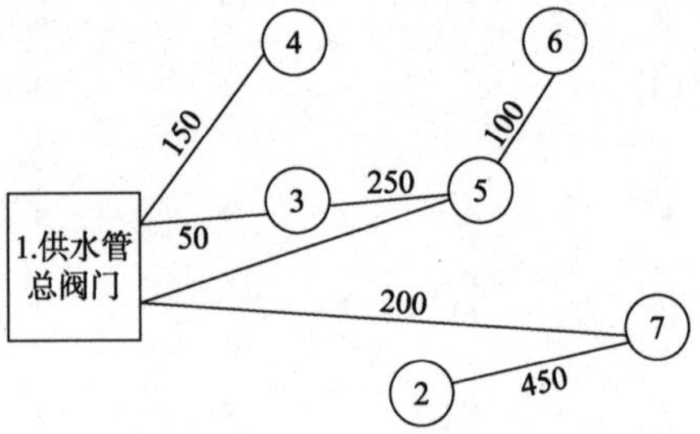

图　6.2.8

最小生成树的算法应用范围很广，如通信线路的铺设，公路、铁路交通线路的布局，城市供水排水管道的设计等，都可以用这个算法规划出总长度或总费用最小的网络．

任务训练

1. 什么是树？什么是最小生成树？

2. 求最小生成树有哪些方法？其基本思路是什么？

3. 求下列各图（如图 6.2.9 和图 6.2.10）的最小生成树.

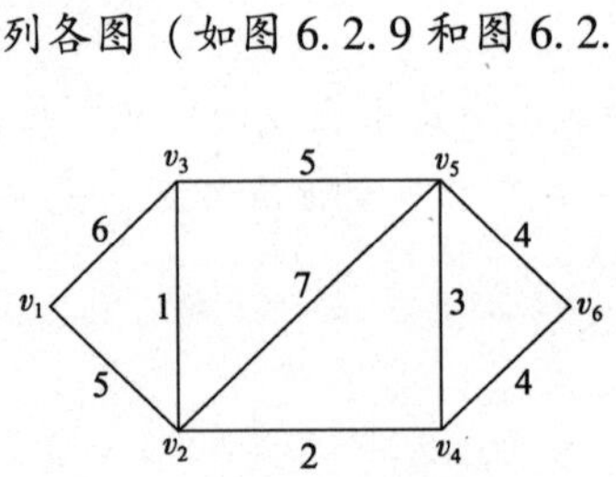

图　6.2.9

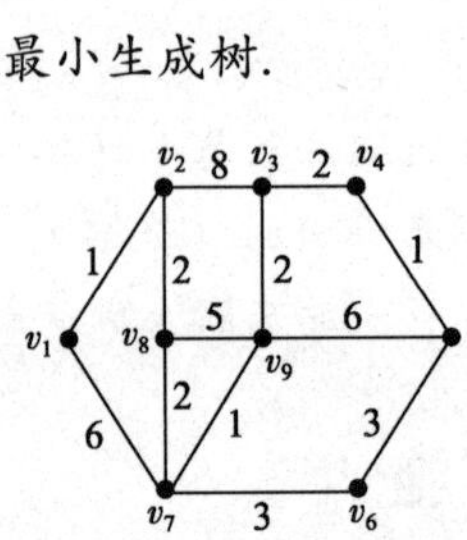

图　6.2.10

4. 已知连接 5 个城市的公路交通图（见图 6.2.11），现在要在这 5 个城市之间架设通信线路，要求必须沿公路架设，试求使总线路最短的架设方案.

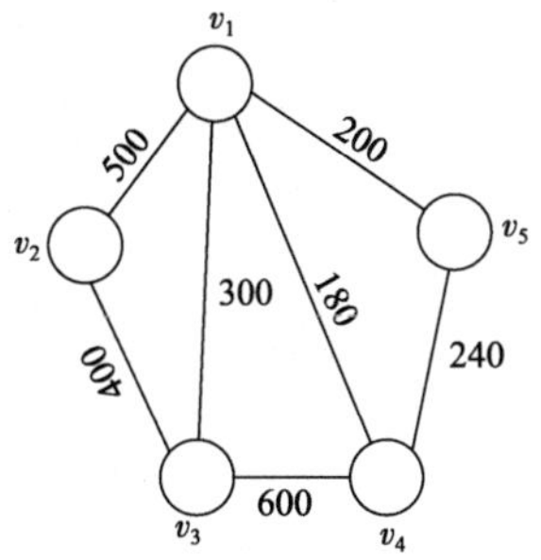

图　6.2.11

任务三　认识最短路问题

学习目标

(1) 了解的概念.

(2) 理解最短路问题的网络模型.

(3) 掌握最短路问题的求解方法及实际应用.

知识准备

一、最短路的概念

给定一个赋权有向图 $D=(V,A)$，记 D 中每一条弧 $a_{ij}=(v_i,v_j)$ 上的权为 $w_{ij}(a_{ij})=w_{ij}$. 规定 D 中一个起点 v_s 和一个终点 v_t，设 P 是 D 中从 v_s 到 v_t 的一条路，则定义路 P 的权是 P 中所有弧的权之和，记为 $w(P)$，又若 P^* 是 D 图中 v_s 到 v_t 的一条路，且满足

$$w(p^*)=\min\{w(P)\mid P\text{ 为 }v_s\text{ 到 }v_t\text{ 的路}\}.$$

则称 P^* 为从 v_s 到 v_t 的最短路，$w(P^*)$ 为 v_s 从 v_t 到的最短距离.

即从起点到终点的所有通路中，权值最小的称为**最短路**.

最短路问题是网络分析中的一个基本问题，它可以直接应用于解决生产实际的许多问题，如物流路线、管道铺设、线路安排、厂区布局等.

二、最短路问题的网络模型

例 1　在图 6.3.1 中，c_{ij} 表示 v_i 到 v_j 的距离（费用、时间等），如何选择一条从 v_1 到 v_7 的路线，使距离最短，建立该问题的网络数学模型.

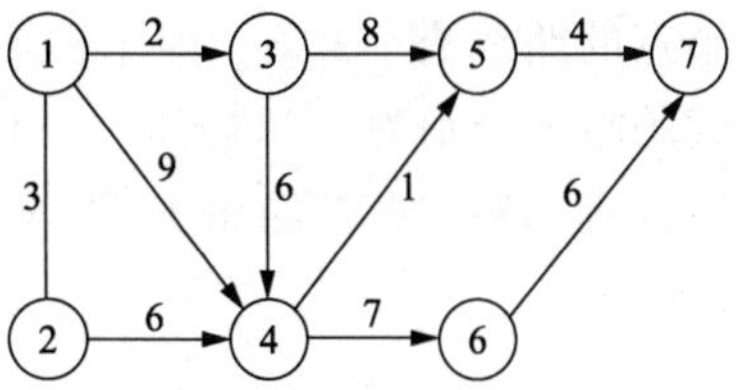

图　6.3.1

解　设 x_{ij} 为选择弧 (i,j) 的状态变量，为 0-1 变量，选择 (i,j) 时 $x_{ij}=1$，不选择 (i,j) 时 $x_{ij}=$

0，得到最短路问题的数学模型：

$$\min \quad z=\sum_{(i,\ j)\in E} c_{ij}x_{ij}$$

$$\text{s. t.}\begin{cases} x_{12}+x_{13}+x_{14}=1 \\ \sum\limits_{(k,i)\in E} x_{ki}-\sum\limits_{(i,j)\in E} x_{ij}=0,\ i=2,3,\cdots,6 \\ x_{57}+x_{67}=1 \\ x_{ij}=0,1,\ (i,\ j)\in E \end{cases}$$

模型中 E 表示弧的集合，变量个数等于图的弧数，约束个数等于图的点数，如点 v_4 的约束是

$$x_{14}+x_{24}+x_{34}-x_{45}-x_{46}=0.$$

该模型是一个 0-1 规划线性规划模型，可采用线性规划的求解方法．但对于最短路问题来说，在图上计算更为简单．

三、最短路的标号算法

最短路的标号算法基于如下基本思想：若起点 v_s 至终点 v_t 的最短路经过点 v_1，v_2，v_3，则 v_1 至终点 v_t 的最短路是 $\{v_1,v_2,v_3,v_t\}$，v_2 至终点 v_t 的最短路是 $\{v_2,v_3,v_t\}$，v_3 至终点 v_t 的最短路是 $\{v_3,v_t\}$．

最短路标号算法

例 2　在图 6.3.1 中，求出从起点①到终点⑦的最短路线．

解　从终点开始逐步逆向推算，与终点⑦连接的有两个点：⑤和⑥，分别在这两个点上标注它们到终点的路线和距离：⑥—⑦距离为 6，⑤—⑦距离为 4（距离标于方框内，路线标于方框的上方）．

再看节点⑥：与⑥连接的只有 1 个节点④，而④至终点有 2 条路线：一是④—⑥—终点，距离为 7 + 6 = 13；二是④—⑤—终点，距离为 1 + 4 = 5，因此最短路线为④—⑤—终点，最短距离为 1 + 4 = 5，将最短路线和最短距离记在节点④上，记入方式同上．

再看节点⑤：与⑤连接的节点有③，④两个，④已经在上一步骤中标注完成，不必再考虑，而③至终点有 2 条路线：一是③—④—终点，距离为 6 + 5 = 11；二是③—⑤—终点，距离为 8 + 4 = 12，因此③至终点的最短路线为③—④—终点，最短距离为 11，记在节点③上，记入方式同上．

还有两个节点尚未标注，先考虑②，它接入已标注节点的路线只有 1 条，即②—④—终点，最短距离为 6 + 5 = 11，标记到②的上方；再考虑①，它接入已标注节点的路线有，3 条，即①—③—终点，①—④—终点，和①—②—终点．3 条路线的距离分别为 2 + 11 = 13，9 + 5 = 14，3 + 11 = 14，因此，起点①到终点⑦的最短距离是 13，对应的最短路线为①—③—④—⑤—⑦，最终结果如图 6.3.2 所示．

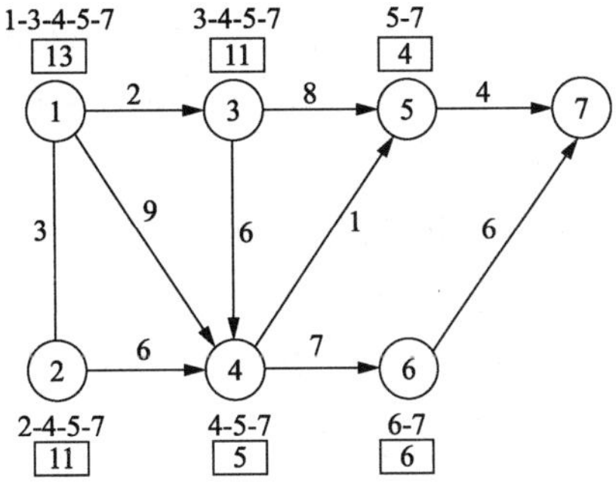

图 6.3.2

数言数语

日常生活中，我们总习惯于正向思维，而有时候，逆向思维更有利于问题解决．求最短路的标号算法就是最好的证明，要求出从起点到终点的最短路线，可以从终点倒推，使问题更简化易解．生活亦是如此，当我们陷入某个困境时，不妨从结果出发逆向思考，也许能茅塞顿开，找到解决问题的思路或者办法．

归纳上述例子，求最短路的标号算法的一般步骤如下：

（1）从终点开始逐步逆向推算：找到与终点连接的所有节点进行标注，在这些节点上标出到终点的路线和距离（距离写在方框里面，路线标于方框之上）．

（2）针对已标号的节点，找到与它连接的未标号的节点，并找出该点与已标号节点的所有连线，选择到终点距离最短的路线，将路线和距离标于该点上．

（3）重复以上步骤，直到起点出现标号，那么起点上所标的路线和距离就是所求的最短路线和最短距离．

通过标号算法，在每一点上都标注了该点到终点的最短路线和距离．因此，标注算法不仅可以求出起点到终点的最短路线，而且可以求出每一点到终点的最短路线．

任务实施

任务 1　物流公司要将一批货用汽车从广州运到上海，图 6.3.3 是两城市之间的公路网络图，试寻找广州至上海间的最短路线．

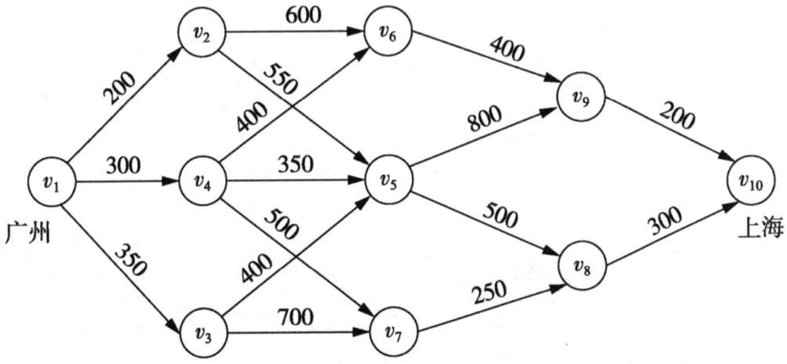

图 6.3.3

［**分析**］　这是最短路问题，可用标号算法求解．

解　从终点开始逐步逆向推算，与终点 v_{10} 连接的有两个点：v_8 和 v_9，分别在这两个点上标注它们到终点的路线和里程；

再看节点 v_6：与 v_6 连接的只有 1 个节点 v_9，因此最短路线为 v_6—v_9，其里程为 400，而 v_9 至 v_{10} 的最短里程为 200，因此 v_6 至终点的最短里程为 400 + 200 + 600，记入方式同上，路线为 6—9—10.

再看节点 v_5：与 v_5 连接的节点有 v_9，v_8 两个，v_5 至 v_9 再至终点的最短里程为 800 + 200 = 1 000，v_5 至 v_8 再至终点的最短里程为 500 + 300 = 800，800<1 000，所以 v_5 至终点的最短里程为 800，路线为 5—8—10. 点 v_7 至终点的最短里程为 250 + 300 = 550，记入格式同上 .

再看节点 v_4：与 v_4 连接的节点有 v_5，v_6，v_7 三个，v_4 至 v_5 再至终点的最短里程为 350 + 800 = 1 150，v_4 至 v_6 再至终点的最短里程为 400 + 600 = 1 000，v_4 至 v_7 再至终点的最短里程为 550 + 550 = 1 100，三个里程中以 1 000 为最小，路线为 4—6—10. 同样的方法算出节点 v_2 到终点的最短里程为 1 200，节点 v_3 到终点的最短里程也为 1 200. 记入格式同上 .

最后看点 v_1：与 v_1 连接的路线有三条，v_1 至 v_2 再至终点的最短里程为 200 + 1 200 = 1 400，v_1 至 v_3 再至终点的最短里程为 350 + 1 200 = 1 550，v_1 至 v_4 再至终点的最短里程，300 + 1 000 = 1 300. 三个里程中，以 1 300 为最小，这就是广州到上海的最短里程，对应的最短路线为 v_1—v_4—v_6—v_9—v_{10}，如图 6. 3. 4 所示 .

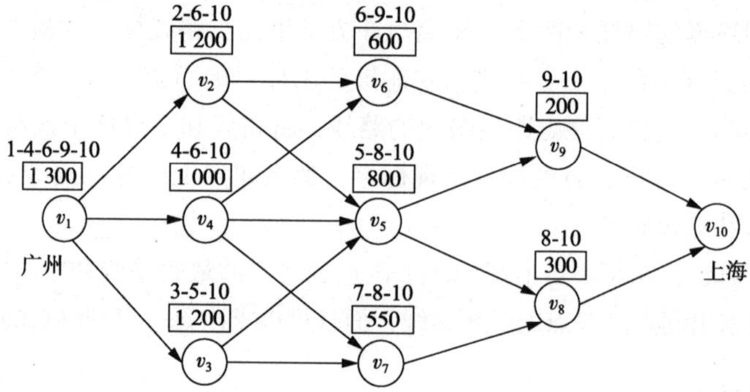

图 6. 3. 4

任务训练

1. 试叙述求最短路的标号算法的一般步骤 .
2. 在图 6. 3. 5 和图 6. 3. 6 所示有向网络中，求出起点到终点的最短路线和距离.

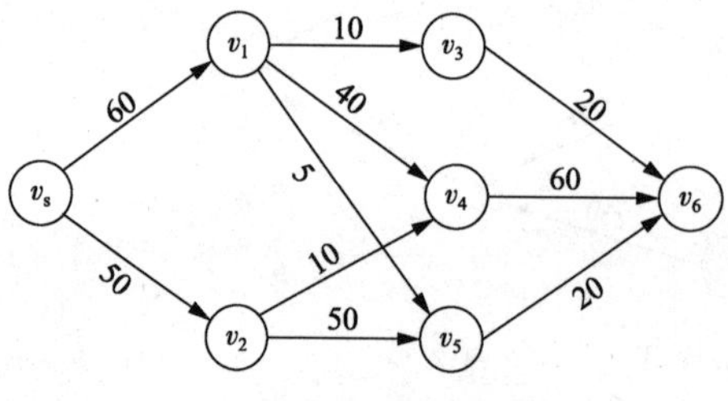

图 6. 3. 5

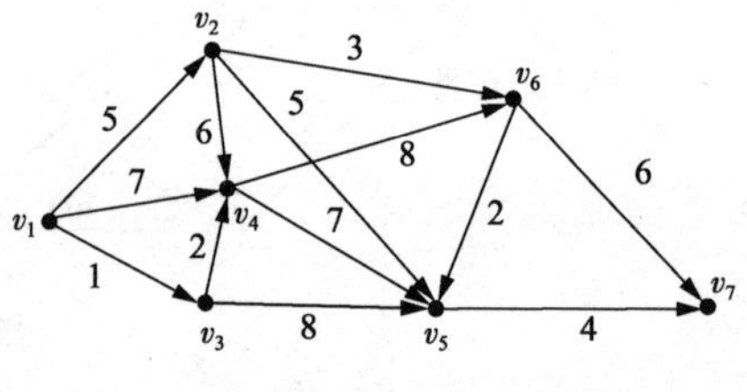

图 6. 3. 6

3. 某车队要从甲市运送一批货物到乙市，中间可穿行的市镇与行车道网络如图 6. 3. 7所示（图中数字为里程数），试求出甲市到乙市的最短路线.

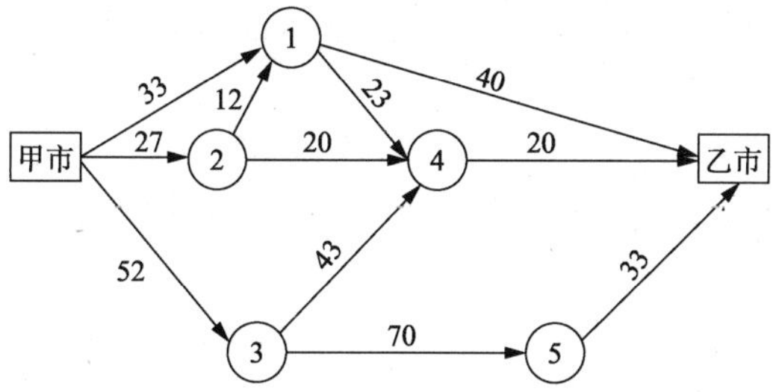

图　6. 3. 7

任务四　认识最大流问题

许多系统包含了流量问题. 如交通系统有车流，金融系统有现金流，控制系统有信息流等. 之所以称之为流，是因为它们是流动的，这些流在某一时间内的通过量是有限的.

最大流问题主要是确定这类系统网络所能承受的最大流量以及如何达到这个最大流量，即当物体、能量、信息等作为流量流过网络时，怎样使流过网络的流量最大，或者使流过网络的流量的费用或时间最小？

学习目标

（1）了解可行流与最大流问题的概念.

（2）理解最大流问题的数学模型.

（3）掌握最大流问题的求解方法及实际应用.

知识准备

一、网络与流

图 6. 4. 1 所示的网络中规定了一个发点 v_1，还规定了一个收点 v_7，其余点 v_1,v_2,v_3,v_4,v_5,v_6 为中间点，或称为**转运点**. 图中的权是该弧在单位时间内的最大通过能力，称为**弧的容量**.

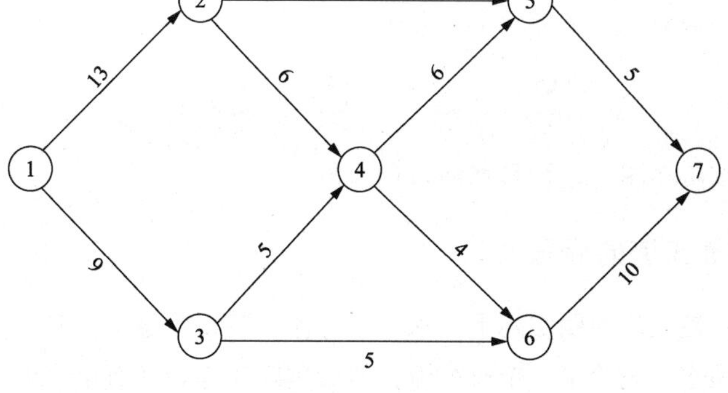

图　6. 4. 1

可行流是指发点到收点的某个运送方案，它包含若干条路线，这些路线对任意一条弧的容量的使用的总和都不应超过该弧的最大容量．

最大流问题是如何在单位时间内安排一个运送方案，将发点的物质沿着弧的方向运送到收点，使总运输量最大．

在运输网络的实际问题中，对于流有两个基本要求：

（1）每条弧上的流量必须是非负的且不能超过该弧的最大通过能力（即该弧的容量）；

（2）起点发出的流的总和（称为流量），必须等于终点接收的流的总和，且各中间点流入的流量之和必须等于从该点流出的流量之和，即流入的流量之和与流出的流量之和的差为零，也就是说各中间点只起转运作用，它既不产出新的物资，也不得截留过境的物资．

二、最大流问题的数学模型

例 1 在图 6.4.1 中，c_{ij}表示弧(i, j)的容量，f_{ij}为弧(i, j)的流量．容量是弧的单位时间的最大通过能力，流量是弧的单位时间内的实际通过量，流量的集合$f=\{f_{ij}\}$称为网络的流．发点到收点的总流量记为$v=\mathrm{val}(f)$，v 也是网络的流量．可得该网络最大流问题的数学模型为：

$$\max v = f_{12}+f_{13}$$

$$\text{s.t.}\begin{cases} f_{12}+f_{13}-f_{57}-f_{67}=0 \\ \sum\limits_{v_m} f_{im} - \sum\limits_{v_m} f_{mj}=0 \quad (v_m \text{ 是所有中间点}) \\ 0 \leqslant f_{ij} \leqslant c_{ij} \quad (i, j) \in E \end{cases}$$

这是线性规划模型，满足模型中约束条件的解$\{f_{ij}\}$称为可行解，在最大流问题中称为可行流．可行流满足下列三个条件：

（1）$0 \leqslant f_{ij} \leqslant c_{ij}$，所有弧$(i, j)$；

（2）$\sum\limits_{v_m} f_{im} = \sum\limits_{v_m} f_{mj}$，所有中间点 v_m；

（3）$v = \sum\limits_{v_s} f_{sj} = \sum\limits_{v_t} f_{it}$，发点 v_s 发出的总流量等于流入收点 v_t 的总流量.

条件（2）和条件（3）也称流量守恒条件．如果存在有流入发点的流和收点流出的流，应从式中减去，条件（3）变为

$$\sum_{v_s} f_{sj} - \sum_{v_s} f_{is} = \sum_{v_t} f_{it} - \sum_{v_t} f_{tj}.$$

以下介绍直接在图上用标号算法求最大流．

三、寻求最大流的标号法

算法思想：最大流问题实际上是求一可行流，使得流量达到最大．

可以这样操作：先给出一个可行流，然后判断它是否还有增容的余地，如果有，

改进之，得到一个流量增大的新的可行流；如果没有，则已经得到最大流．

下面通过一个例子来说明寻求最大流的标号算法.

例 2　图 6.4.1 所示是连接某产品产地 v_1 和销地 v_7 的交通图，弧(v_i,v_j)表示从 v_i 到 v_j 的运输线，弧旁的数字表示这条运输线的最大通过能力 c_{ij}. 现要求制定一个运输方案，使从 v_1 运送到 v_7 的产品数量最多．

最大流问题
标号算法

解　任选一条从起点到终点的线路，如 1—2—5—7. 首先，在 1—2—5—7 线路上容量最小的弧为 5—7，其容量为 5，这表明，5—7 弧是全线的“狭口”，沿 1—2—5—7 线路运送物资，其最大流量能力只能是 5，为此，在本路线的 3 条弧 1—2、2—5、5—7 的靠近终点处标志 5 (1)，表示这是第 1 条路线，容量为 5. 然后，以本线路的最小容量 5 作为减数，来减每条弧的容量，把差数写在相应的支线的起点附近的括号内，表示该弧在第 1 条路线使用之后还剩下的容量．

另选第二条从起点到终点的线路，如 1—3—6—7，选出容量最小的弧 3—6，其容量为 5，然后，按上述方法，在本路线的 3 条弧 1—3，3—6，6—7 的靠近终点处标志 5(2)，表示这是第 2 条路线，容量为 5，在靠近起点处标志 9(4)，5(0)，10(5)，前面的数是原来的容量，括号内的数是剩余容量．

另选第三条从起点到终点的路线：1—3—4—6—7，同样，首先选出流量能力最小的支线 1—3 和 4—6，其最小流量能力都是 4，然后，按上述方法，在支线 1—3，3—4，4—6，6—7 的靠近终点处标志 4(3)，在支线 1—3，3—4，4—6，6—7 的靠近起点处分别标志(0)，(1)，(0)，(2).

从起点到终点，已找不到这样一条路线：在这条路线上，所有各支线路的流量能力全为正数．如 1—2—4—5—7 路线，其中 1—2，2—4，4—5 支线都还有流量能力 8，6，6，但是 5—7 支线已无剩余流量能力，因而成为全线的“隘口”．

这样我们已经求得了这个网络的最大流量为 5 + 5 + 4 = 14，对应的 3 条路线是 1—2—5—7；1—3—6—7；1—3—4—6—7，如图 6.4.2 所示．

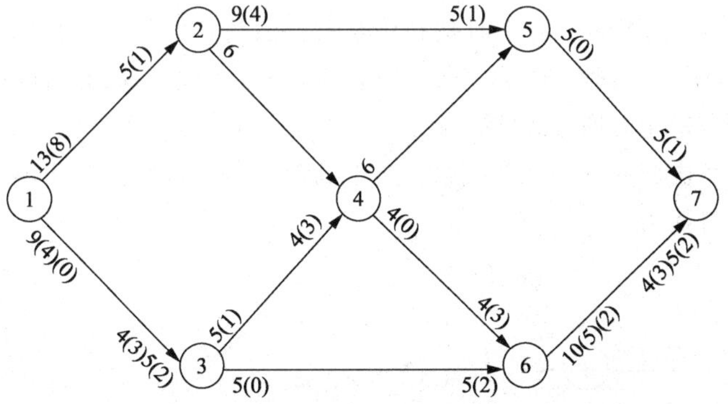

图　6.4.2

数言数语

通过求解最大流的问题，可以看到确定每条可行流流量大小的是“峡口”，这就是“木桶原理”在数学中的实例．木桶原理是指一只木桶盛水多少并不取决于桶壁上最高的那块木板，恰恰取决于桶壁上最短的那块木板．这个理论给了我们一个重大的启发，在一个复杂的庞大的体系里，想要运转得更好，就应该加强对薄弱环节的提高和重视．对我们的人生道路也有着重大指导意义，每个人都有自己的强弱项，当弱项已成为阻碍我们成长的弱点时，就应该及时纠正；当弱项还构不成对成长的致命性阻碍，不妨将自己的精力和资源用于优势领域，让特长发挥到极致，以达到扬长避短、扬长克短、扬长补短的状态．

寻求最大流的标号算法的一般步骤：

(1) 任选一条从发点到收点的路线，找出该路线中容量最小的弧（设其容量为 f_1），在该路线的每一条弧的靠近终点处标以 $f_1(1)$，表明该路线是第 1 条路线，其最大容量是 f_1，并在起点附近标以该弧的容量与 f_1 的差值，表示该弧在第 1 条路线使用之后，还剩下的容量（显然最小的弧的容量还剩下 0）.

(2) 另选一条发点到收点的路线（在上一步骤中容量已经耗尽的弧不再入选），找出该路线中容量最小的弧（前面路线使用过的弧的容量，按剩下的计算），设其容量为 f_2，在该路线的每一条弧的靠近终点处标以 $f_2(2)$，表明该路线是第 2 条路线，其最大容量是 f_2，并在起点附近标以该弧的容量与 f_2 的差值，表示该弧在第 1、2 条路线使用之后，还剩下的容量.

(3) 重复以上步骤，直到找不出还有剩余流量能力的路线.

(4) 把每条弧终点附近括号中有相同标号的点作为一组（有些点可能有多个标号，可以归入多个组中），每一组就是一条选定的流量路线，把它们的流量相加，就得到整个网络的最大流量.

任务实施

任务 1 某市周围的交通平时是利用某公路通行，但是，近两周该公路要进行路面整修，车辆不能行驶，因而交通部门需要查明，穿过该市的由西向东的几条线路是不是有把握每小时通过 6 000 辆汽车，这是平时该公路正常的车流量．图 6.4.3 标出了穿过该市由西向东的几条线路，边上的数字表示以每小时千辆汽车为单位的该行车道的通过能力.

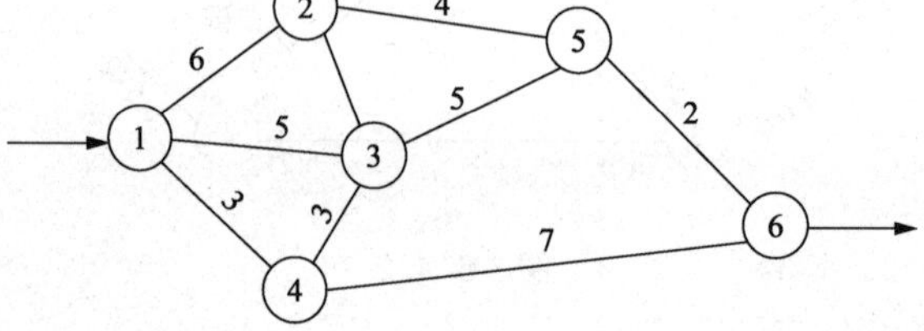

图 6.4.3

［分析］　这是最大流问题，可用标号算法求解．

解　任选一条从起点到终点的线路，如 1—2—5—6. 首先，其流量能力最小的支线是 5—6，其流量能力为每小时 2 千辆，为此，在 3 条支线 1—2，2—5，5—6 的靠近终点处标志 2(1)．然后，用 1—2—5—6 线路的最小流量能力 2 作为减数，来减每条支线的流量能力，把差数写在相应的支线的起点附近的括号内．

另选第二条从起点到终点的线路，如 1—4—6，同样，选出流量能力最小的支线 1—4，其最大流量能力为 3，然后，按上述方法，在支线 1—4，4—6 的靠近终点处标志 3(2)，在靠近起点处标志 3(0)，7(4)．第二条路线 1—4—6 的流量能力为每小时 3 千辆．

另选第三条从起点到终点的路线，如 1—3—4—6，同样，首先选出流量能力最小的支线 3—4，其最小流量能力为 3，然后，按上述方法，在支线 1—3，3—4，4—6 的靠近终点处标志 3(3)，在靠近起点处标志 5(2)，3(0)，7(4)．在 4—6 支线上，节点 4 旁的 7(4)旁，其中(4)标志剩余流量能力 4，减去沿 4—6 支线的流量 3，差数为 1，在节点 4 处标志的 7(4)旁再写上剩余量(1)，第三条路线 1—3—4—6 的流量能力为每小时 3 千辆．

从起点到终点，已找不到这样一条路线：在这条路线上，所有各支线路的流量能力全为正数，如图 6.4.4 所示．

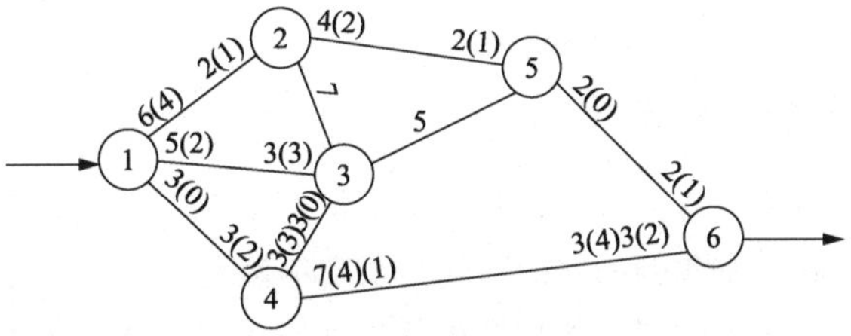

图　6.4.4

在这个交通网络中，成为“隘口”的有 1—4，3—4，5—6 三条支线，要想提高整个网络的流量能力，首先就得改进这些薄弱环节的状况．

至此已经求得这个交通网络的最大流量：2 + 3 + 3 = 8(千辆)．计算结果表明，穿过该市的几条路线，要让每小时 6 千辆的汽车通过，是绰绰有余的．

前面讨论都是对一个发点、一个收点的网络最大流问题．对于多个发点和收点的情形，可以采取虚设一个总发点 v_s 和总收点 v_t，从总发点 v_s 到各发点 v_{si} 均以弧相连，并且令这些弧的容量均为∞或某一具体值（根据情况而定）．同样，从各个收点 v_{ti} 到总收点 v_t 亦以弧相连，也令这些弧的容量为∞或某一具体值．这样，原来的发点 v_{si} 与收点 v_{ti} 都变成了转运点，原来的问题就转变成一个发点一个收点的网络图．例如，图 6.4.5 所示是两个发点两个收点的网络，可以转换成一个发点一个收点的网络，如图 6.4.6 所示．

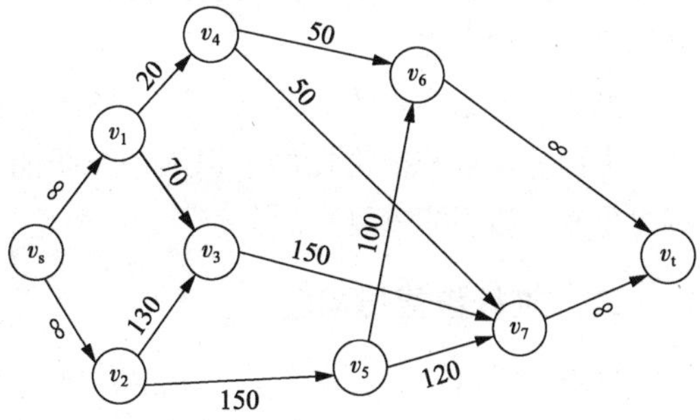

图　6.4.5

任务训练

1. 根据你的理解回答：流量是什么？它在实际问题中通常表示什么？

2. 试叙述寻求最大流的标号算法的一般步骤.

3. 在图 6.4.6 所示的网络中，求出最大流量的路线和最大流量值.

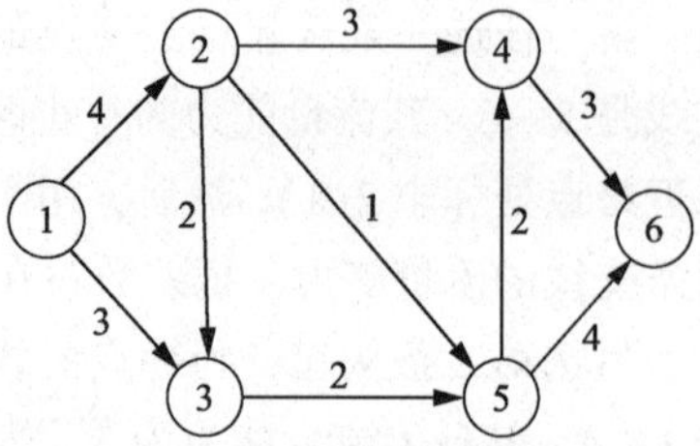

图 6.4.6

任务五 认识旅行售货员与中国邮路问题

学习目标

（1）了解汉密尔顿图与欧拉图的概念.

（2）掌握旅行售货员问题的求解方法及实际应用.

（3）掌握中国邮路问题的求解方法及实际应用.

知识准备

一、汉密尔顿图与欧拉图

通过图 G 的每个节点一次，且仅一次的通路（回路），就是**汉密尔顿**（Hamilton）**通路**（**回路**）. 存在汉密尔顿回路的图就是**汉密尔顿图**.

对于顶点个数大于 2 的图，如果图中任意两点度的和大于或等于顶点总数，那这个图一定是汉密尔顿图.

通过图中所有边一次且仅一次行遍图中所有顶点的通路称为**欧拉**（Euler）**通路**，通过图中所有边一次且仅一次行遍所有顶点的回路称为**欧拉回路**. 具有欧拉回路的图称为欧拉图.

很显然，一个图若能一笔不重复地画出，则这个图就是欧拉图或含有欧拉链.

可以证明：连通多重图 G 是欧拉图，当且仅当图中无奇点.（欧拉图定理）

这个结论是显然的，因为欧拉图从某一点出发又回到原来的出发点，这就要求与每个顶点相关联边数应是偶数，从而才能保证从一条边进入该点，从与该点相关联的另一条边出去.

推论 连通多重图 G 有欧拉链，当且仅当 G 恰有两个奇点（起点、终点）.

上面的定理和推论提供了识别一个图能否一笔不重复画出的简单方法（注意：点可重复，边不能重复）.

二、旅行售货员问题

设有 n 个城市 $v_1, v_2, \cdots, v_n$，城市 v_i 到城市 v_j 之间的距离为 c_{ij}，一个推销员从某城市（不妨假设从城市 v_1）出发到其他城市去一次而且仅一次，然后回到原来的城市（v_1），问其应该选择什么样的行走路线才能使得总的旅行路程最短．这就是传统的旅行售货员问题（或货郎担问题）．

旅行售货员所走的路线就是一个有 n 个城市的交通图 G 的汉密尔顿回路，因此，旅行售货员问题就是如何寻找一个总距离最小的汉密尔顿回路的问题．

为建立旅行售货员问题的数学模型，引入 0-1 变量 x_{ij}：

$$x_{ij}=\begin{cases}1, & \text{从城市 } i \text{ 到城市 } j\\ 0, & \text{否则}\end{cases}$$

则旅行售货员问题的 0-1 规划数学模型为

$$\min z=\sum_{i=1}^{n}\sum_{j=1}^{n}c_{ij}x_{ij},\quad i\neq j$$

$$\text{s.t.}\begin{cases}\sum\limits_{i=1}^{n}x_{ij}=1, & j=1,2,\cdots,n(i\neq j)\\ \sum\limits_{j=1}^{n}x_{ij}=1, & i=1,2,\cdots,n(i\neq j)\\ x_{ij}+x_{ji}\leqslant 1, & i\neq j\\ x_{ij}+x_{jk}+x_{ki}\leqslant 2, & i\neq j\neq k\\ \quad\vdots & \\ x_{ij}+x_{jk}+x_{kl}+\cdots+x_{pi}\leqslant n-2, & i\neq j\neq k\neq\cdots\neq p\\ x_{ij}=0\text{ 或 }1, & i,j=1,2,\cdots,n\end{cases}$$

三、中国邮路问题

一个邮递员从邮局带着所管辖地区的信件、报纸去投递，投递结束后回到邮局，为了投递完所有邮件，当然他必须经过其所管辖的每条街至少一次，请为他设计一条路线，使其尽可能短．这就是中国邮递员问题的原始模型，是我国管梅谷教授于 1962 年首先提出的．

用图论的语言来叙述，中国邮递员问题就是：在连通赋权图 G 上求一个回路（未必是简单的），过每边至少一次，并使回路的权最小．

旅行售货员问题与中国邮路问题的区别在于：前者遍历图中所有的点，而后者遍历图中所有的边．

基本思路是：(1) 如果图中无奇点，显然按欧拉图定理，可以不重复地走遍所有边回到出发位置，当然就是最短路径．(2) 如果图中有奇点，每边只走一次又回到出发点是不可能的．如果要回到原地就得走些重复路，也就是原来的图上添加一些边，使有奇点的图转换成无奇点的图．由于要求总权数最小的方案，因此称增加重复边使图中无奇点的方案为可行方案，称总权数最小的方案为最优方案．

一般先确定一个可行方案，然后不断改善．采用的方法是奇偶点作业法．

如果图 G 不是连通欧拉图，则 G 中含有奇点（但奇点的个数为偶数），此时图 G 的一条邮递路线必定在某些街道上重复走了一次或多次，它等价于在这些边上加一条或多条重复边，使新图不含奇点，并且所加边的总权为最小．

设 E_1 表示所有新增加边的集合，它是图 G 边集的一个子集．下面的结论说明了如何求权最小的新增边集 E_1．

结论 E_1 为权最小的新增边集，当且仅当下列条件满足：

（1）E_1 中没有重复出现的边；

（2）在 G 的每个回路上，属于 E_1 的边权之和不超过该回路权和的一半．

可以从某一可行新增边集开始进行调整，最终得到最优解．这种方法称为“奇偶点图上作业法”．

需要注意的是：要考虑所有的圈．该方法的困难在于检查图中的第一个圈．当图中点数，边数较大时，圈的个数将会很多．

任务实施

任务1 某大学校园里计划开设电动汽车的绿色公交路线，图6.5.1是大学里的教学楼和学生宿舍楼的分布图，每条边上的数字是道路的长度（百米）．电动车的行驶路线应该满足：通过每一处教学楼和宿舍楼并回到原点．问应如何设计行驶路线，才能使得总距离最短？

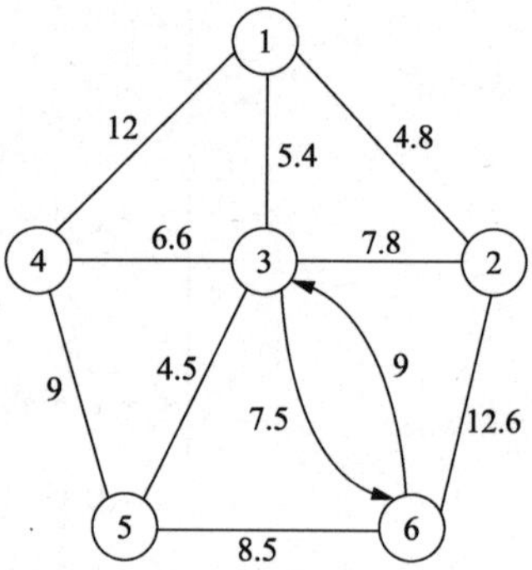

图 6.5.1

解 由于图中任意两点的度的和都不低于6，而图中的顶点总数为6，故该图存在汉密尔顿回路．

（1）将图表示成距离矩阵 C，两点间没有道路联通的距离为∞；

（2）类似指派问题的匈牙利算法的第一步，每行每列分别减去该行该列的最小元素，得到矩阵 C_1，C_1 与 C 的解相同．

$$\boldsymbol{C}=\begin{array}{c} \\ v_1\\ v_2\\ v_3\\ v_4\\ v_5\\ v_6\end{array}\begin{array}{c}\begin{array}{cccccc} v_1 & v_2 & v_3 & v_4 & v_5 & v_6\end{array}\\ \begin{pmatrix} \infty & 4.8 & 5.4 & 12 & \infty & \infty\\ 4.8 & \infty & 7.8 & \infty & \infty & 12.6\\ 5.4 & 7.8 & \infty & 6.6 & 4.5 & 7.5\\ 12 & \infty & 6.6 & \infty & 9 & \infty\\ \infty & \infty & 4.5 & 9 & \infty & 8.4\\ \infty & 12.6 & 9 & \infty & 8.4 & \infty\end{pmatrix}\end{array},\quad \boldsymbol{C}_1=\begin{pmatrix} \infty & 0 & 0.6 & 5.1 & \infty & \infty\\ 0 & \infty & 3 & \infty & \infty & 4.8\\ 0.9 & 3.3 & \infty & 0 & 0 & 0\\ 5.4 & \infty & 0 & \infty & 2.4 & \infty\\ \infty & \infty & 0 & 2.4 & \infty & 0.9\\ \infty & 4.2 & 0.6 & \infty & 0 & \infty\end{pmatrix}.$$

（3）采用最近距离法，在 $\boldsymbol{C}_1$ 中取一个初始汉密尔顿回路 H_1，起步可以从任意点开始，不妨从 v_1 开始，依次取最近的点，但取过的点不能再取，得回路 $H_1=\{v_1, v_2, v_3, v_6, v_5, v_4, v_1\}$，距离为 $d(H_1)=4.8+7.8+7.5+8.4+9+12=49.5$．

（4）修正回路 H_1，在矩阵 $\boldsymbol{C}_1$ 中 v_1 到 v_2 的距离 $c_{12}=0$ 最短，去掉 $\boldsymbol{C}_1$ 的第1行第2列，为避免出现子回路 $v_1—v_2—v_1$，令 $c_{21}=\infty$ 得到矩阵 $\boldsymbol{C}_2$，在矩阵 $\boldsymbol{C}_2$ 中，等一行减去最小元素3，第二列减去最小元素0.9，得矩阵 $\boldsymbol{C}_3$．

$$
C_2=\begin{array}{c}\\ v_2\\ v_3\\ v_4\\ v_5\\ v_6\end{array}\begin{array}{c}\begin{array}{ccccc}v_1 & v_3 & v_4 & v_5 & v_6\end{array}\\ \begin{pmatrix}\infty & 3 & \infty & \infty & 4.8\\ 0.9 & \infty & 0 & 0 & 0\\ 5.4 & 0 & \infty & 2.4 & \infty\\ \infty & 0 & 2.4 & \infty & 0.9\\ \infty & 0.6 & \infty & 0 & \infty\end{pmatrix}\end{array},\quad C_3=\begin{pmatrix}\infty & 0 & \infty & \infty & 1.8\\ 0 & \infty & 0 & 0 & 0\\ 4.5 & 0 & \infty & 2.4 & \infty\\ \infty & 0 & 2.4 & \infty & 0.9\\ \infty & 0.6 & \infty & 0 & \infty\end{pmatrix}.
$$

在 C_3 中，按最近距离法 v_2 下一步应达到 v_3，从 C_3 看出最后一个点不能是 v_5 或 v_6，下一步 v_3 不能选 v_4，只能选 v_5 或 v_6，如果依次选 v_5，v_6，v_4，v_1，不能构成汉密尔顿回路，如果依次选 v_6，v_5，v_4，v_1，则回路与 C_1 相同，没有改进．因此，在 C_3 中，v_2 下一步应到达 v_6，取回路 $H_2=\{v_1,v_2,v_6,v_5,v_3,v_4,v_1\}$，距离为

$$d(H_2)=4.8+12.6+8.4+4.5+6.6+12=48.9.$$

（5）仿照上一步，去掉 C_3 中第 1 行和第 5 列，且令 $c_{61}=\infty$（原来已经是），得到矩阵 C_4，在 C_4 中找与 H_1，H_2 不同的汉密尔顿回路，有两条：$\{v_1,v_2,v_6,v_5,v_4,v_3,v_1\}$ 和 $\{v_1,v_2,v_6,v_3,v_5,v_4,v_1\}$，取第一条 $H_3=\{v_1,v_2,v_6,v_5,v_4,v_3,v_1\}$，距离为

$$d(H_3)=4.8+12.6+8.4+9+6.6+5.4=46.8$$

$$
C_4=\begin{array}{c}\\ v_3\\ v_4\\ v_5\\ v_6\end{array}\begin{array}{c}\begin{array}{cccc}v_1 & v_3 & v_4 & v_5\end{array}\\ \begin{pmatrix}0 & \infty & 0 & 0\\ 4.5 & 0 & \infty & 2.4\\ \infty & 0 & 2.4 & \infty\\ \infty & 0.6 & \infty & 0\end{pmatrix}\end{array},\quad C_5=\begin{array}{c}\\ v_3\\ v_4\\ v_5\end{array}\begin{array}{c}\begin{array}{ccc}v_1 & v_3 & v_4\end{array}\\ \begin{pmatrix}0 & \infty & 0\\ 4.5 & 0 & \infty\\ \infty & 0 & 2.4\end{pmatrix}\end{array}.
$$

去掉 C_4 中的第 4 行第 4 列，得到矩阵 C_5，C_5 中不存在与 H_1，H_2，H_3 不同的回路，那么，H_3 为最小汉密尔顿回路．

从计算过程可以看出，最后结果很大程度上依赖于前面走过的路线，如第一步确定的边，后面就不能再变动，其结果可能不是最小的回路．如果换一点作为第一步的考虑，最后结果可能不同．

任务 2　求解图 6.5.2 的中国邮路问题．

解　观察发现，图中 v_1,v_2,v_6,v_7 是奇点，虚拟边将这些奇点变为偶点，如图 6.5.3 所示，虚拟边就是要重复经过的街道．

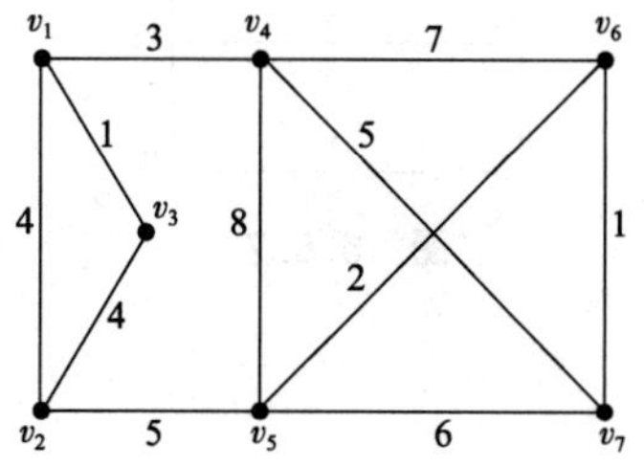

图　6.5.2

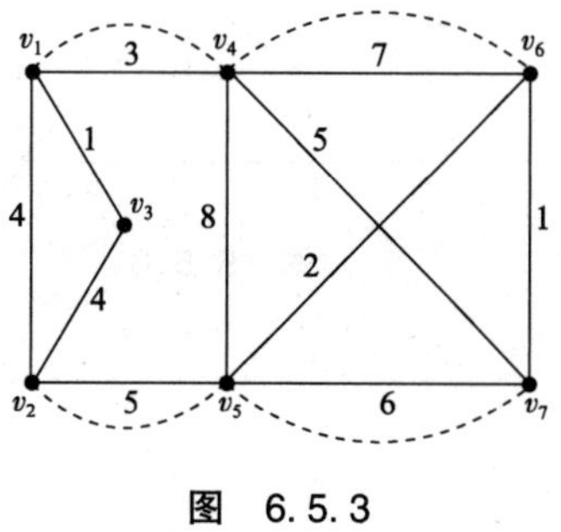

图　6.5.3

调整虚拟边，初始欧拉回路不一定是最短回路．判断最短回路的准则是：每条边最多重复一次；所有回路中虚拟边长之和不超过回路边长之和的一半．

在图中，回路 $H_1=\{v_4,v_5,v_7,v_6,v_4\}$ 的边长 $d(H_1)=8+6+1+7=22$，其中虚拟边长之和为 13，超过 $d(H_1)$ 的一半，将虚拟边 (v_4,v_6) 和 (v_5,v_7) 去掉，在 v_6 与 v_7 之间加一条虚拟边，这时 v_4 和 v_5 变成奇点，将虚拟边 (v_1,v_4) 和 (v_2,v_5) 改为虚拟边 (v_1,v_3) 和 (v_2,v_3)，如图 6.5.4 所示．

检查图，回路 $H_2=\{v_1,v_2,v_3,v_1\}$ 的边长 $d(H_2)=4+4+1=9$，而虚拟边长为 5，需要调整，将虚拟边 (v_1,v_3) 和 (v_2,v_3) 去掉，在 (v_1,v_2) 之间添加虚拟多重边 (v_1,v_2)，如图 6.5.5 所示．

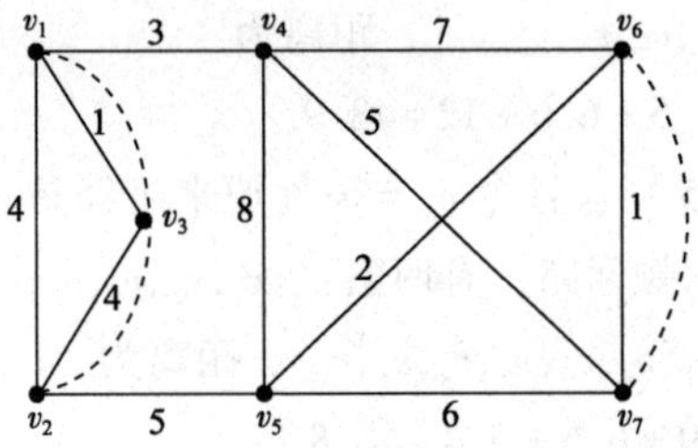

图 6.5.4

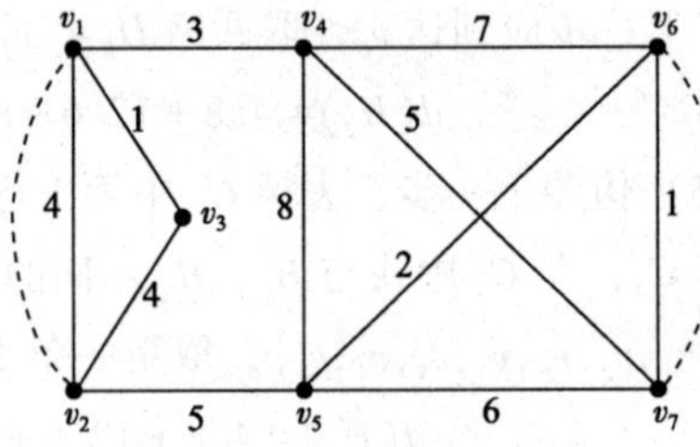

图 6.5.5

继续检查，所有回路满足最短回路的准则，图是最短的欧拉回路，其中 (v_1,v_2) 和 (v_6,v_7) 各重复一次．

任务训练

1. 什么是汉密尔顿图？什么是欧拉图？二者有何区别？
2. 试分别叙述旅行售货员问题和中国邮路问题，并把它们表述为图论问题．
3. 求解图 6.5.6 所示的旅行售货员问题．
4. 求解图 6.5.7 所示的中国邮路问题．

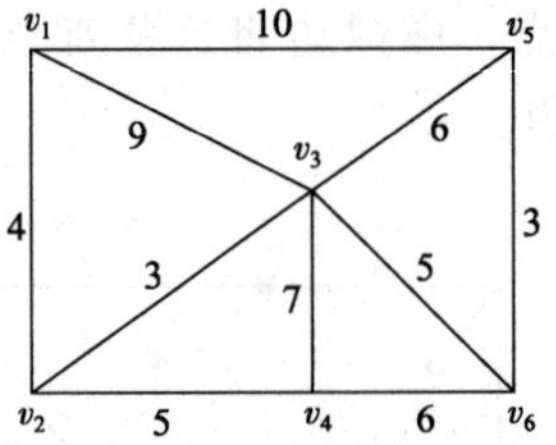

图 6.5.6

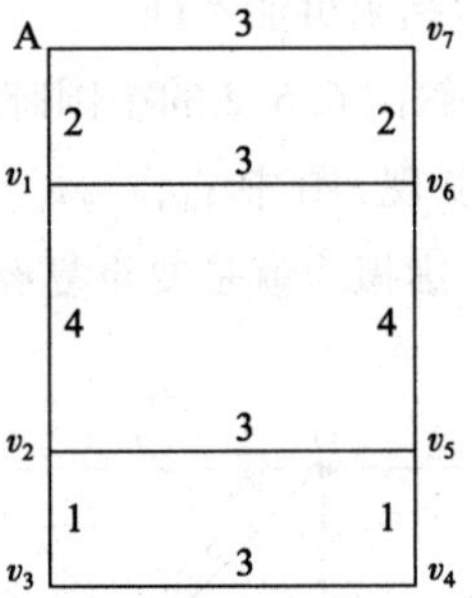

图 6.5.7

任务训练参考答案

项目一　认识函数与极限

任务一

1. （1）×.（2）×.（3）√.（4）×.（5）√.（6）√.

2. （1）$\left(-\frac{\pi}{2},\frac{\pi}{2}\right)$.（2）$(-1,+\infty)$.（3）$(1,+\infty)$.

（4）$y=\tan u$，$u=2x$.

（5）$y=\cot u, u=x^3$.

（6）$y=u^2, u=\sec x$.

（7）$y=\mathrm{e}^u, u=-x$.

（8）$y=\arcsin u, u=\ln x$.

（9）$y=\sqrt{u}, u=\cos v, v=3x$.

3.（1）B.（2）A.

4. $y=\mathrm{e}^u, u=\arcsin v, v=3x+2$.

5. $\left(0,\frac{\pi}{2}\right)\cup\left(\pi,\frac{3\pi}{2}\right)$

6. （1）$(-\infty,+\infty)$；（2）图略；（3）$f(-1)=0, f(0)=1, f(1)=2$.

任务二

1. （1）$20\ 000\times(1+8\%\times 3)$；（2）$20\ 000\times(1+8\%)^3$.

2. $\dfrac{20\ 000}{(1+10\%\times 5)}$.

3. $Q=\dfrac{40-p}{1.2}\times 10+40$.

4. $Q=42\ 000-80p$.

5. （1）$Q=30$；（2）$L(Q)=16Q-480$；（3）$L(100)=1\ 120$(元)，$\overline{L}(100)=11.2$(元)；（4）盈利.

任务三

1. （1）√.（2）√.（3）×.（4）√.（5）√.（6）×.

2. （1）1,1,1.（2）1.（3）相等.（4）A.

3. D.

4. 不存在.

5. 图略;6.

任务四

1. (1) ×. (2) √. (3) ×. (4) ×. (5) √.

2. (1) 0. (2) 0. (3) 0. (4) 1,大. (5) 0.

3. A.

4. ∞.

5. 0.

任务五

1. (1) ×. (2) ×. (3) ×.

2. (1) 1. (2) 2. (3) $\frac{1}{2}$. (4) 0. (5) $\frac{3}{7}$.

3. B.

4. (1) 2; (2) $\frac{1}{2}$; (3) -1; (4) $\frac{1}{10}$; (5) $\frac{1}{4}$; (6) $-\frac{1}{6}$.

5. (1) 4; (2) 3; (3) 8; (4) 5; (5) $e^{\frac{1}{2}}$; (6) e^{-3}; (7) e; (8) e^{-2}.

任务六

1. (1) √. (2) √. (3) √. (4) ×. (5) √.

2. (1) $(-\infty,-3)\cup(-3,3)\cup(3,+\infty)$. (2) 2,2,2,2,连续. (3) 4. (4) 2. (5) A.

3. C.

4. $0,-2,(-\infty,-2)\cup(-2,0)\cup(0,+\infty)$.

5. 间断.

6. 连续.

7. e.

项目二　认识导数及其应用

任务一

1. (1) ×. (2) √. (3) ×. (4) √. (5) ×. (6) ×.

2. (1) 0. (2) $-\frac{\sqrt{3}}{2}$. (3) -2. (4) -1. (5) $-\frac{1}{(1+x^2)^2}$, $-\frac{2x}{(1+x^2)^2}$.

(6) $\sin^3 2x, 6\sin^2 2x\cos 2x$. (7) $60x^3-24x$. (8) 5,20. (9) $2\,023x^{2\,022}\mathrm{d}x$. (10) $\frac{1}{\ln 19}$.

3. (1) A. (2) A. (3) B. (4) B. (5) C.

4. (1) $6x^2+5^x\ln 5, (6x^2+5^x\ln 5)\mathrm{d}x$; (2) $e^x+\frac{1}{1+x^2}, \left(e^x+\frac{1}{1+x^2}\right)\mathrm{d}x$;

(3) $\cos x+\frac{1}{x\ln 3}, \left(\cos x+\frac{1}{x\ln 3}\right)\mathrm{d}x$; (4) $\frac{\ln x}{2\sqrt{x}}+\frac{\sqrt{x}}{x}, \left(\frac{\ln x}{2\sqrt{x}}+\frac{\sqrt{x}}{x}\right)\mathrm{d}x$;

(5) $e^x\tan x+e^x\sec^2 x, (e^x\tan x+e^x\sec^2 x)\mathrm{d}x$; (6) $\left(\frac{2}{3}\right)^x\ln\frac{2}{3}, \left[\left(\frac{2}{3}\right)^x\ln\frac{2}{3}\right]\mathrm{d}x$;

（7）$\dfrac{x\sec^2x-\tan x}{x^2}$，$\left(\dfrac{x\sec^2x-\tan x}{x^2}\right)\mathrm{d}x$；（8）$\dfrac{x(2+x)}{(1+x)^2}$，$\left[\dfrac{x(2+x)}{(1+x)^2}\right]\mathrm{d}x$.

5. （1）$4x(x^2+1)$；（2）$-\sin x\cdot \mathrm{e}^{\cos x}$；（3）$\cos 2^x\cdot 2^x\ln 2$；（4）$\dfrac{2x+1}{(x^2+x+1)\ln 2}$.

6. （1）$4(x^2+1)+8x^2$；（2）$2\arctan x+\dfrac{2x^3}{(1+x^2)^2}$.

7. 切线方程 $y=2x$；法线方程 $2y+x-5=0$.

8. $\dfrac{\sqrt{3}}{2}-\dfrac{\pi}{12}$.

任务二

1. （1）×.（2）×.（3）×.（4）×.（5）√.

2. （1）$x=1$.（2）递增.（3）$(-\infty,2)$.（4）2e.（5）$f(a)$.

3. （1）B.（2）C.（3）B.（4）C.（5）D.

4. （1）$f(x)$在$(-\infty,2)$，$(4,+\infty)$上单调递增，在$(2,4)$区间上单调递减，极大值$f(2)=-\dfrac{58}{3}$，极小值$f(4)=-\dfrac{62}{3}$；

（2）$f(x)$在$(-5,+\infty)$上单调递增，在$(-\infty,-5)$区间上单调递减，极小值$f(-5)=-\dfrac{23}{2}$，无极大值.

5. 最大值$f(0)=2$，最小值$f(-2)=f(2)=-14$.

6. 变压器在 A 垂直距离 1.2 km 时，电线距离最短.

7. 当底边长为 2 m，高为 1 m 时，费用最小为 160 元.

任务三

1.（1）$C'(Q)=0.003Q^2-0.6Q+40$；（2）$C'(50)=17.5$（元），经济意义：当产量为 50 件时，再多生产一件产品的成本是 17.5 元.

2. 总收益 70，平均收益 14，边际收益 $R'(Q)=12-p$.

3. （1）边际成本 $C'(Q)=0.04Q+5$，边际收益 $R'(Q)=20$，边际利润 $L'(Q)=15-0.04Q$；（2）$Q=375$，$L(375)=2\,412.5$.

4. （1）150 000；（2）675；（3）700.

5. （1）$|E|=\dfrac{p}{5}$；（2）$p=3$ 时，缺乏弹性，价格下降，收益减少，$p=5$ 时，单位弹性，价格下降，收益不变，$p=6$ 时，富有弹性，价格下降，收益增加.

6. $|E|=\dfrac{3}{7}$，缺乏弹性，提高价格才能使得收益增加.

7. 每次订 6 000 个零件，2 个月订一次货，一年的总管理费用是 600.

8. 经济订货批量为 1 000 个，经济订货周期为$\dfrac{1}{10}$年.

任务四

1. （1）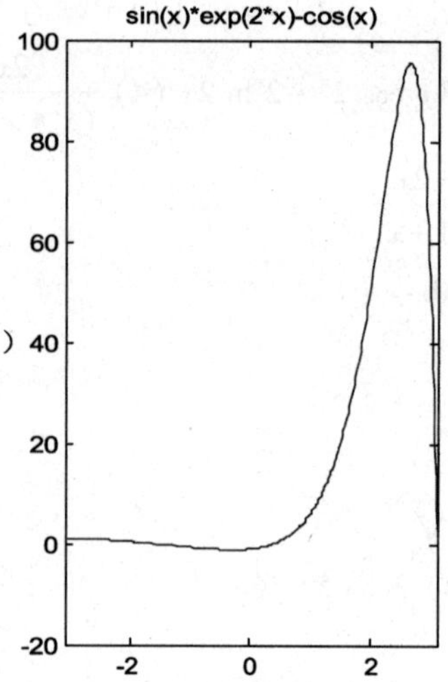

（2）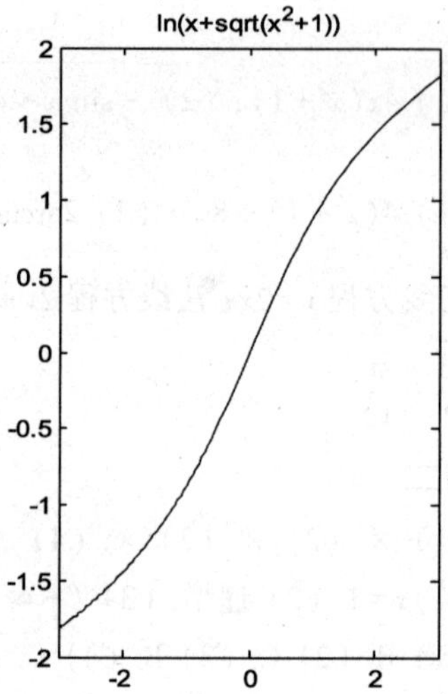

2. （1）$\frac{5}{2}$；（2）1；（3）2；（4）0；（5）0；（6）0.

3. （1）`-4^(cos(x) + cot(x))* log(4)* (cot(x)^2 + sin(x) + 1);`

（2）`cos(x)* (x^4 + 3* x^2 + 5) + sin(x)* (4* x^3 + 6* x);`

（3）`- 3/(x^(1/2)* (x + 1)) - (5* sin(log(x)))/x.`

4. （1）`-18* exp(3* x^3)-486* x^3* exp(3* x^3)-729* x^6* exp(3* x^3),-16929* exp(3);`

（2）`5^x* log(5)^4-96/(2* x+5)^4,5* log(5)^3+16/343.`

5. （1）极小值 $y|_{x=2}=3.431\times10^{-9}$，极大值 $y|_{x=1.1717\times10^{-5}}=108$；

（2）极小值 $y|_{x=1}=-2$，极大值 $y|_{x=-1}=2$.

6. $r=2,h=8$.

项目三　认识积分及其应用

任务一

1. （1）x^2+C,x^2+C；（2）$-\cos x+C,-\cos x+C$；（3）$3x+C,3x+C$；（4）$\arcsin x+C,\arcsin x+C$；（5）$\ln|x|+C,\ln|x|+C$；（6）$\frac{1}{2}x^2+C$，$\frac{1}{2}x^2+C$，$\frac{1}{2}x^2+1$；

2. （1）D.（2）A.（3）C.

3. （1）$kx+C$；（2）$-x^{-1}+C$；（3）$\frac{3^x}{\ln 3}+C$；（4）$\arctan x+C$；

（5）$\arccos x+C$；（6）$\frac{2}{5}x^{\frac{5}{2}}+C$.

4. $2\sin x\cos x$.

5. $y=2x+2$.

6. $Q(t)=\frac{1}{2}at^2+bt$.

任务二

1. (1) $\dfrac{\sin x}{\sqrt{x+1}(1+x^4)}$; (2) $e^x(\sin x-\cos^2 x)+C$;

(3) $\sqrt{1+x^2}+\ln\cos x+C$; (4) $\dfrac{x}{2\sqrt{1+\ln x}}dx$; (5) $x^4e^{x+1}+C$;

2. (1) $\dfrac{1}{2}x^2-\ln|x|-\dfrac{3}{2}x^{-2}+C$; (2) $\dfrac{3^x}{\ln 3}+\dfrac{1}{3}x^3+x+C$;

(3) $2e^x+x+C$; (4) $3\arctan x+2\arccos x+C$;

(5) $\dfrac{(2e)^x}{\ln 2+1}+C$; (6) $\dfrac{1}{3}x^3+2x-\dfrac{1}{x}+C$; (7) $x^3+\arctan x+C$;

(8) $\dfrac{\left(\dfrac{3}{2}\right)^x}{\ln 3-\ln 2}-\dfrac{\left(\dfrac{e}{2}\right)^x}{1-\ln 2}+C$; (9) $-\dfrac{1}{x}-\arctan x+C$; (10) $\dfrac{1}{3}x^3-x+\arctan x+C$;

(11) $\dfrac{1}{2}\tan x+C$; (12) $\dfrac{x}{2}-\dfrac{\sin x}{2}+C$.

3. $C(x)=x^2+10x+20$.

4. $Q(p)=-1\ 000\left(\dfrac{1}{3}\right)^p+2\ 000$.

任务三

1. (1) $\dfrac{1}{2}$; (2) $\dfrac{1}{5}$; (3) $\dfrac{1}{2}$; (4) $\dfrac{1}{3}$; (5) -2; (6) 2.

2. (1) $\dfrac{(x-3)^{11}}{11}+C$; (2) $\dfrac{1}{3}\left(1+\dfrac{x}{2}\right)^6+C$; (3) $\dfrac{1}{4}e^{4x}+C$; (4) $-\dfrac{1}{2}\ln|3-2x|+C$;

(5) $\dfrac{1}{9}(1+x^3)^3+C$; (6) $\ln x+\dfrac{\ln^2 x}{2}+C$; (7) $-\cos e^x+C$; (8) $\ln|\sin x|+C$;

(9) $\ln(1+e^x)+C$; (10) $\dfrac{1}{2\cos^2 x}+C$; (11) $-\dfrac{\cos 3x}{3}+C$; (12) $\dfrac{1}{6}\arctan\left(\dfrac{3x}{2}\right)+C$;

(13) $\tan x+\dfrac{1}{3}\tan^3 x+C$; (14) $-\dfrac{1}{x-1}-\dfrac{1}{(x-1)^2}+C$.

3. (1) $2\sqrt{x-1}-2\arctan\sqrt{x-1}+C$; (2) $\sqrt{2x-3}-\ln\left|1+\sqrt{2x-3}\right|+C$;

(3) $-\dfrac{3}{2}\ln\left|\dfrac{3}{2x}-\dfrac{\sqrt{4x^2-9}}{3}\right|+C$; (4) $\ln\left|\dfrac{x}{3}+\dfrac{\sqrt{x^2+9}}{3}\right|+C$;

(5) $8\arcsin\dfrac{x}{4}+\dfrac{x\sqrt{16-x^2}}{2}+C$.

任务四

1. (1) x, $d(-\cos x)$; (2) $\arcsin x$, dx; (3) $\ln x$, $d\dfrac{x^3}{3}$;

(4) e^{-x}, $d\sin x$; (5) $\arctan x$, $d\left(\dfrac{1}{3}x^3\right)$;

2. (1) B. (2) C.

3. (1) $-x\cos x+\sin x+C$; (2) $\frac{x^2}{2}\ln x-\frac{1}{4}x^2+C$; (3) $x^2e^x-2xe^x+2e^x+C$;

(4) $x\arcsin x+\sqrt{1-x^2}+C$; (5) $\frac{1}{2}e^x(\sin x+\cos x)+C$;

(6) $x\ln(1+x^2)-2x+2\arctan x+C$; (7) $x\arctan x-\frac{1}{2}\ln(1+x^2)+C$;

(8) $-xe^{-x}-e^{-x}+C$; (9) $-2\sqrt{x}\cos\sqrt{x}+2\sin\sqrt{x}+C$;

(10) $\frac{1}{2}e^x(\sin x-\cos x)+C$.

任务五

1. (1) $\int_{-1}^{2}x^2dx$; (2) $\int_0^{\frac{\pi}{2}}\cos x dx+\left|\int_{\frac{\pi}{2}}^{\pi}\cos x dx\right|$; (3) $\int_a^b[f(x)-g(x)]dx$;

(4) $\int_0^1(1-x^2)dx$.

2. (1) D. (2) B. (3) D. (4) D. (5) C. (6) C.

3. (1) $\int_1^2x^2dx<\int_1^2x^4dx$; (2) $\int_0^{\frac{\pi}{4}}\cos x dx>\int_0^{\frac{\pi}{4}}\sin x dx$

(3) $\int_0^1e^xdx<\int_0^1 3^xdx$; (4) $\int_0^1 x dx>\int_0^1\ln x dx$.

4. $\int_{-1}^{0}(-x)dx+\int_0^2 x dx$.

5. $\int_{-3}^{2}f(x)dx$.

6. 10; −5; $\frac{7}{3}$.

7. (1) $[2,5]$; (2) $\left[\frac{\pi}{12},\frac{\sqrt{3}\pi}{12}\right]$.

8. $A=\int_1^3\ln x dx$.

任务六

1. (1) 0 ;$\sin x^2$. (2) $\sin x^2$;$-\sin x^2$. (3) $\frac{1}{3}$; 1; $\frac{\pi}{2}$; $\frac{\sqrt{2}}{2}$.

2. (1) C. (2) C. (3) B. (4) B. (5) D. (6) B.

3. (1) $\frac{1}{\ln 2}+\frac{1}{3}$; (2) $-\frac{5}{2}$; (3) $\frac{271}{6}$; (4) e^2-3; (5) $\frac{\pi}{4}-\frac{1}{2}$; (6) $\frac{2e-1}{\ln 2+1}$;

(7) 2; (8) 1; (9) $2e-2$; (10) $\frac{1}{2}\ln 5$; (11) $\frac{1}{2}$; (12) −4.

4. 0, $\frac{\sqrt{2}}{2}$.

任务七

1. (1) $\frac{4\pi}{3}$;$\frac{2\pi}{3}$. (2) $\cos x$;0;1. (3) $2+3x$; $-\frac{1}{3}$; $-\frac{4}{3}$. (4) $\sqrt{x}$;3;2. (5) 奇函数;0.

(6) 偶函数；$\frac{1}{2}$.

2. (1) 0；(2) $-\frac{3}{7}$；(3) $\frac{1}{4}$；(4) $\frac{1}{2}$；(5) $2\cos 1-2\cos 2$；(6) 0.

3. (1) $1-2e$；(2) $\frac{\pi}{2}-1$

4. (1) $2+2\ln\frac{2}{3}$；(2) $\frac{\pi}{2}$；(3) 1 ；(4) $\frac{\pi}{4}-\frac{1}{2}$；(5) $2\sqrt{3}-2$；(6) 2.

5. (1) 0；(2) 0；(3) 0；(4) $2e-2$.

任务八

略

任务九

略

任务十

(1) `(2* (x^3+x^2)^(1/2)* (3* x^2+x-2))/(15* x);`

(2) `-(exp(2* x)* (cos(x)-2* sin(x)))/5;`

(3) `2^(1/2)* atan((2^(1/2)* (x-2)^(1/2))/2);`

(4) `1/2;`

(5) `2* pi;`

(6) 2.

项目四　认识线性规划

任务一

1. 略.

2. 设甲、乙两种产品的产量分别为 x_1,x_2.

$\max Z=7x_1+10x_2$

$$\text{s. t.}\begin{cases}2x_1+4x_2\leqslant 70\\3x_1+2x_2\leqslant 90\\x_1,x_2\geqslant 0\end{cases}$$

3. 设 A,B 两种产品的产量分别为 x_1,x_2.

$\max Z=2\ 000x_1+3\ 000x_2$

$$\text{s. t.}\begin{cases}x_1+2x_2\leqslant 8\\3x_1+x_2\leqslant 9\\x_1,x_2\geqslant 0\end{cases}$$

4. 设甲、乙两种产品的产量往东、西两站运送煤炭数量为 $x_{ij}(i,\ j=1,2)$.

$\min Z=x_{11}+1.5x_{12}+0.8x_{21}+1.6x_{22}$

$$\text{s. t.}\begin{cases}x_{11}+x_{12}\leqslant 280\\x_{21}+x_{22}\leqslant 360\\x_{11}+x_{21}\leqslant 200\\x_{12}+x_{22}\leqslant 260\\x_{ij}\geqslant 0(i=1,2,\ j=1,2)\end{cases}$$

5. 将 10 m 的钢筋截成 3 m 和 4 m 的短钢筋共有三种情况，设截成(3,3,3,1)的数量为 x_1，截成(4,4,2)的数量为 x_2，截成(3,3,4)的数量为 x_3.

$\min Z=x_1+x_2+x_3$

$$\text{s. t.}\begin{cases}3x_1+2x_3=100\\2x_2+x_3=100\\x_1,x_2,x_3\geqslant 0\end{cases}$$

6. 设 $x_i,(i=1,2,\cdots,6)$ 为一班到六班开始上班的人数.

$\min Z=x_1+x_2+x_3+x_4+x_5+x_6$

$$\text{s. t.}\begin{cases}x_1+x_6\geqslant 19\\x_1+x_2\geqslant 24\\x_2+x_3\geqslant 19\\x_3+x_4\geqslant 16\\x_4+x_5\geqslant 13\\x_5+x_6\geqslant 9\\x_i\geqslant 0\quad i=1,2,\cdots,6\end{cases}$$

7. Ⅰ，Ⅱ，Ⅲ，Ⅳ种饲料采购数量分别为 x_1,x_2,x_3,x_4.

$\min Z=0.8x_1+1.2x_2+0.6x_3+2x_4$

$$\text{s. t.}\begin{cases}3x_1+2x_2+x_3+5x_4\geqslant 700\\x_1+0.5x_2+0.2x_3+2x_4\geqslant 30\\0.5x_1+x_2+0.3x_3+2.5x_4\geqslant 100\\x_1,x_2,x_3,x_4\geqslant 0\end{cases}$$

任务二

略

任务三

略

任务四

1. 设 $x_i(i=1,2,\cdots 7)$ 为休息两日后星期一到星期日开始上班的人数.

$\min Z=x_1+x_2+x_3+x_4+x_5+x_6+x_7$

$$\text{s. t.}\begin{cases}x_1+x_4+x_5+x_6+x_7\geqslant 300\\x_1+x_2+x_5+x_6+x_7\geqslant 300\\x_1+x_2+x_3+x_6+x_7\geqslant 350\\x_1+x_2+x_3+x_4+x_7\geqslant 400\\x_1+x_2+x_3+x_4+x_5\geqslant 480\\x_2+x_3+x_4+x_5+x_6\geqslant 600\\x_3+x_4+x_5+x_6+x_7\geqslant 550\\x_i\geqslant 0,i=1,2,\cdots,7\end{cases}$$

2. 设四种技术方案占比分别为 x_1,x_2,x_3,x_4.

$\min Z=1\ 500x_1+3\ 000x_2+2\ 500x_3+2\ 000x_4$

$$\text{s. t.}\begin{cases}60x_1+30x_2+70x_3+45x_4\geqslant 50\\55x_1+70x_2+65x_3+55x_4\geqslant 60\\70x_1+100x_2+80x_3+70x_4\geqslant 80\\x_1,x_2,x_3,x_4\geqslant 0\end{cases}$$

3. 设第一年投资 x_1 万元,第一年保留资金 x_2 万元,
第二年新投资 x_3 万元,第二年保留资金 x_4 万元,
第三年新投资 x_5 万元,第三年保留资金 x_6 万元,
第四年新投资 x_7 万元,第四年保留资金 x_8 万元,
第五年保留资金 x_9 万元.

$\max Z=2x_7+x_9$

$$\text{s. t.}\begin{cases}x_1+x_2=200\\\left(\dfrac{x_1}{2}+x_3\right)+x_4=x_2\\\left(\dfrac{x_3}{2}+x_5\right)+x_6=x_4+2x_1\\\left(\dfrac{x_5}{2}+x_7\right)+x_8=x_6+2x_3\\\dfrac{x_7}{2}+x_9=x_8+2x_5\\x_i\geqslant 0,i=1,2\cdots,9\end{cases}$$

4. 设由Ⅰ,Ⅱ,Ⅲ,Ⅳ,Ⅴ五个车间生产 A,B,C,D 四种产品的数量为 $x_{ij}(i=1,2,3,4,5;\ j=1,2,3,4)$

$$\max Z=4(x_{11}+x_{21}+x_{31}+x_{41}+x_{51})+10(x_{12}+x_{22}+x_{32}+x_{42}+x_{52})+5(x_{13}+x_{23}+x_{33}+x_{43}+x_{53})+6(x_{14}+x_{24}+x_{34}+x_{44}+x_{54})$$

$$\text{s. t.}\begin{cases}0.03x_{11}+0.15x_{12}+0.05x_{13}+0.1x_{14}\leqslant 400\\0.06x_{21}+0.12x_{22}+0.1x_{42}\leqslant 400\\0.05x_{31}+0.1x_{32}+0.05x_{33}+0.12x_{34}\leqslant 500\\0.04x_{41}+0.2x_{42}+0.03x_{43}+0.12x_{44}\leqslant 450\\0.02x_{51}+0.06x_{52}+0.02x_{53}+0.05x_{54}\leqslant 400\\400\leqslant x_{11}+x_{21}+x_{31}+x_{41}+x_{51}\leqslant 600\\x_{12}+x_{22}+x_{32}+x_{42}+x_{52}<500\\1\ 500\leqslant x_{13}+x_{23}+x_{33}+x_{43}+x_{53}\leqslant 3\ 000\\100\leqslant x_{14}+x_{24}+x_{34}+x_{44}+x_{54}\leqslant 1\ 000\\2(x_{12}+x_{22}+x_{32}+x_{42}+x_{52})+1.2(x_{14}+x_{24}+x_{34}+x_{44}+x_{54})\leqslant 2\ 000\\x_{ij}\geqslant 0(i=1,2,3,4,5,\ j=1,2,3,4)\end{cases}$$

项目五　认识运输问题与指派问题

任务一

1. 略.

2. 略.

3. 设 $x_{ij}(i=1,2,3,4,5;\ j=1,2,3,4)$ 为从 i 工厂运至 j 城市的产品数量.

$\min Z=x_{11}+1.5x_{12}+0.8x_{21}+1.6x_{22}$

$$\text{s. t.}\begin{cases}x_{11}+x_{12}+x_{13}=6\ 000\\x_{21}+x_{22}+x_{23}=4\ 000\\x_{31}+x_{32}+x_{33}=10\ 000\\x_{11}+x_{21}+x_{31}=5\ 000\\x_{12}+x_{22}+x_{32}=7\ 500\\x_{13}+x_{23}+x_{33}=7\ 500\\x_{ij}\geqslant 0(i,\ j=1,2,3)\end{cases}$$

4. 设 $x_{ij}(i,\ j=1,2,3)$ 甲、乙、丙三家店销售 A、B、C 三种玩具的数量.

$\max Z=5x_{11}+4x_{12}+16x_{21}+8x_{22}+9x_{23}+12x_{31}+10x_{32}+11x_{33}$

$$\text{s. t.}\begin{cases}x_{11}+x_{12}\leqslant 1\ 000\\x_{21}+x_{22}+x_{23}\leqslant 1\ 500\\x_{31}+x_{32}+x_{33}\leqslant 2\ 000\\x_{11}+x_{21}+x_{31}=1\ 500\\x_{12}+x_{22}+x_{32}=1\ 500\\x_{23}+x_{33}=1\ 500\\x_{33}=1\ 000\\x_{13}=0\\x_{ij}\geqslant 0(i=1,2;\ j=1,2)\end{cases}$$

5.

生产地	销售地			供应量
	甲	乙	丙	
A	3	1	3	70
B	6	4	5	60
C	7	3	1	20
需求量	40	60	50	

任务二

1. 略.

2. 略.

3.

(1) $x_{11}=300, x_{12}=400, x_{22}=200, x_{23}=200, x_{33}=300, x_{34}=600$,其余 $x_{ij}=0, Z_1=13\ 500$.

(2) $x_{13}=400, x_{14}=300, x_{21}=300, x_{23}=100, x_{32}=600, x_{34}=300$,其余 $x_{ij}=0, Z_2=9\ 800$.

(3) $x_{11}=300, x_{13}=100, x_{14}=300, x_{23}=400, x_{32}=600, x_{34}=300$,其余 $x_{ij}=0, Z_3=9\ 200$.

(4) 沃格尔法运费最低.

任务三

1. 略.

2. 略.

3. 略.

4. (1)略;(2)$x_{11}=35, x_{12}=15, x_{22}=25, x_{23}=20, x_{24}=15, x_{31}=25$,其余 $x_{ij}=0, Z=395$.

5. (1)、(2)略;(3)$x_{13}=20, x_{14}=80, x_{21}=50, x_{22}=10, x_{23}=40, x_{32}=60$,其余 $x_{ij}=0, Z=2\ 570$.

任务四

1. 略.

2. $x_{11}=50, x_{12}=150, x_{14}=100, x_{21}=100, x_{23}=200$,其余 $x_{ij}=0, Z=2\ 500$.

3. $x_{11}=2, x_{14}=3, x_{15}=2, x_{22}=3, x_{25}=2, x_{33}=4, x_{34}=3$,其余 $x_{ij}=0, Z=35$.

4. $x_{12}=56, x_{21}=5, x_{22}=16, x_{23}=61, x_{31}=77, x_{42}=30$,其余 $x_{ij}=0, Z=25\ 040$.

任务五

1. 略.

2. 略.

3. 第一小组做第2项工作,第二小组做第3项工作,第三小组做第1项工作,第四小组做第4项工作.

4. 第一家公司承建第3项工程,第二家公司承建第2项工程,第三家公司承建第1项工程,第四家公司承建第4项工程,第五家公司承建第5项工程.

5. 第一位员工安排岗位1,第二位员工安排岗位3,第三位员工安排岗位5,第四位员工安排岗位2,第五位员工安排岗位4,第六为员工安排岗位6.

任务六

1. $x_{13}=9, x_{22}=10, x_{31}=8, x_{32}=4$，其余 $x_{ij}=0, Z=240$.

2. $x_{12}=200, x_{21}=100, x_{23}=200, x_{31}=150$，其余 $x_{ij}=0, Z=2\ 400$.

3. 队员 A 跑第三棒，队员 B 跑第四棒，队员 C 跑第二棒，队员 D 跑第一棒 .

4. 第一个地点做服装超市，第二个地点做食品超市，第三个地点做电脑超市，第四个地点做家具超市 .

项目六　掌握图与网络方法

任务一

1. 略.

2. 略.

3. 略.

4. （1）e_1 和 e_5；（2）e_1；（3）包含 e_3 的回路:e_2, e_3, e_4；
（4）$e_3, e_6; e_2, e_4, e_6; e_2, e_5, e_6$.

5.

球队	v_1	v_2	v_3	v_4	v_5
v_1	—	$v_{1\text{胜}}$	$v_{3\text{胜}}$	$v_{1\text{胜}}$	$v_{1\text{胜}}$
v_2	—	—	$v_{2\text{胜}}$	$v_{2\text{胜}}$	—
v_3	—	—	—	$v_{4\text{胜}}$	$v_{3\text{胜}}$
v_4	—	—	—	—	$v_{5\text{胜}}$
v_5	—	—	—	—	—

任务二

1. 略.

2. 略.

3. 图 1 和图 2 分别为图 6. 2. 9 和图 6. 2. 10 的最小生成树.

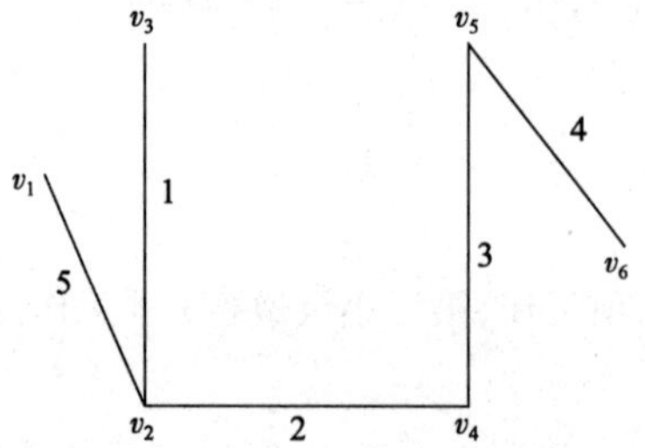

图　1

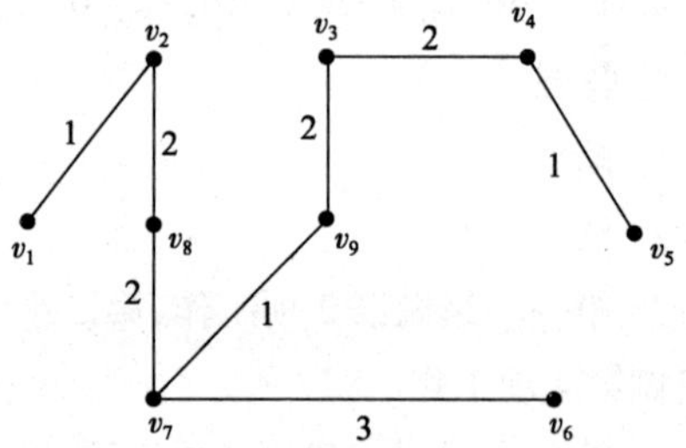

图　2

4. 图 3 为图 6. 2. 11 的最小生成树.

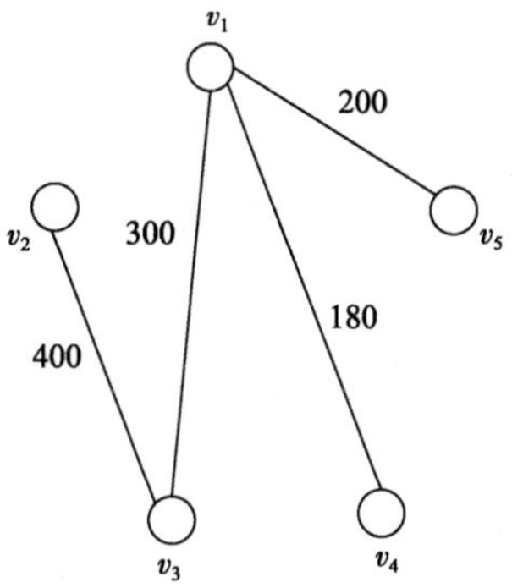

图 3

任务三

1. 略.

2. 图 6. 3. 5 的最短路线为 $v_s-v_1-v_5-v_6$，最短距离为 85；图 6. 3. 6 的最短路线为 $v_1-v_3-v_5-v_7$，最短距离为 13.

3. 最短路线为甲—2—4—乙，最短距离为 67.

任务四

1. 略.

2. 略.

3. 最大流量的路线为 1—2—4—6，1—3—5—6，1—2—5—6，最大流量值为 6.

任务五

略.